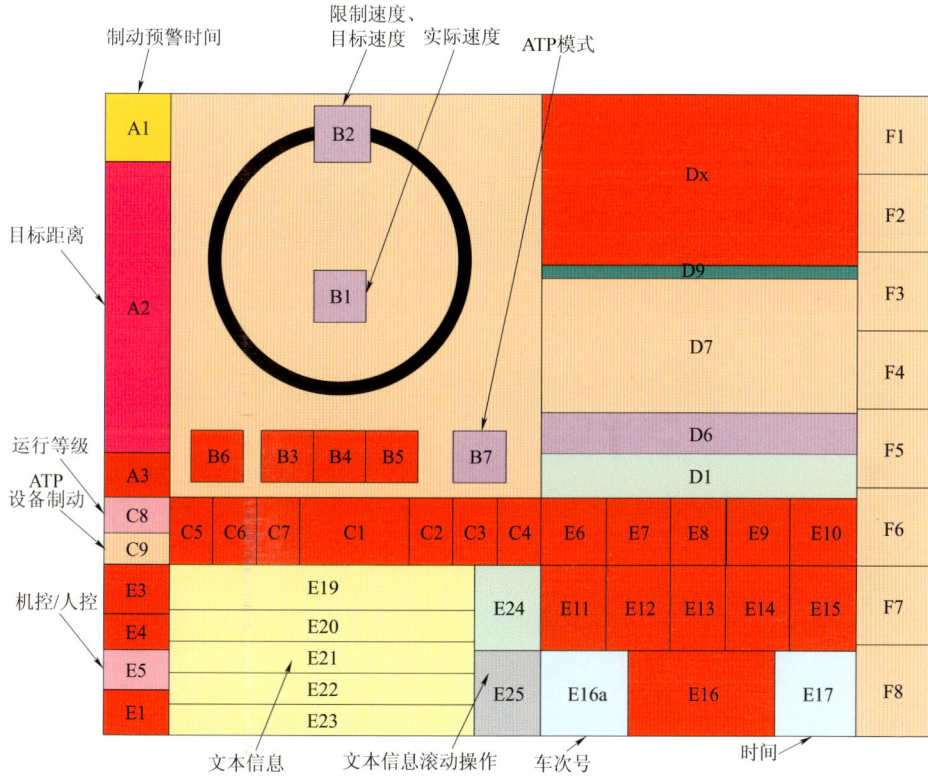

彩图 1　DMI 主界面详细分区

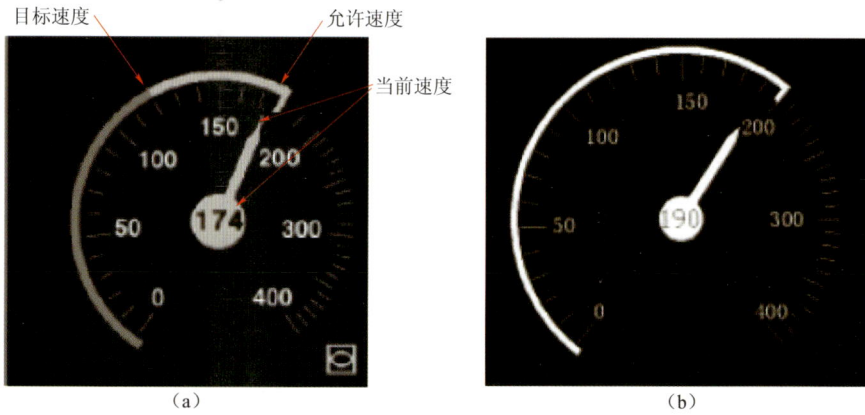

彩图 2　CSM 区未超速情况下速度表显示

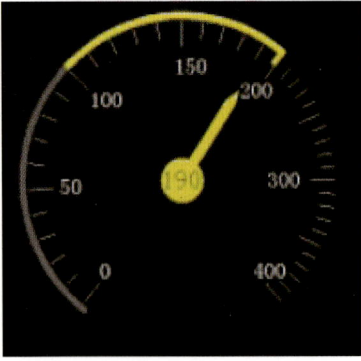 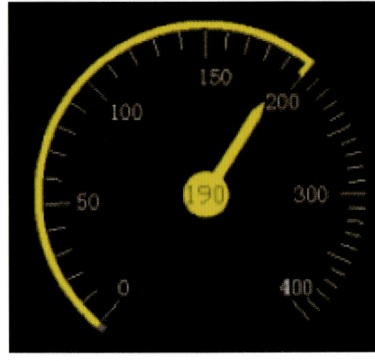

（a）　　　　　　　　　　　　　（b）

彩图3　TSM区未超速情况下速度表显示

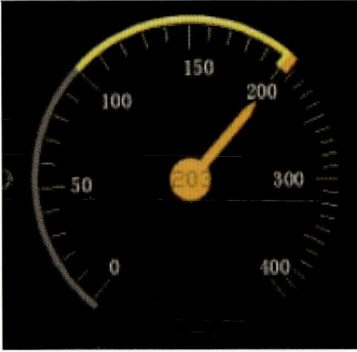 

（a）　　　　　　　　　　　　　（b）

彩图4　列车速度超过允许速度但未超过SBI情况下速度表显示

 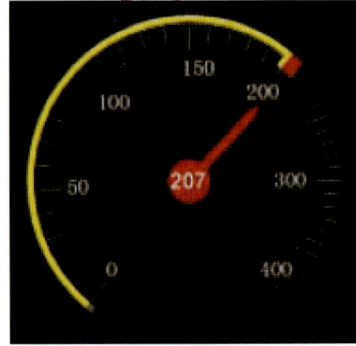

（a）　　　　　　　　　　　　　（b）

彩图5　列车速度超过SBI速度但未超过EBI情况下速度表显示

（a）　　　　　　　　　　　　　（b）

彩图6　列车速度超过EBI速度情况下速度表显示

高等教育轨道交通"十三五"规划教材·机车车辆类

动车组运行控制

（修订本）

张欣欣　主编

北京交通大学出版社

·北京·

内容简介

本书针对铁路动车组运行控制系统，结合教学的要求，在参考大量文献的基础上编写而成。全书共 6 章：第 1 章介绍高速铁路信号与控制系统的概况；第 2 章介绍列车运行控制系统的基础知识，名词术语，列车过分相 CTCS（Chinese Train Control System，中国列车运行控制系统）的概述；第 3 章和第 4 章介绍 CTCS-2 级列控系统的构成及特点，控车原理，地面设备及车载设备的组成、功能与基本工作原理；第 5 章介绍 CTCS-3 级列控系统的功能及构成，地面设备及车载设备的组成和功能；第 6 章介绍 LKJ2000 的结构及基本工作原理。

版权所有，侵权必究。

图书在版编目（CIP）数据

动车组运行控制／张欣欣主编. —北京：北京交通大学出版社，2012. 10（2019.6 重印）
（高等教育轨道交通"十三五"规划教材）
ISBN 978-7-5121-1167-7

Ⅰ. ① 动…　Ⅱ. ① 张…　Ⅲ. ① 动车-控制系统-高等学校-教材　Ⅳ. ① U266

中国版本图书馆 CIP 数据核字（2012）第 205778 号

责任编辑：刘　洵　吴嫦娥
出版发行：北京交通大学出版社　　　　　　电话：010-51686414　　http：//press. bjtu. edu. cn
　　　　　北京市海淀区高粱桥斜街 44 号　　邮编：100044
印 刷 者：北京时代华都印刷有限公司
经　　销：全国新华书店
开　　本：185×260　印张：13.25　　字数：339 千字　　彩插：2
版　　次：2018 年 6 月第 1 版第 1 次修订　2019 年 6 月第 3 次印刷
书　　号：ISBN 978-7-5121-1167-7/U·113
印　　数：5 001～8 000 册　　定价：43.00 元

高等教育轨道交通"十三五"规划教材·机车车辆类

编 委 会

编委会办公室

出版说明

为促进高等轨道交通专业机车车辆类教材体系的建设，满足目前轨道交通类专业人才培养的需要，北京交通大学交通机械与电子控制学院、远程与继续教育学院和北京交通大学出版社组织以北京交通大学从事轨道交通研究教学的一线教师为主体、联合其他交通院校教师，并在有关单位领导和专家的大力支持下，编写了本套"高等教育轨道交通'十三五'规划教材·机车车辆类"。

本套教材的编写突出实用性。本着"理论部分通俗易懂，实操部分图文并茂"的原则，侧重实际工作岗位操作技能的培养。为方便读者，本系列教材采用"立体化"教学资源建设方式，配套有教学课件、习题库、自学指导书，并将陆续配备教学光盘。本系列教材可供相关专业的全日制或在职学习的本专科学生使用，也可供从事相关工作的工程技术人员参考。

本系列教材得到从事轨道交通研究的众多专家、学者的帮助和具体指导，在此表示深深的敬意和感谢。

本系列教材从 2012 年 1 月起陆续推出，具体包括:《设计与制造公差控制》《可靠性基础》《液压与气动技术》《测试技术》《单片机原理与接口技术》《计算机辅助机械设计》《控制理论基础》《机械振动基础》《动车组网络控制》《动车组运行控制》《机车车辆设计与装备》《列车传动与控制》《机车车辆运用与维修》。

希望本套教材的出版对轨道交通的发展、轨道交通专业人才的培养，特别是轨道交通机车车辆专业课程的课堂教学有所贡献。

编委会

2018 年 6 月

总　序

我国是一个内陆深广、人口众多的国家。随着改革开放的进一步深化和经济产业结构的调整，大规模的人口流动和货物流通使交通行业承载着越来越大的压力，同时也给交通运输带来了巨大的发展机遇。作为运输行业历史最悠久、规模最大的龙头企业，铁路已成为国民经济的大动脉。铁路运输有成本低、运能高、节省能源、安全性好等优势，是最快捷、最可靠的运输方式，是发展国民经济不可或缺的运输工具。改革开放以来，中国铁路积极适应社会的改革和发展，狠抓制度改革，着力技术创新，抓住了历史发展机遇，铁路改革和发展取得了跨越式的发展。

国家对铁路的发展始终予以高度重视，根据国家《中长期铁路网规划》（2005—2020 年）：到 2020 年，中国铁路网规模达到 12 万千米以上。其中，时速 200 千米及以上的客运专线将达到 18 万千米。加上既有线提速，中国铁路快速客运网将达到 5 万千米以上，运输能力满足国民经济和社会发展需要，主要技术装备达到或接近国际先进水平。铁路是个远程重轨运输工具，但随着城市建设和经济的繁荣，城市人口大幅增加，近年来城市轨道交通也正处于高速发展时期。

城市的繁荣相应带来了交通拥挤、事故频发、大气污染等一系列问题。在一些大城市和一些经济发达的中等城市，仅仅靠路面车辆运输远远不能满足客运交通的需要。城市轨道交通节约空间、耗能低、污染小、便捷可靠，是解决城市交通的最好方式。未来我国城市将形成地铁、轻轨、市域铁路构成的城市轨道交通网络，轨道交通将在我国城市建设中起着举足轻重的作用。

但是，在我国轨道交通进入快速发展的同时，解决各种管理和技术人才匮乏的问题已迫在眉睫。随着高速铁路和城市轨道新线路的不断增加以及新技术的开发与引进，管理和技术人员的队伍需要不断壮大。企业不仅要对新的员工进行培训，对原有的职工也要进行知识更新。企业急需培养出一支能符合企业要求、业务精通、综合素质高的队伍。

北京交通大学是一所以运输管理为特色的学校，拥有该学科一流的师资和科研队伍，为我国的铁路运输和高速铁路的建设作出了重大贡献。近年来，学校非常重视轨道交通的研究和发展，建有"轨道交通控制与安全"国家级重点实验室、"城市交通复杂系统理论与技术"教育部重点实验室，"基于通信的列车运行控制系统（CBTC）"取得了关键技术研究的突破，并用于亦庄城轨线。为解决轨道交通发展中人才需求问题，北京交通大学组织了学校有关院系的专家和教授编写了这套"高等教育轨道交通'十三五'规划教材"，以供高等学校学生教学和企业技术与管理人员培训使用。

本套教材分为交通运输、机车车辆、电气牵引和土木工程四个系列，涵盖了交通规划、运营管理、信号与控制、机车与车辆制造、土木工程等领域，每本教材都是由该领域的专家执笔，教材覆盖面广，内容丰富实用。在教材的组织过程中，我们进行了充分调研，精心策划和大量论证，并听取了教学一线的教师和学科专家们的意见，经过作者们的辛勤耕耘以及编辑人员的辛勤努力，这套丛书得以成功出版。在此，我们向他们表示衷心的谢意。

希望这套系列教材的出版能为我国轨道交通人才的培养贡献绵薄之力。由于轨道交通是一个快速发展的领域，知识和技术更新很快，教材中难免会有诸多的不足和欠缺，在此诚请各位同仁、专家予以不吝批评指正，同时也方便以后教材的修订工作。

编委会

2018 年 6 月

修订前言

为了满足铁路"安全、高速、高效、舒适"的要求，列车运行控制系统作为我国高速铁路保证列车行车安全的重要技术装备，在保证安全的前提下使列车高速运行、减小列车运行间隔，进而提高铁路运输效率，对列车运行进行实时监控和超速防护，提高乘员的舒适度，协助司机操纵列车，改善工作条件。

为了满足铁路运输工作人员对列车运行控制系统应用与管理的需求，并应北京交通大学"机械设计制造及其自动化（机车车辆方向）"课程要求，进行"动车组运行控制"课程教材建设，我们编写了本教材，为不断提升高速列车运行控制系统相关工作人员的技术水平提供参考资料。

根据铁路的线路条件、列车特性及运行速度的要求，CTCS（Chinese Train Control System，中国列车运行控制系统）共分为 5 个等级。本书主要介绍目前应用较为广泛的 CTCS-2 级列控系统，对 CTCS-3 级列控系统进行简要介绍。

第 1 章综合分析国外高速铁路信号与控制系统的发展状况，阐述列车运行控制系统的组成、分类及几种典型的列控系统及控车模式，介绍行车调度指挥系统及联锁系统，并说明我国高速铁路列车控制系统的几个问题。第 2 章介绍列车运行控制系统所涉及的基础知识，列车运行控制系统的基本名词术语、列车过分相及 CTCS 的基本概念、分级等。第 3 章介绍 CTCS-2 级列控系统地面设备，包括列控中心及应答器的相关内容。第 4 章介绍 CTCS-2 级列控系统的车载设备，$CTCS_2$-200H 主机的结构、功能及主要的工作模式，DMI 的显示内容。第 5 章介绍 CTCS-3 级列控系统的功能和构成，包括地面设备、车载设备、GSM-R 网络及信号数据传输网络。第 6 章介绍 LKJ2000 型列车的结构、功能、显示及应用等内容。

为帮助学生加深理解各章节的主要内容及培养学生的思维能力，本书在各章节前附有本章内容概要、本章学习重点和难点；各章后附有复习参考题。

本书由北京交通大学机电学院测控系教师编写。其中第 1 章由赵嘉蔚编写；第 2 章和第 3 章由张欣欣、孙艳华编写；第 4 章由唐宇编写；第 5 章由张欣欣编写；第 6 章由霍凯编写。

在本书编写过程中，得到了铁道部运输局、动车组联合办公室、北京交通大学机电学院等相关人员的帮助与支持，在此表示诚挚的感谢！

因作者水平有限，加之资料不全、时间仓促，书中错误与疏漏之处在所难免。恳请读者批评指正，使本书得以不断的完善和改进。

编者
2018 年 6 月

目　录

速铁路的信号系统是一个集行车调度指挥、列车运行控制、信息管理和设备监测为一体的综合自动化系统，从技术发展的趋势看是向着集中化、网络化、自动化与智能化的方向发展。它是保障行车安全、提高铁路运输效率的核心，是标志一个国家轨道交通技术装备现代化水平的重要组成部分。高速铁路信号与控制系统通常被称为基于通信的列车控制系统（Communication Based Train Control System，CBTCS）或先进列车控制系统（Advanced Train Control Systems，ATCS）。

1. 高速铁路信号与控制系统的构成

高速铁路信号与控制系统中的信号设备主要包括信号机、轨道电路、转辙机及车载信号设备等。这些设备连同驱动、控制它们工作的机构及信息传输设备等构成一个个子系统，按照各个子系统的不同功能，高速铁路信号与控制系统可以划分为行车调度指挥自动化系统、计算机联锁系统、区间闭塞系统、列车运行控制系统、信号微机监测系统和专用通信设备等。

1）行车调度指挥自动化系统

行车调度指挥自动化系统主要包括列车运行计划编制和调整、列车运行监视和管理及列车运行控制三大部分。其中列车运行计划编制和调整及列车运行监视和管理是列车调度指挥系统（TDCS）的主要内容，而列车运行控制则是调度集中的核心。因此行车调度指挥自动化系统由 TDCS 和调度集中系统组成。

2）计算机联锁系统

车站内的信号系统通常称为车站联锁系统，是保证车站内列车和调车作业的安全，提高车站通过能力的一种信号设备。车站联锁系统主要用于控制信号机、道岔和进路。车站联锁系统有机械联锁系统、电气联锁系统和计算机联锁系统。计算机联锁系统采用计算机为控制核心，由计算机接收联锁控制命令、完成联锁逻辑计算、输出控制信号对信号机和转辙机等设备进行控制。计算机联锁系统是车站联锁系统的发展方向，是高速铁路信号与控制系统的重要基础设备。

3）区间闭塞系统

区间闭塞是用于保障列车在区间行车安全、提高运输效率的系统。自动闭塞是一种先进的闭塞方式，在列车运行中自动完成闭塞作用。它将一个区间划分为若干闭塞分区，每一个闭塞分区只能由一列列车占用，闭塞分区的起点装设通过信号机，列车通过时车轮与轨道电路相接触，从而自动控制信号机显示相应信号。这种方式不需要办理闭塞手续，还可开行追踪列车，既保证了行车安全，又提高了运输效率。区间闭塞系统也是高速铁路信号与控制系统的重要基础设备。

4）列车运行控制系统

列车运行控制系统主要用于列车运行速度的控制，保证行车安全。机车信号、列车运行监控记录装置和各种制式的列车超速防护系统（ATP）都属于列车运行控制系统。其核心任务是防止列车冒进信号、超速行驶，实现铁路信号对运行列车的直接控制和闭环控制。

我国列车运行控制系统按照功能可以划分为 5 级，CTCS-0 级、CTCS-1 级、CTCS-2 级、CTCS-3 级和 CTCS-4 级，目前以 CTCS-2 级和 CTCS-3 级为主。各等级是根据设备配置的不同来划分的，其主要差别在于地对车信息传输的方式和线路数据的来源。

5）信号微机监测系统

信号微机监测系统利用计算机等监测并记录信号设备的运行状态，为电务部门掌握设备的运用质量和故障分析提供科学依据。信号微机监测系统是保障行车安全、加强信号设备管理、监测铁路信号设备运用质量的重要行车设备。

高速铁路信号系统各部分之间采用专用通信设备，通过各种形式的通信网络相互联接、传输信息。

高速铁路信号与控制系统的设备按其安装位置的不同又可以划分为地面设备和车载设备，地面设备布置在调度中心、车站、区间信号室、线路旁，车载设备布置在动车组内。高速铁路信号与控制系统的组成如图1-1所示。

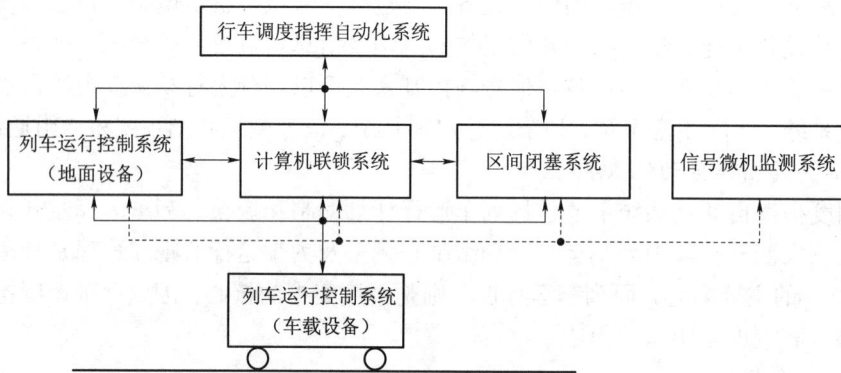

图1-1　高速铁路信号与控制系统的组成框图

2. 高速铁路信号与控制系统的特点

（1）高速铁路信号与控制系统采用列车运行自动控制（ATC）系统。随着列车速度的提高，列车的安全运行除了保证进路外，还必须采用专用的安全设备进行监督，甚至强迫列车或司机执行。这些安全设备从初级的列车自动停车装置、自动警告装置、列车超速防护系统发展到列车运行自动控制系统。一般情况下，对于最高运营速度在 160 km/h 以下的铁路，采用列车自动停车装置或具有简单速度检查功能的列车自动停车装置；对于提速线路，如最高运营速度达到 200 km/h 的铁路，就必须安装列车超速防护系统；对于运营速度更高的高速铁路则必须安装列车运行自动控制系统。列车运行自动控制系统一般指系统设备，包括地面设备和车载设备，同时也是一种闭塞方式，这个系统是列车超速防护系统和机车信号系统的一体化系统。

（2）为了提高行车效率及降低运营成本，高速铁路都建有综合调度中心。由综合调度中心统一指挥全线列车运行，实行集中控制。调度集中系统（CTC）远距离控制全线信号、转辙机和列车进路，正常行车不需要本站本地控制。

（3）在各车站及区间信号室附近设置车次号核查等列车—地面信息传输设备（TIPB），对列车实际位置进行确认。这是由综合调度中心指挥列车运行所需的基础设备。

（4）车站采用计算机联锁（CI）和大号码道岔，道岔转换采用多台转辙机多点牵引。

（5）系统重视安全防护。配备了热轴探测、界限检查及自然灾害报警监测点并与调度中心联网，防患于未然。

（6）通信信号一体化在高速铁路得到充分体现。专用通信系统承载业务以数据为主，辅以话音和图像。信息传递的实时性、安全性及可靠性要求更高。

（7）为保证安全，高速列车运行中不允许线路上进行施工和维修作业，因此高速铁路大量采用冗余技术、故障监测记录及远程诊断等手段以保证信号系统的可靠性及可用性。

1.2 列车运行控制系统

列车运行控制系统（简称列控系统）是一种可以根据列车在铁路线路上运行的客观条件和实际情况，对列车运行速度和制动方式等进行监督、控制和调整的技术装备。列车运行控制系统是保证列车运行安全和提高运输效率的关键信号设备，可以有效地防止由于司机失去警惕或错误操作可能造成的超速运行、冒进信号或列车追尾等事故，是一种行车安全控制设备。

列车运行控制系统一般应具备如下基本功能：检测线路的空闲状态；检测列车完整性；列车运行授权；指示列车安全运行速度；监控列车安全运行。

1.2.1 列车运行控制系统的组成

列车运行控制系统一般由地面设备、车载设备和地车信息传输设备三部分组成。

地面设备包括轨旁设备、列控中心及地面通信网络模块；车载设备包括列车运行监控模块、测速/定位模块、显示器模块、接口模块及运行记录模块等；地车信息传输设备包括地面信息传输设备、车载信息传输设备。

在 CTCS-2 级列控系统中，地面设备主要包括列控中心、轨道电路和应答器。

列控中心是地面控制部分的核心设备，是实现应答器报文选择和发送的重要信号设备。列控中心与车站联锁、CTC/TDCS 设备相接，根据调度命令、进路状态、线路参数等产生进路及临时限速等相关控车信息，通过设置在车站进、出站端的有源应答器向列车车载系统发送可变信息报文，从而实现对列车运行的动态控制。

轨道电路主要用于完成列车占用检测及列车完整性检查，连续向列车传送行车许可、前方空闲闭塞分区数量、车站进路速度等信息。

应答器是一种高速数据传输设备，其向列控车载设备传输线路的坡度、闭塞分区或轨道电路的长度、载频、线路固定限速、临时限速等信息。

在 CTCS-2 级列控系统中，车载设备主要包括车载安全计算机、轨道电路接收模块、应答器信息接收模块、人机界面、速度传感器、制动接口单元、数据记录单元、轨道电路接收天线、应答器接收天线等部分。

车载设备工作过程中，车载安全计算机负责从车载设备的各个模块获取信息，根据轨道电路传来的信息、列车制动力、线路参数、列车运行速度、列车编组等信息，计算生成制动模式曲线，并将列车实际运行速度与模式曲线相比较，如果列车实际速度超过制动模式曲线的限速值，车载安全计算机输出制动信息，控制列车安全运行。数据记录单元用于记录与系统运行和状态有关的数据，记录的数据可以采用读卡器下载至地面分析管理微机，为维护人员进行系统运行状况分析提供依据。车载设备还安装 LKJ 运行监控记录装置，用于对驾驶事件和 ATP 事件的记录。

1.2.2 列车运行控制系统的分类

1. 按照地车信息传输方式分类

1）连续式列控系统

连续式列控系统的车载设备可以连续接收到地面设备的车—地通信信息，是列控技术应用及发展的主流。

2）点式列控系统

点式列控系统接收地面的信息是不连续的，但能保障对列车运行与司机操纵的监督，因此也有很好的防护功能。

3）点—连式列控系统

点—连式列控系统用轨道电路完成列车占用检测及完整性检查，连续向列车传送控制信息。点式设备传输定位信息、进路参数、线路参数、限速和停车信息。

2. 按照速度控制模式分类

1）分级速度控制方式

分级速度控制是以一个闭塞分区为单位，根据列车运行的速度分级，对列车运行速度进行控制。

2）目标距离速度控制方式

目标距离速度控制采取的制动模式为连续式一次制动速度控制的方式，根据目标距离、目标速度及列车本身的性能确定列车制动曲线，不设定每个闭塞分区速度等级。

3. 按照人机关系分类

1）机控优先的控制方式

机控优先是设备按照模式曲线控制列车减速以保证行车安全，设备在常用制动后一旦满足缓解条件能够及时自动缓解。

2）人控优先的控制方式

人控优先是司机按照模式曲线控制列车减速以保证行车安全，只有当司机没有按照要求操作或进行了错误操作引起列车超速时，设备才采取有效的减速措施确保列车运行安全，制动的缓解须设备允许并由司机进行操作确认。

4. 按照闭塞方式分类

1）固定闭塞方式

将线路划分为固定的闭塞分区，前后列车的位置及间隔均以闭塞分区为单元来检测和表示。

2）移动闭塞方式

线路不划分固定的闭塞分区，列车之间的安全追踪间隔随着列车运行而不断移动且变化。移动闭塞列控系统一般采用目标距离模式曲线控制方式。

5. 按照功能和自动化程度分类

1）列车自动停车系统

自动停车设备往往与机车信号结合在一起使用，当机车信号显示停车或信号降级时，若司机未能确认并执行停车或减速，致使列车速度继续上升，当列车速度超过规定允许速度，系统先发出音响报警，在规定时间内，如果司机未办理确认操作，则立刻启动紧急制动装置，强迫列车自动停车。

2）超速防护系统

超速防护系统的主要功能是对列车运行速度进行监督，是随着速差式信号体系的建立而产生的，列车正常运行由司机控制，只在司机疏忽或失去控制能力且列车超速时才起作用，以最大常用制动或紧急制动方式强迫列车减速或停车。当列车速度已降至或达到限速要求，由司机判定和操作制动缓解。

3）列车自动驾驶系统

按系统预先输入的程序，保证列车运行图的要求，由设备代替司机进行列车运行的加速、减速或定点停车的调整。一般情况下，司机除对列车进行启动操作外，只对设备的动作进行监督。

1.2.3 列车运行控制系统的速度控制模式

为了保证列车在区间（闭塞分区）运行的安全，防止列车正面冲突和追尾，组织区间行车的基本方法一般有两种：时间间隔法和空间间隔法。时间间隔法是指列车按照事先规定好的时间从车站发车，使先行列车与追踪列车之间必须保持一定时间间隔的行车方法。空间间隔法是指把铁路线路划分成若干区段（区间或闭塞分区），每一个区段在同一时间内只允许一列列车运行，从而使先行列车与追踪列车之间必须保持一定距离的行车方法。

列车运行控制系统通过获取地面的信息和命令，控制列车运行并调整与前行列车之间必须保持的距离。该系统保证列车按照空间间隔法运行，是靠控制列车运行速度来实现的。运行列车之间必须保持的空间间隔首先要满足制动距离的需要，还要考虑一定的安全余量和确认信号时间内的列车运行距离，所以根据列车运行控制系统的不同控制模式会产生不同的闭塞制式。列车的追踪运行间隔越小，运输能力就越大，运行效率就越高。从速度控制方面来看，对列车运行自动控制可分为以下几种模式。

1. 分级速度控制

分级速度控制是以一个闭塞分区为单位，根据列车运行的速度分级，对列车运行速度进行控制。分级速度控制系统的列车追踪间隔主要与闭塞分区的划分、列车性能和速度有关，而闭塞分区的长度是以最坏性能的列车为依据并结合线路参数来确定的，所以不同速度列车混合运行的线路采用这种模式，其通过能力要受到较大的影响。

分级速度控制又分为阶梯式分级速度控制和分段曲线式分级速度控制。

1）阶梯式分级速度控制

阶梯式分级速度控制又分为入口速度检查方式和出口速度检查方式，也称为超前速度控制方式和滞后速度控制方式。列车进入一个闭塞分区的速度称为入口速度，驶离闭塞分区的速度称为出口速度。

超前速度控制方式又称为入口速度检查方式，在闭塞分区入口检查控制列车是否超速。列车在闭塞分区入口处接收到目标速度后立即以此速度进行检查，目标速度为本闭塞分区的出口速度。一旦列车超速，则进行制动，使列车速度降低到目标速度以下。日本ATC采取超前式速度控制方式，并采用机控优先的方法。因为列车驶出每一个闭塞分区前必须把速度降至超前式速度控制线以下，否则设备自动引发紧急制动，所以超前对出口速度进行了控制，不会冒出闭塞分区。超前速度控制方式如图1-2所示。

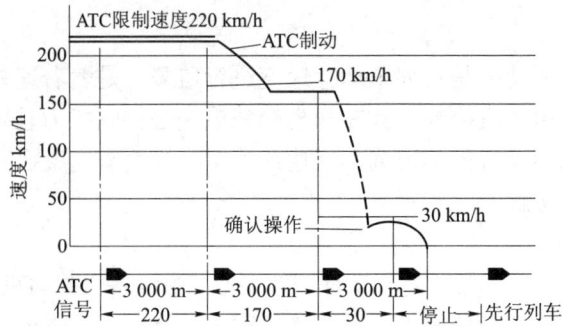

图 1-2　超前速度控制方式

滞后速度控制方式又称为出口速度检查方式，控制系统在闭塞分区的出口检查列车的速度值，如果列车速度超出目标速度则设备进行自动制动。法国 TVM300 列控系统速度等级分为 270 km/h、220 km/h、160 km/h 和 0 km/h 四个速度等级。对于 270 km/h 和 220 km/h，检查值高于标定值 15 km/h；对于 160 km/h 检查值高于标定值 10 km/h；对于 0 km/h，留有 35 km/h 的开口。控制系统采用人控优先的方法，进行滞后速度控制，即在闭塞分区的出口才检查列车是否超速。出口速度检查方式由于要在列车到达停车信号处（目标速度为零）才检查列车速度是否为零，如果列车速度不是零，设备才进行制动。此时列车必然会越过第一红灯进入下一闭塞分区，因此必须要增加一个闭塞分区作为安全防护区段，俗称双红灯防护。安全防护区的设置对线路的通过能力有一定的影响。

滞后速度控制方式如图 1-3 所示。

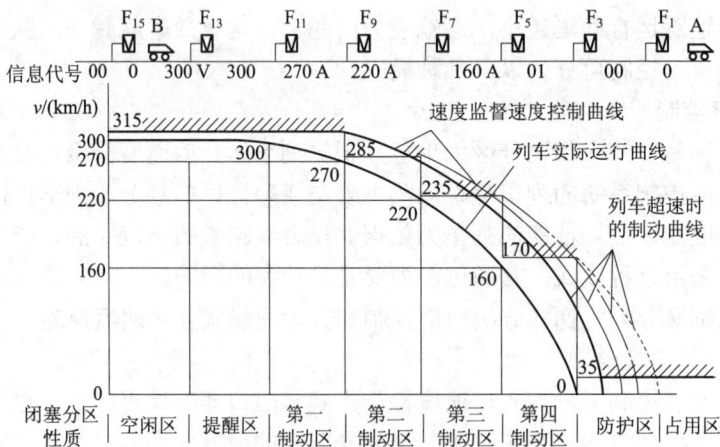

图 1-3　滞后速度控制方式

阶梯式速度控制在每一个闭塞分区只设计一个目标速度，无论列车运行到闭塞分区的什么位置，都只按照固定的速度值判断列车是否超速，对列车速度的控制不是连续的。由于每个闭塞分区设计为一个目标速度，车对地所需要的信息量较少，设备相对比较简单，这种控制方式是较早期列控系统的控制方式。例如法国 TVM300 系统，地对车实时传输 18 个信息。

2）曲线式分级速度控制

曲线式分级速度控制根据列车运行的速度分级，每一个闭塞分区给出一段速度控制曲线，对列车运行进行速度控制。法国 TVM430 系统采取曲线式分级速度控制方式。从最高速至零速的列车限速控制曲线为分段曲线组成的一条不连贯曲线组合，列车实际减速运行线只要在控制线以下就可以了，万一超速达到了速度控制线，设备自动引发常用制动或紧急制动。因为速度控制是连续的，所以不会超速太多，紧急制动的停车点不会冒出闭塞分区，可以不增加一个闭塞分区作为安全防护区段，设计时当然要考虑留有适当的安全距离。

列控设备给出的分段制动速度控制曲线是根据每一个闭塞分区的速度、距离、线路参数和列车自身的性能计算而定的。列控系统判定列车超速的目标速度不再是一个常数，而是随着列车的行驶不断变化，即是距离的函数。闭塞分区的线路参数可以通过地对车信息实时传输，也可以预先在车载信号设备中存储通过核对取得。因为制动速度控制曲线是分段给出的，每次只需一个闭塞分区线路参数。曲线式分级速度控制方式如图 1-4 所示。

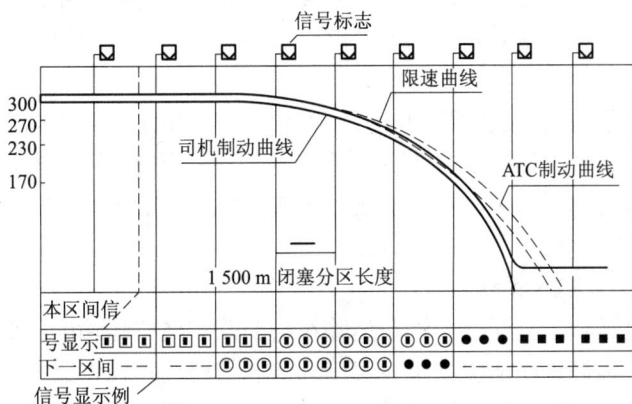

图 1-4 曲线式分级速度控制方式

2. 目标距离–速度控制

目标距离–速度控制采取的制动模式为连续式一次制动速度控制的方式，根据目标距离、目标速度及列车本身的性能确定列车制动曲线，不设定每个闭塞分区速度等级。采取连续式一次速度控制模式，若以前方列车占用的闭塞分区入口为追踪目标点，则为准移动闭塞；若以前方列车的尾部为追踪目标点，则为移动闭塞。

列控系统给出的一次连续制动速度控制曲线是根据目标距离、线路参数和列车自身的性能计算而确定的，线路参数可以通过地对车信息实时传输，也可以预先在车载信号设备中存储通过核对取得。因为给出的制动速度控制曲线是一次连续的，需要一个制动距离内所有的线路参数，地对车信息传输的信息量相当大，可以通过无线通信、数字式轨道电路、轨道电缆、应答器等地对车信息传输系统传输。目标距离速度控制的列车制动的起始点是随线路参数和列车本身性能不同而变化的，空间间隔的长度是不固定的，比较适用于各种不同性能和速度列车的混合运行，其追踪运行间隔比分级控制小，减速较平稳，舒适度要好。目标距离–速度控制方式如图 1-5 所示。

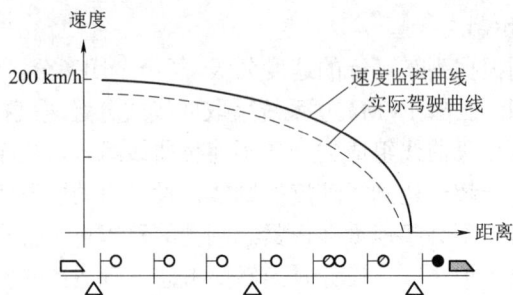

图 1-5　目标距离-速度控制

1.2.4　典型列车运行控制系统

20 世纪 90 年代以来，高速铁路建设的高潮在世界范围内掀起。发展高速铁路的国家都非常重视高速铁路信号与控制系统尤其是列车运行控制系统技术的开发与应用。计算机技术、信息技术、控制技术、现代通信技术的发展为高速铁路信号与控制系统和通信系统的发展提供了坚实的理论基础和物质基础，推动着铁路信号与控制系统实现集中化、网络化、自动化和智能化。

在列车运行控制系统的发展过程中，各国都设计并采用了适合本国当时状况的一些典型系统，比较有代表性的有北美的先进铁路电子系统 ARES 和先进列车控制系统 ATCS，法国、德国和日本的列车运行控制系统，以及欧洲一些国家采用的欧洲列车控制系统（Europe Train Control System，ETCS）等。

1. 美国 ATCS 和 ARES 系统

美国公路和航空运输十分便捷，铁路运输在与公路和航空运输的激烈竞争中处于劣势。为了改善铁路安全、提高铁路运输效率，美国政府和铁路公司在铁路安全技术研发项目中投入了大量的财政资金，对既有设备进行技术改造和升级，研究采用基于现代通信技术的列车运行管理系统，研究开发客运高速铁路。

1983 年北美铁道协会（主要是美国铁路联合会和加拿大铁路联合会）决定开发一种先进列车控制系统以取代过去的行车指挥系统。先后成立了框架体系结构、通信、车载设备、调度中心等 10 个委员会，以行车指挥为中心，制定系统整体框架，划分出功能模块并制定接口标准和通信协议。

美国的列车运行控制系统不采用轨道电路和信号机，而使用最新的无线通信技术和电子计算机技术，通过人造卫星和雷达控制铁路行车，称为先进列车控制系统 ATCS（Advanced Train Control System）。

ATCS 主要由 5 个功能模块组成：

调度指挥系统/中央控制系统；

机车车载设备，安装在车上，实现列车控制、定位等功能；

无线数据通信设备，实现列车与地面控制中心之间的双向信息传输；

地面设备，包括列车定位的应答器、无线中继站天线等；

线路维护人员移动终端。

继 ATCS 之后，铁路公司还开发了 ARES（Advanced Rail Electric System）系统，称为先

进铁路电子系统。

ARES 系统采用全球定位卫星接收器和车载计算机，通过无线通信与地面控制中心连接起来，实现对列车的智能控制。中心计算机根据线路状态信息和机车计算机报告的本身位置和其他列车状态信息等，随时计算出应采取的措施，使列车有秩序地行驶，并能控制列车实现最佳的制动效果。全球定位卫星系统定位精确，误差不超过 1 m。ARES 利用全球定位卫星来绘制实时地图，使司机能在驾驶室的监视器上清楚地了解列车前方的具体情况，从而解决了夜间和雨雾天气时的瞭望困难。

ARES 和 ATCS 的功能不限于列车自动驾驶，还有许多其他的功能。系统中的计算机可以在 30 s 以内计算出一条铁路线的最佳运行实时计划，以便随时调整列车运行，达到安全高效和节能的最佳综合指标。这些系统实质上是采用计算机技术与无线电和数字通信技术的闭环分散控制系统，系统根据铁路中各列车的速度、位置信息精确地调度列车，保障列车安全运行，达到增加列车密度、提高列车速度的目的。

美国的列车控制系统还有 AATC（先进的列车自动控制系统）和 ITCS（增强的列车控制系统）。ITCS 由 ATCS 系统发展而来，对 ATCS 的功能进行了补充。

ATCS、ARES、AATC 和 ITCS 都属于基于通信的列车运行控制系统（CBTC）的范畴。相对于传统的信号与控制系统来说，CBTC 具有多种功能，包括提高安全性、运行速度、运输能力，以及提高运输效率。

2. 法国 U/T 系统

法国铁路信号技术处于世界领先地位。

法国高速铁路 TGV 区段的列车控制系统，车载信号设备采用 TVM300 或 TVM430，地对车的信息传输以 UM 系列无绝缘轨道电路为基础，该系统简称 U/T 系统。该系统的主要特点是机车信号带有列车速度监督，这是系统保证行车安全、防止列车超速的有效手段，控制方式是人工控制为主。

U/T 列车运行控制系统以固定闭塞分区为基础，为分级速度控制系统，由地面设备及车载设备两部分组成。U/T 系统已经在若干个国家的地铁和干线铁路上投入商业应用。

TVM300 是法国 TGV 东南线（巴黎—里昂）和 TGV 大西洋线（巴黎—图尔）上采用的区间信号系统，由 CSEE（电气与信号）公司设计生产。TVM300 于 1981 年首先在巴黎—里昂投入使用，时速可达 270 km/h。

TVM300 属于早期产品，由于受当时技术条件的限制，系统结构相对简单。系统采用 UM71 系列模拟式轨道电路，采用了模拟调制信号技术，仅有 18 个有效信息，速度监督模式是分级阶梯速度控制方式，为滞后式速度监控方式，采用"人控为主，设备控制为辅"的控制方式。TVM300 速度控制曲线如图 1-6 所示。当列车实际运行速度超过给定的限制速度时，系统将使列车自动施行紧急制动。为保证安全，需要有一个保护区段，保证使超速越过第一个禁止信号的列车在保护区段内停车。这对线路的通过能力有一定的影响，同时这种阶梯分段制动的方式也不符合一般列车的连续制动模式。

20 世纪 80 年代末期，我国京广线郑武段从法国引进 TVM300/ UM71 列控系统。

随着高速铁路列车运行速度不断提高，特别是 1993 年开通的法国第三条北方高速线，列车运行速度已达 320 km/h，法国有关公司对原来由模拟电路构成的 U/T 系统进行了全面数字化改造，形成 TVM400 系列产品。其中 TVM430 为连续式传输的列车控制系统。

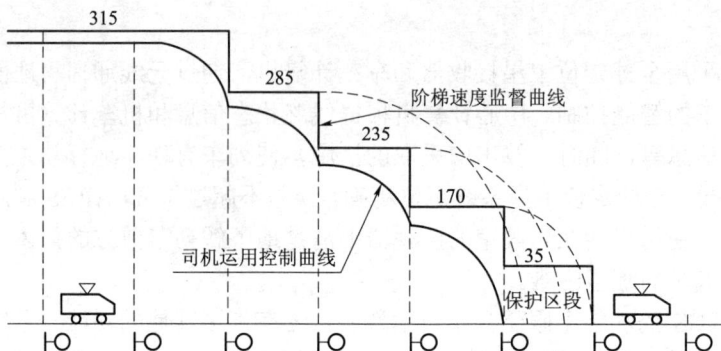

图 1–6　TVM300 速度控制曲线图

为配合新型的 TVM430，UM71 无绝缘轨道电路进行了数字化改造，采用了 27 bit 连续信息位的编码技术，称为 UM2000 无绝缘数字式轨道电路。由于采用了数字通信技术使车—地间的信息传输数字编码化，从而使信息的传输量大大增加。27 位信息位包括 8 位的速度码信息，6 位的距离码信息，4 位的线路坡度码信息和 3 位的线路地址码信息，有效信息 21 位，还有 6 位的校验码信息。列车的定位功能也是由轨道电路完成的。传输的信息除原有用于列车间隔的速度等级外，还可满足对线路坡度、距离等不同线路数据的要求，因此速度监督控制方式由过去的阶梯式改为分级连续曲线控制方式，在每个闭塞分区按速度—距离分段制动，闭塞分区的长度是按照最不利条件确定的，列车运行间隔主要与闭塞分区的划分和列车速度有关，接近目标距离制动模式的连续速度控制方式，如图 1–7 所示。原 TVM300 的保护区段可以取消，线路通过能力有所提高，最高行车速度达到 320 km/h，行车间隔缩短到 3 min。TVM430 采用 "人控为主，设备控制为辅" 的控制方式，只有在司机没有按照要求操作时，控制设备才自动启动常用制动或紧急制动使车速降至监督曲线以下。

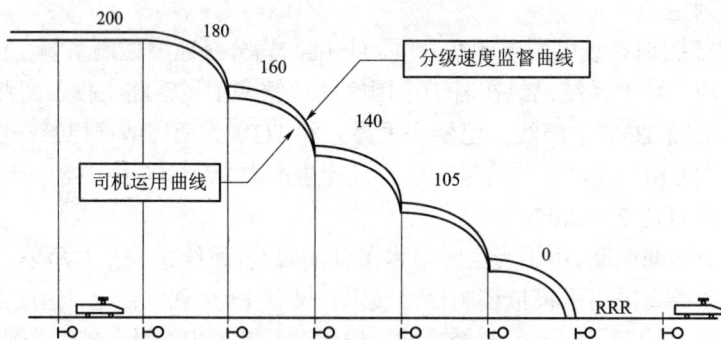

图 1–7　TVM430 速度控制曲线图

　　TVM430 系统已经使计算机联锁和列控实现了一体化，即区间地面设备与车站联锁系统一体化。可根据列车运行的位置、前后列车之间的运行间隔、固定限速和临时限速等条件，产生列控车载系统所需的全部地面信息。其中包括目标速度、目标距离、线路长度和坡度等，将这些信息通过轨道电路发送给车载设备。

　　TVM430 车载计算机系统为二乘二取二的安全计算机结构，测速单元为三取二结构，是高可靠性、高安全性控制结构。

我国秦沈客运专线采用了 TVM430 系统。

3. 日本 ATC 系统

日本是世界上最早实现高速铁路运营的国家。自 1964 年建成东海道新干线以来，就开始应用 ATC 列控系统，新干线高速铁路的运营至今保持着良好的安全记录。

日本新干线 ATC 系统采用有绝缘模拟式轨道电路进行地面与列车之间的信息传输。列控系统车载设备根据轨道电路传输来的速度信息，对列车进行减速或缓解控制，采用的是阶梯式分级速度控制中的超前速度控制方式，制动方式是设备优先的模式，即列控设备根据轨道电路的速度指示，对列车速度进行减速制动或缓解控制，使列车出口速度达到本区段目标速度的要求。

日本 ATC 系统采用模拟式轨道电路，因此地面与移动列车之间为单向信息传输，信息量较少。列车时速可达 270 km/h。当列车时速进一步提高到 300 km/h 以上时，由于模拟式轨道电路由地面向列车传输的信息量不够，因而增设了地面与列车之间的应答器设备作为辅助信息传输装置。

日本 ATC 速度控制过程如图 1-8 所示，首先 ATC 给出的目标速度是 220 km/h，在图中第一个 3 km（即两个闭塞分区的长度）范围内，当前列车速度低于 220 km/h，ATC 未控制其制动系统动作；进入第二个 3 km 后，ATC 给出的目标速度是 170 km/h，系统判断当前速度高于目标速度，所以 ATC 控制制动系统工作，进行制动减速，减速到 170 km/h 以下，保持这一速度驶出这一区间，这一过程列车运行里程也是 3 km；同样最后减速至 30 km/h，直至距离先行列车一定距离的位置停车。以上过程主要是由 ATC 设备来完成的，不需要人工的参与。

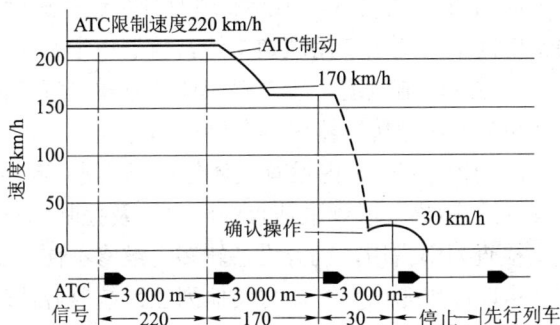

图 1-8　日本 ATC 速度控制过程示意图

随着电子数字技术的发展，日本铁路公司近年又新开发了多种数字式 ATC 系统。

数字式 ATC 系统采用有绝缘数字编码轨道电路，结合车载数据库存储的线路信息实现目标距离（一次制动）控制方式，并与分级速度控制方式相兼容，控制列车运行。数字轨道电路以时分方式反复传输 40～60 b 的数据。车载设备根据地面信息和各开通闭塞分区间的编号，求取与前方列车的距离，再根据该计算距离和车载设备存储的线路数据，以及制动性能、最高允许速度等车辆性能，计算列车可以运行的距离和允许的速度。

2002 年数字式 ATC 系统开始投入商业应用，是目前世界上一种先进的列车控制系统技术。

4. 德国 LZB 系统

德国铁路在开发和应用微机化信号设备方面一直走在世界铁路的前列。20 世纪 70 年代末，德国铁路与一些工业厂家相继开发应用了一系列微机化信号设备，如微机道口安全防护设备、电子（微机）联锁设备、微机车次表示设备、微机自动选路设备、微机调度监督设备、微机计轴设备、自动化驼峰微机控制系统等。20 世纪 80 年代末 90 年代初，德国铁路结合新线建设和信号设备大修更新，全面推广微机化信号设备和系统，包括列车速度控制系统（LZB）。

1965 年在慕尼黑—奥格斯堡间 LZB 连续式列车速度自动控制系统开始运用，其支持的列车运营速度可达 270 km/h。LZB 系统是目前世界上唯一采用轨道电缆作为连续式信息传输媒介并在世界上首次实现连续速度控制模式的列控系统。

LZB 系统主要由地面列控中心、车—地双向信息传输设备、列控车载设备三大部分组成。地面控制中心是 LZB 系统的核心，每个中心控制 50～100 km 的区段。它负责实时追踪、确定所管辖范围内各列车的安全运行速度，产生的控制命令通过通信网发送到轨旁发送/接收设备，经过信号放大后通过轨道电缆向车载设备发送信息，控制列车安全运行。LZB 系统车载设备包括中央计算机、测速测距设备及制动控制设备等。车载计算机系统按三取二原理工作。

通过车—地信息传输系统，LZB 车载设备可以将列车的精确位置、实际速度、机车及列车工作状况（设备状况、轴温、供电及故障）等信息及时送到地面列控中心。列控中心的计算机根据综合调度中心下达的列车运行计划、列车运行线路状况信息（坡度、曲线半径、限制速度等）、相邻联锁中心送来的列车进路信息等，经过计算、比较处理后，确定出在保证行车安全的前提下使列车运行间隔最小的列车运行速度，并立即通过 LZB 地—车双向传输系统将这一速度控制命令传送到 LZB 车载设备，由此实现对列车运行速度的控制。

LZB 在轨道内两根钢轨间铺设两条专用轨道电缆，轨道电缆每 100 米交叉一次形成轨道电缆环线，列车与地面设备通过轨道电缆环线以感应通信方式进行双向信息交换。通过对轨道电缆环线交叉点的计数和车载计程传感器对列车定位和计程。

LZB 系统是人控优先的列控系统，车内设有主体化机车信号，向司机显示列车实际速度、目标速度（或限制速度）、目标距离（或到限速点的距离）及控制列车运行的其他指令。

LZB 另需轨道电路来检查列车占用，轨旁设备较多，维修不便。LZB 以地面控制中心为主计算制动曲线，车载信号设备智能化不够，与其他列控系统兼容比较困难。

德国铁路规划采用 ETCS 系统逐渐代替 LZB 系统。

综上所述，法国的 U/T 系统、日本的 ATC 系统和德国的 LZB 系统的共同点是这些系统完全改变了传统的信号控制方式，即可以连续、实时监督高速列车的运行速度，自动控制列车的制动系统，实现列车超速防护；另外，通过集中运行控制，系统还可以实现列车群的速度自动调整，使列车均保持在最优运行状态，在确保列车安全运行的条件下，以最小的安全追踪距离运行，最大限度地提高运输效率，进而系统还可以发展为以设备控制全面代替人工操作，实现列车控制的完全自动化。这些系统的不同点主要体现在控制方式、制动模式及信息传输的媒介等方面。

法国、德国和日本三个国家所采用的高速铁路列车控制系统的性能、特点的分析对比参见本书附录 B。

5. 欧洲 ETCS

在欧洲铁路网上，各个国家的铁路部门使用各自不同的信号制式管理列车的运营，列车运行控制系统（ATP/ATC）多达十余种，如 LZB 系列/FZB 系列、TVM 系列等，这些信号和控制系统互不兼容。因此，跨国境运营的列车要么穿过边境抵达另一个国家后停下来更换机车，要么根据运行线路的不同装备多种不同的控制系统（最多的有 6 种），当列车穿过边境抵达另一个国家后，切换相应的运行控制系统。当列车装备多种控制系统后，由于每种控制系统价格昂贵，使得列车运营及维护费用上升，同时所遇到的繁多的信号技术使得穿越边界的操作效率非常低。

在欧洲共同体的支持下，欧洲各信号厂商联合制定了欧洲铁路运输管理系统/欧洲列车控制系统（European Railway Traffic Management System /European Train Control System，ERTMS/ETCS）需求规范，定义了系统框架和系列标准，并已纳入国际铁路联盟（UIC）标准。在此基础上成功构建了具有欧洲特色的列车控制系统。

ERTMS 是以欧洲铁路运输管理为运输指挥基础，以 ETCS 为安全核心，以服务于铁路的全球无线移动通信系统（Global System Mobile Devoted to Railway，GSM-R）为传输平台的铁路运输管理系统。

1）ETCS 系统构成

ETCS 首先是一系列具有可操作性的技术文件、标准、规范和概念，同时也涉及一系列信号安全系统。ETCS 系统主要由地面子系统和车载子系统两大部分构成。

地面子系统主要包括：

（1）欧洲应答器（Eurobalise）；

（2）轨旁电子单元（LEU）；

（3）无线通信网络（GSM-R）；

（4）无线闭塞中心（RBC）；

（5）欧洲环线（Euroloop）；

（6）无线注入单元（Radio in fill unit）。

车载子系统主要包括：

（1）ERTMS/ETCS 车载设备；

（2）铁路无线移动通信系统（GSM-R）；

（3）专用传输模块（Specific Transmission Modules，STM）。

2）ETCS 的分级

ETCS 的最大特色之一是根据功能需求和运用条件配置系统。用一个系统以分级的概念实现原来由多个系统为一个目标而完成的工作。ETCS 从运用角度分为 5 级（0~3 级、0^+ 级）。

0 级：ETCS 车载设备＋传统列控系统

0 级主要是为了保证装配 ETCS 车载设备的列车，能在没有 ETCS 地面设备的线路或尚不具备 ETCS 运营条件的线路上运行。既有地面信号系统完成列车占用检测和完整性监督。ETCS 车载设备只显示列车速度，并只监督列车最大设计速度和线路最大允许速度。车载设备不提供机车信号功能，司机凭地面信号行车。除列车速度外，其他监督信息将不在列车的人机界面上显示。为实现制式转换或级间转换，在地面特定点（如制式分界点）必须增加应答器，车载设备接收应答器转换信息并完成转换功能。

0⁺级（Specific Transmission Module，STM）

0⁺级主要是为了保证装备 ETCS 车载设备的列车在既有线运行时能够提供通用机车信号功能。在该级中，既有地面信号系统完成列车占用检测和列车完整性监督，并根据既有地面信号系统功能决定是否需要地面信号机。地—车信息传输采用既有方式，与 0 级不同的只是车载增加了 STM，机车信号显示视国情而定。可以认为 0⁺级是一个过渡级。应当注意到，尽管 0⁺级可以通过采用 STM 专用传输模块实现不同制式信息的兼容接收，但仍需要采用不同的接收天线。在 0 级和 0⁺级，列车控制以人为主，行车安全不由 ETCS 保证。

1 级：地面信号＋查询应答器＋轨道电路

装备了 ERTMS/ETCS 的列车，在装备有点式传输设备——欧洲应答器 Eurobalise 的线路上运行，地面向列车传输的信息完全依靠 Eurobalise，轨道电路只完成轨道区段的空闲/占用检查和列车的完整性检查。该系统是典型的点式 ATP。为了增加信息传输的覆盖范围，线路上可以安装欧洲环线 Euroloop 或者无线注入单元。因此 ERTMS/ETCS 等级 1 分成带注入信息和不带注入信息两种类型。

2 级：轨道电路＋查询应答器＋GSM-R

司机完全依靠车载信号设备行车（可取消地面信号机）；通过 GSM-R 连续传送列车运行控制命令，车—地间可双向通信；在点式设备的配合下，车载设备对列车运行速度进行连续监控；依靠轨道电路或计轴设备检查列车占用和完整性；建有无线移动闭塞中心。该系统是基于移动通信的连续式 ATP。

3 级：查询应答器＋GSM-R

取消了传统的地面信号系统，列车定位和列车完整性检查由地面无线移动闭塞中心 RBC 和列车完整性验证系统共同完成。点式设备、GSM-R 是系统的主要设备。取消地面信号机和轨道电路后，室外线路上的信号设备减少到最低程度；列车追踪间隔依靠点式设备和无线移动闭塞中心实现，具有明显的移动自动闭塞特征。

为实现欧洲铁路互联互通，欧盟组织确定了适用于高速铁路列车控制的标准体系，技术平台开放；基于 GSM-R 无线传输方式的 ETCS2 系统，技术先进，并已投入商业运营；欧洲正在建设和规划的高速铁路均采用 ETCS 列控系统，是未来高速列车控制系统的发展方向。

我国铁路部门参照 ETCS 列控系统制定了 CTCS 列控系统技术标准，以分级形式满足不同线路条件下列车运行控制。

1.3　行车调度指挥自动化系统

行车调度指挥自动化系统是覆盖全路的调度指挥管理系统，是各级调度指挥管理人员完成行车与调车的调度指挥管理的手段和平台。

行车调度指挥自动化系统是铁路信号发展的关键，随着微电子技术、计算机技术、现代通信技术及智能技术的发展，该系统在信息处理、信息交换、实时控制及调度决策等方面日趋完善，显现出其在铁路运输现代化和提高运输效率等方面的重要性。

行车调度指挥自动化系统主要包括列车运行计划编制和调整、列车运行监视和管理及列车运行控制三大部分。其中列车运行计划编制和调整及列车运行监视和管理是列车调度指挥系统（Train operation Dispatching Command System，TDCS）的主要内容，列车运行控制是调度集中的核心。因此，行车调度指挥自动化系统是由 TDCS 和调度集中系统构成的。

1.3.1　列车调度指挥系统

列车调度指挥系统（TDCS）是实现铁路各级运输调度对列车运行实行透明指挥、实时调整及集中控制的现代化信息系统。TDCS 利用信息技术、网络技术、控制技术及多媒体技术等，实现了铁路运输组织的科学化和现代化，增加了铁路运能，提高了铁路运输效率，减轻了调度人员的劳动强度，改善了调度指挥的工作环境。

1. TDCS 的系统构成

我国铁路调度指挥是以行车调度为核心，以站、段为基础，实行铁道部和铁路局两级调度指挥管理的体制。TDCS 分为三层网络体系结构，由铁道部调度指挥中心 TDCS、铁路局 TDCS 中心子系统及车站基层网 TDCS 组成，是一个覆盖全路的现代化铁路列车调度指挥系统。TDCS 的系统结构如图 1-9 所示。

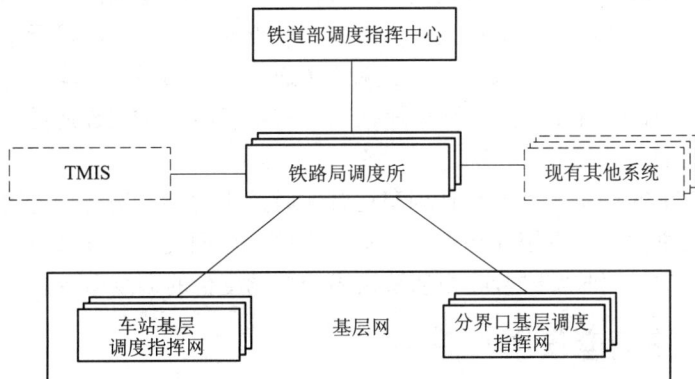

图 1-9　TDCS 的系统结构图

铁道部调度指挥中心 TDCS 是整个系统的核心，处于系统的最高层，以铁道部调度指挥中心大楼为主体，由高性能的服务器、工作站计算机网络设备等及相应的软件系统构成一个为调度指挥服务的局域网；通过专线通道、数据网链路及路由器与各铁路局调度指挥中心远程连接，进行信息交换，建立全路有关专业技术资料库。铁道部调度指挥中心实时掌握全路干线、枢纽、分界口的列车运行情况，信号设备显示状态和气象情况，提供各种运输统计报表，提供列车运行信息查询，并能获得车站基层网的实时信息。

铁路局 TDCS 通常设在各铁路局调度所内，是各铁路局建设的铁路局调度指挥中心局域网。铁路局调度指挥中心通过专线通道、数据网链路及路由器与铁道部、相邻铁路局调度指挥中心远程连接，进行信息交换。在保证网络安全的前提下，还与现有的其他系统互通互联，达到系统间信息共享。铁路局 TDCS 不仅是管理层，同时也是直接调度指挥行车的指挥层，不仅要完成基层网信息的汇总、处理和标准化，给铁路局各级调度提供监控信息，还要将基层信息传输至铁道部调度指挥中心。因此铁路局调度指挥中心不仅是指挥和管理中心，同时也是行车控制中心。对部分区段和车站，铁路局调度指挥中心还可在 TDCS 的基础上发展调度集中（Centralized Traffic Control，CTC），实现对列车进路的自动控制及其他控制功能。

车站基层网 TDCS 主要负责列车运行信息的采集、显示、记录、整理，向铁路局 TDCS 中心子系统提供所需信息，并接受其下达的指挥控制命令。

2. TDCS 的主要功能

铁道部调度指挥中心 TDCS 的主要功能包括列车动态跟踪、信号设备运用状态实时监控、列车运行宏观显示、列车运行时刻显示查询、运行图管理、调度命令管理、列车编组管理、数据统计和分析、技术资料管理、调度命令无线传送、分界口列车调度指挥管理及事故救援辅助信息管理。

铁路局 TDCS 系统接受各站的现场行车信息、列车信息，下达指挥信息和计划信息（阶段计划、调度命令等），并向上级系统提供基础信息。铁路局 TDCS 的主要功能包括干线列车运行秩序的宏观显示、路局管内列车运行实时监视和历史查询，自动完成列车追踪、列车运行图管理、车站自动报点，列车运行计划自动调整、自动下达，车站信号设备的状态监视，对车站下达调度命令、阶段计划等信息，通过接口与其他系统交换信息。

车站基层网 TDCS 的主要功能包括列车运行信息和信号设备状态等信息的采集和传送，无线车次号校核，车次跟踪与自动报点，车次和到发点的人工管理，显示本站和邻站信息，调度命令的签收、存储与打印，调度命令的无线传送，阶段计划的签收与打印，行车日志管理，车站运用车管理，甩挂车作业和列车速报表。车站基层网 TDCS 还提供常用词汇输入和声音提示等辅助功能。

分界口基层 TDCS 的基本功能包括列车运行实时监视功能及历史功能再现、车次跟踪功能和车次号的人工维护、信息统计和查询，本铁路局分界调度台调度命令应能下达到相邻铁路局调度台、分界站，同时实时接收相邻铁路局分界调度台的调度命令。

1.3.2 分散自律调度集中

调度集中（Centralized Traffic Control，CTC）是调度中心（调度员）对某一区段内的信号设备进行集中控制、对列车进行集中指挥或管理的技术设备。调度员通过调度集中设备可以直接控制所辖区段内各车站上道岔和信号设备、办理列车进路、组织和指挥列车运行；通过通信网络使调度员在调度所及时了解现场道岔和信号设备的状况及列车运行情况。

国外调度集中系统的发展起步较早。1927 年美国纽约中央铁路斯坦利—伯威克间安装运用了世界上第一套调度集中设备，此后调度集中技术在世界各国铁路得到了迅速发展和应用，无论是发达国家还是发展中国家的铁路，大都采用了调度集中这一先进的运输组织形式。调度集中设备的发展主要经历了继电式调度集中、全电子式调度集中，逐渐发展成为计算机控制的调度集中系统。

中国铁路于 1958 年开始了调度集中的探索与研究，研制了继电式、电子式和计算机调度集中系统，但与发达国家相比调度集中在我国的应用与发展较为滞后。传统调度集中的主要问题是：没有解决好列车与调车冲突的问题。传统的调度集中只负责列车的调度，而更加复杂多变的调车作业仍需要人工完成。为防止对列车安全运行造成影响，系统采取了交放权过程的控制办法，即要求车站在进行调车作业时脱离调度集中系统的控制，调车作业完成后再将控制权交还给调度集中系统。频繁而复杂的交放权过程不仅降低了车站的作业效率，同时还严重影响了整个系统的可靠性，因而其应用范围受到限制。

新一代分散自律调度集中是为了适应我国铁路复杂的运输状况而研制的行车控制系统，分散自律调度集中系统是综合了计算机技术、网络技术及现代控制技术，采用智能化"分散自律"设计原则，以列车运行调整计划控制为中心，兼顾列车与调车作业的自动化的调度指挥系统。分散自律调度集中系统将列车运行调整计划下传到各个车站自律机中自主自动执行；在列车运行调整计划的基础上解决列车作业与调车作业在时间与空间上的冲突，实现列车和调车作业的统一控制。

分散自律的概念体现了计算机分散控制的原理，在控制中心由于某种原因不能正常工作时，各车站的控制计算机（分散自律计算机）能够按照控制中心下达的运行计划，在和控制中心通信中断后自行接发列车。

分散自律调度集中系统具有分散自律控制模式和非常站控模式。

分散自律控制模式是用列车运行调整计划自动控制列车运行进路，同时在分散自律条件下调度指挥中心具有人工办理列车、调车进路，车站具备人工办理调车进路的功能。分散自律控制模式下从进路控制的方式出发，具有计划控制方式和人工按钮控制方式两种进路控制方式。

非常站控模式是当分散自律调度集中系统故障或发生其他紧急情况时，脱离系统控制转为传统人工的方式。这种方式下控制中心不再具有直接控制权。若在计算机联锁车站，操作员从计算机联锁系统的操作界面上进入非常站控，此时计算机联锁系统不再执行任何CTC的控制指令，由操作员在计算机联锁系统的操作界面上进行控制；若在6502继电联锁车站，车站操作员按下6502控制台上的紧急站控按钮，切断分散自律调度集中系统控制输出继电器的电源，直接通过控制台按钮进行控制。

分散自律调度集中系统是以TDCS为基础的，具备完整的TDCS功能，其系统结构是与TDCS相类似的分层级结构，由铁路局CTC系统和车站或站段子系统及调度中心与车站、车站与车站之间的网络子系统组成。CTC系统结构如图1-10所示。

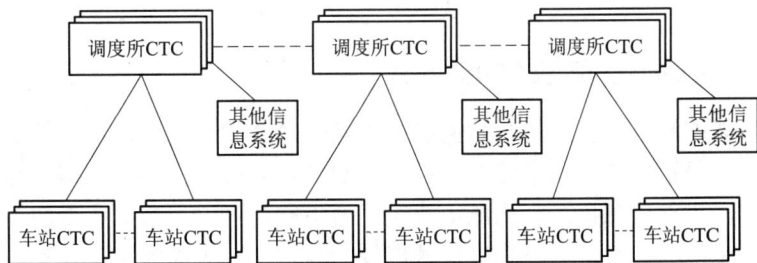

图 1-10　CTC系统结构

铁路局中心CTC子系统是控制中心，一般设在铁路局调度所，为整个铁路局调度集中的行车管理和指挥中心，在铁路局控制中心实现行车调度指挥的集中化管理和指挥。除完成既有TDCS功能，铁路局CTC还具有如下功能：根据列车和调车作业情况自动安排列车、调车计划，并下发给车站；实现对车站设备的远程控制和操作；与TDCS车站实现透明管理。

车站CTC子系统除了完成TDCS的既有功能外，还能根据控制中心下发的列车或调车计划，自动向联锁系统下发控制命令；可编制调车作业计划并下发至车站自律机，由自律机实现对调车作业的计划性控制；根据需要对车站设备进行人工干预操作。

1.4   计算机联锁控制系统

列车与调车车列在车站内由一点运行到另一点的全部行程被称为进路。铁路运输系统中为了保证行车安全，信号、道岔与进路之间必须保持一定的制约关系和操作顺序，常称这种制约关系和操作顺序为联锁。因此，又把车站信号系统称为车站联锁控制系统。

车站联锁控制系统经历了机械联锁控制系统、继电联锁控制系统、计算机联锁控制系统这几个阶段。

早期的车站联锁控制设备采用机械联锁方式，逐渐发展成为集中式机械联锁控制系统。20 世纪 20 年代基于布线逻辑、采用继电器为主要元件的继电联锁控制系统问世。继电联锁是采用继电器的接点组成复杂的实现联锁逻辑的电路，从而对信号设备进行控制。我国铁路的 6502 继电联锁控制系统由重力式安全型继电器构成控制电路，实现安全联锁功能，并且在故障状态下能够保证系统的安全性。继电联锁控制系统具有性能稳定、抗干扰能力强及可靠性好等优点，但也存在着功耗大、成本高及占地面积大等缺点。目前，继电联锁在我国铁路信号系统中仍占重要地位。

计算机联锁系统是以计算机技术、控制技术和通信技术为基础，实现对车站信号设备的控制。随着电子技术、先进控制技术、网络技术及冗余容错技术的发展，计算机联锁控制系统不断发展，与列车控制系统及调度指挥系统不断融合，可以共同完成列车运行安全保障和行车指挥的任务。

20 世纪 80 年代，我国就开始了研究与应用计算机联锁控制系统的工作，90 年代逐步开始在干线铁路的推广应用。进入 21 世纪后，我国的计算机联锁发展非常迅速，特别是在高速铁路快速发展的进程中，计算机联锁得到进一步发展。目前计算机联锁已处于实用阶段，在新建铁路、客运专线、煤运专线、高速铁路等大范围推广应用。

1.4.1   计算机联锁控制系统的优点

计算机联锁能够利用计算机对车站值班员的操作命令和现场监控设备的表示信息进行逻辑运算，完成对信号机、道岔及进路的联锁和控制；计算机发出的控制信息和现场发回的表示信息，如果实现串行信息接口，均能由传输通道串行传送，可节省大量的干线电缆，使采用光缆传输成为可能；用大屏幕显示器代替现行的表示盘，大大缩小了体积，简化了结构，不但方便使用，还可根据需要多台并机使用；采用模块化软件和硬件结构，便于站场变更，并容易实现故障控制、分析等功能。

与继电联锁相比，计算机联锁具有以下显著优点。

1）进一步提高了安全性、可靠性

继电联锁的安全性、可靠性建立在继电器等元器件的逻辑电路基础之上，因此系统的安全性、可靠性受到继电器等元器件的限制。计算机联锁采用冗余技术，增强了系统的可靠性。如软件冗余技术，对每台计算机设计两组程序，由于它们的数据结构不同，两组程序存入存储器的区域也不相同，两组程序以不同的步骤运算，很容易发现硬件的故障，从而提高了系统的可靠性，同时因两组程序对外界干扰有不同的反应，通过比较电路很容易发现系统呈现的问题，即增加了抗干扰功能。因此，计算机联锁系统的安全性、可靠性比继电联锁有了很大提高。

2）控制功能的完善

继电联锁虽然不断改进和完善，但由于受到继电器电路的限制和费用昂贵等原因，在联锁功能方面仍存在不足。例如，由于轨道电路的误动而造成进路错误解锁的可能性仍然存在，以致妨碍进路的预排，这些缺点在计算机联锁系统中，则可以通过增加较少的硬件投资和发挥软件的作用加以克服。

计算机具有工作速度快、信息量大的特点，所以计算机联锁很容易实现自动控制功能，还能安全地实现自动选路和储存进路等继电联锁无法完成的功能。运行图变更时，能够自动选择最佳方案。计算机联锁不仅可以扩大控制范围，适用于任何规模的车站，而且还可以进行站内行车业务管理，提高工作效率。

计算机联锁为自动排列进路提供了先决条件。为了提高办理列车进路的自动化程度，可将车站的每日接发列车计划（包括车次、到、发股道和时间等）存入计算机。在到达列车接近时，自动取出列车应接入的股道，并办理进路；对于发车进路来说，由于涉及旅客的乘降及货物装卸等情况，可采取人工办理、在指定时间内自动办理和按计划办理等三种办理方式。

在计算机联锁控制系统中，多采用键盘输入和彩色显示屏，信息输入和信息显示内容丰富。研究和实践表明，采用彩色大屏幕显示作为人—机对话手段，大大优于单元拼装式控制台。

3）实现管理现代化

在运输管理方面，计算机联锁控制系统可向地面旅客信息系统（如广播系统、显示牌等）、列车运行监督系统以及区间行车指挥系统提供包括列车到发时间、车次、股道占用情况及信号设备状况等信息，因为计算机联锁控制系统和这些信息系统是密切结合的。在计算机联锁控制系统自身管理方面，可包括自身维护和故障诊断与检出功能，使维护管理达到新水平。

4）方便设计

由于计算机联锁控制系统采用模块化的设计原则，容易实现标准化，进一步提高了设计及施工的方便程度。计算机联锁控制系统采用标准接口，不需要增加设备就可以和其他自动化信号进行通信；通过辅助设计系统，线路图和进路表等车站固有的联锁条件以人机对话的形式输入后，即可以自动生成联锁图表和接、配线图。

5）节省费用

具有同样规模的计算机联锁控制系统较继电联锁控制系统价格要高。但随着时间的推移，由于大规模集成电路价格日益降低，不久将会出现两者持平或计算机联锁控制系统费用略低的情况。另外，由于计算机联锁控制系统体积小，可以节省信号楼面积；而且控制距离加长，可以节省大量电缆费用等，其经济效益也不可低估。据瑞典资料数据，计算机联锁控制在哈尔斯堡站的总费用比继电联锁控制系统降低了20%。

1.4.2　计算机联锁控制系统的结构

1. 计算机联锁控制系统的基本原理

计算机联锁控制系统中的控制对象是信号机、转辙机和轨道电路。计算机联锁控制系统需要对轨道电路区段状态、信号状态和道岔状态进行检测并对信号机和道岔实施控制。按照计算机联锁控制系统各主要部分的功能和不同的设置地点，计算机联锁控制系统分为人机交互层、联锁控制层和I/O接口层，其层次结构如图1-11所示。

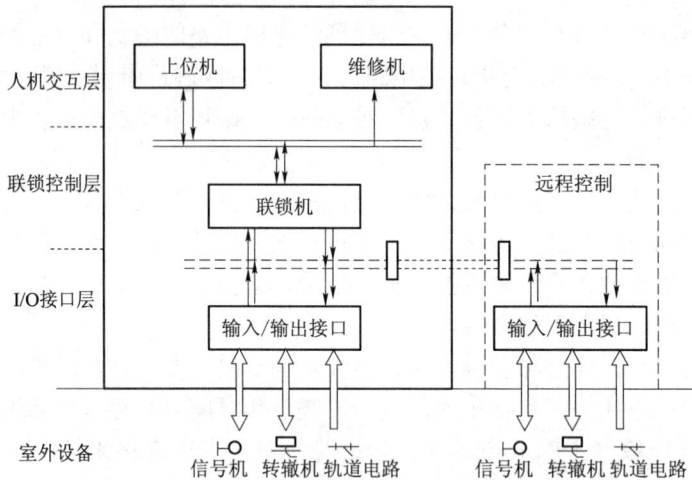

图1-11　计算机联锁控制系统的层次结构

人机交互层：操作人员向联锁机构输入操作信息和接收联锁机构输出的反映设备工作状态和行车作业情况的表示信息。人机对话设备设在车站值班室。

联锁控制层：联锁机是联锁控制系统的核心，联锁机除了接收来自人机交互层下达的联锁操作命令的信息外，还根据从I/O接口层接收到的室外信号机、道岔和轨道电路的状态，进行联锁逻辑运算，并根据运算结果来下达控制命令，如道岔的操纵、信号开放/关闭等。联锁控制层设备设在车站信号楼的机械室内。

I/O接口层：接收来自联锁控制层的控制命令，经过信号机控制电路改变信号显示；接收来自联锁控制层的道岔控制命令，经过道岔控制电路驱动道岔转换；向联锁机构传输信号状态信息、道岔状态信息，以及轨道电路状态信息。

对应每层结构都有相应的控制软件，因此软件系统包括用于人机交互的操作及显示软件、联锁运算软件和I/O采集驱动软件，以及完成各个软件模块间相互交换数据的通信软件。其软件总体结构如图1-12所示。

为了进一步提高计算机联锁控制系统的技术水平和可靠性，近年来计算机联锁控制系统由最初的单机系统、双机冷备系统发展为双机热备、三取二、二乘二取二的高级别冗余结构的计算机联锁控制系统。在提高计算机联锁控制系统的安全性、可靠性和可维护性方面，各国广泛采用的主要措施如下。

（1）采用冗余技术：硬件冗余有三取二的三重冗余系统和二重冗余系统；软件冗余有双通道、双套软件冗余，信息冗余，时间冗余以及三者兼有。

（2）由固态元件构成故障安全电路单元作为系统I/O接口及系统硬件比较器，以确保安全。

（3）采用各种检测、诊断容错技术，进行周期检测，及时报警；系统中设有故障切断器，切断控制输出电源或使局部系统停止工作。

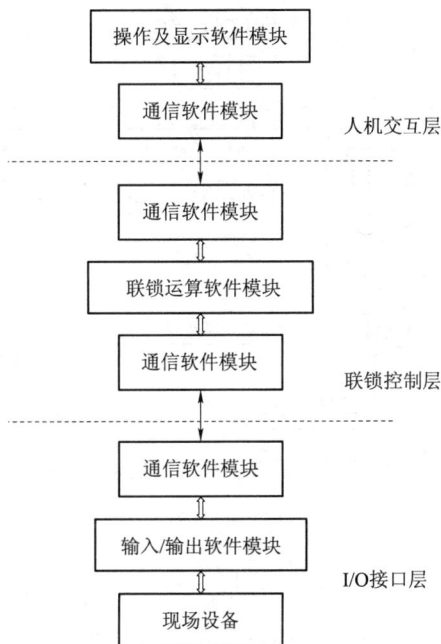

图 1-12 计算机联锁控制系统的软件总体结构

（4）信息通道采用编码传输信息技术和闭环通信通道，提高电码海明距离，提高误码检出率。

（5）采用严密的组织手段、先进的检测方法和计算机辅助设计系统，提高硬件的可靠性和软件的可信性。

我国应用广泛的计算机联锁控制系统有 TYJL 系列（铁道科学研究院研制）、DS6 系列（通信信号总公司研究设计院研制）、JD 系列（北京交通大学研制）及 CIS 系列（卡斯柯信号有限公司研制）等。国外典型的计算机联锁控制系统有德国的 SIMIS-W 系统、法国的 CIS 系统及日本的 EI32 型及 K 系列型等。下面以 TYJL-TR9 型和 EI32-JD 型为例进行介绍。

2. TYJL-TR9 型计算机联锁控制系统

1）系统结构

TYJL-TR9 型计算机联锁控制系统是三取二计算机系统，具有高可靠性、高安全性、高可用性，便于维护和能带故障运行等优点。

TYJL-TR9 型计算机联锁控制系统有两种系统结构：集中式和网络式。对部分大站，采用集中式结构，如图 1-13 所示。通过网络接口可与远程诊断、TDCS、TMIS 等系统接口。对以区域控制的成段车站，可采用网络式结构，如图 1-14 所示。将容错联锁主机作为双重容错网络下的各站主要联锁设备节点，以区域控制中心实现集中控制，并在双重容错网络上传输行车指挥、车次跟踪、旅客向导等信息，形成一体化的综合车站信号控制系统。系统主要由容错联锁主机、监控机、控制台、电务维修机等部分组成。

容错联锁主机主要对现场设备进行信息采集，通过监控机接收值班员发出的操作命令，通过联锁程序进行逻辑运算，根据不同的运算结果进行驱动输出，直接去驱动组合架上的继电器，控制现场的信号设备，并把现场的状态传递给监控机，以便在控制台上显示。

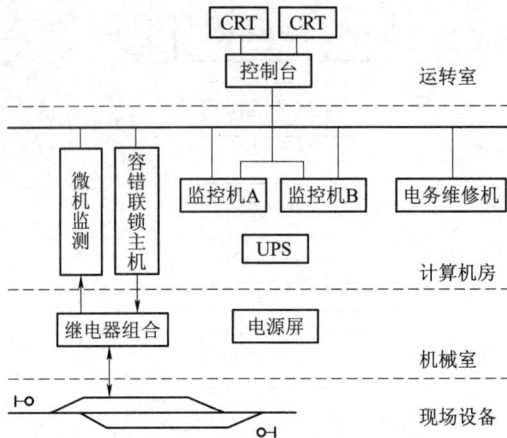

图 1–13　集中式计算机联锁控制系统结构框图

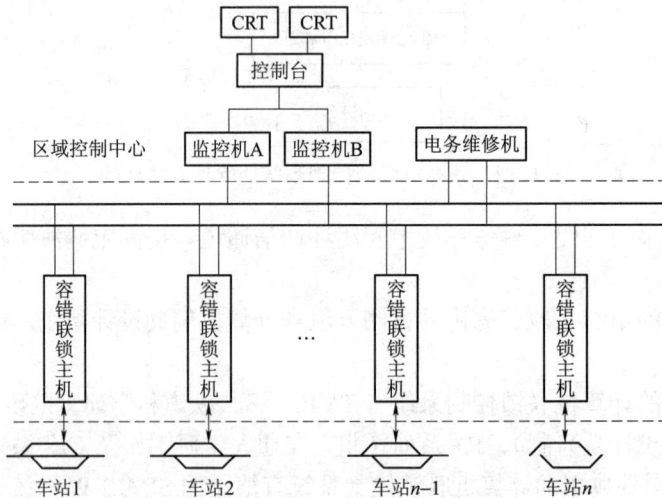

图 1–14　网络式计算机联锁控制系统结构框图

监控机和控制台联成一体，完成人机接口功能（图形显示，命令下达），同时与联锁机完成高可靠、高安全的信息交换，并和电务维修机进行信息交换。

电务维修机与监控机、联锁主机进行数据交换，实时再现站场图形、车务操作、系统状态（I/O 状态和模块工作状态）；系统发生故障时发出音响报警，同时后台完成对系统操作、系统运行、系统故障的记录，对以上记录可查询、图形再现及打印；与供选配的微机监测系统、远程诊断系统、调度监督系统等进行数据交换。

TYJL-TR9 型计算机联锁控制系统采用的联锁主机原理如图 1–15 所示。该容错控制器具有高安全性和高可靠性。容错联锁主机的容错能力，是通过系统的输入模块、主处理器模块和输出模块三大部分的全面三重系结构来实现的，这就保证了系统中任何部件出现单永久性故障或由多种原因造成的瞬间故障发生时，容错系统仍能无差错和不间断地工作。

主处理器模块采用三取二表决完成联锁逻辑运算。

每个输入模块都有三条相同的分电路（A、B 和 C）。它们相互完全隔离并独立操作，任何一条分电路的故障不会扩散到其他分电路。每条分电路都有一个八位的微处理器与相应主

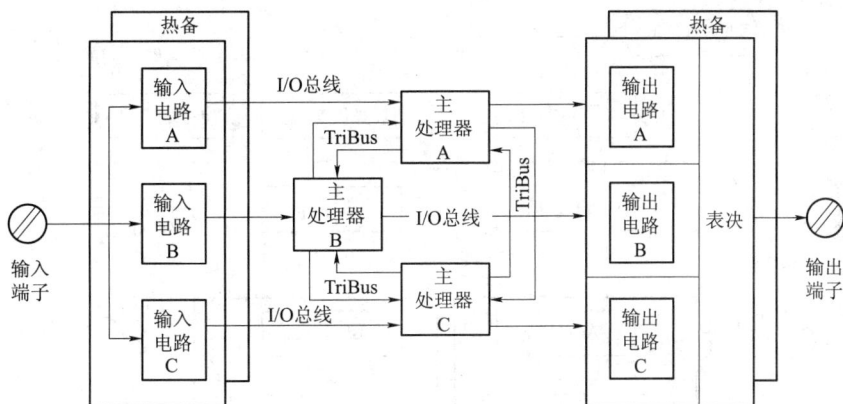

图1-15 TYJL-TR9型计算机联锁控制系统联锁主机原理图

处理器进行数据交换。三条分电路中的每条分电路并行地采集输入信号，采集数据放在相应的 A、B 和 C 输入表中，每个输入表通过相应 I/O 总线用相应主处理器模块中的 I/O 通信处理器被定期轮询取走。

每个输出模块也有三条相同的隔离分电路。每条分电路有一个 I/O 微处理器通过相应的 I/O 总线从相应的主处理器中获取输出数据。每个微处理器可通过模块上的回读电路读取每点的输出值，以便判断输出电路内存在的隐蔽型故障。当输出模块任一分电路诊断出任何故障时，模块的故障灯点亮，随即在机架的电源模块发出报警信号。模块在单条分电路故障时，仍能不间断工作，若热备模块存在，则可自动切换。当输出模块正常工作且热备模块存在时，则两模块以 1 h 为时间间隔相互切换，使故障模块会被及时发现。

2）系统的特点

TYJL-TR9 型计算机系统具有以下技术特点：

➢ 关键部件采用三重冗余，提高了系统的可靠性与安全性；

➢ 采用 TRISTATION1131 编程环境，提供了很好的文档管理，提高了联锁软件的可靠性和安全性；

➢ 联锁安全软件与联锁功能软件相互分离，降低了软件设计的复杂性；

➢ 通用联锁模块库与定制特殊功能模块相结合，提高了联锁软件的通用性和灵活性；

➢ 完善的自诊断能力、清晰的故障显示、在线的故障模块替换使系统便于维护。

3. EI32-JD 型计算机联锁控制系统

EI32-JD 型计算机联锁系统是二乘二取二计算机系统。该计算机联锁系统的联锁机有两套，每套内都有双 CPU，满足故障-安全要求。

该系统属于分布式计算机控制系统，也称集散型测控系统，其特点是分散控制、集中信息管理。系统包括操作表示层、联锁运算层、执行层。EI32-JD 型计算机联锁系统结构如图 1-16 所示。

操作表示机也称上位机，它和联锁机构成上下位分层结构。操作表示机接收车站值班员的操作命令，具有办理进路等操作功能、站场运行及信息显示功能、给电务维修转发信息的功能。操作表示机双机热备，系统运行时两台操作表示机同时工作，一台主用，另一台备用，当主用操作表示机发生故障时自动切换到备用操作表示机。主用操作表示机运行时，接收鼠

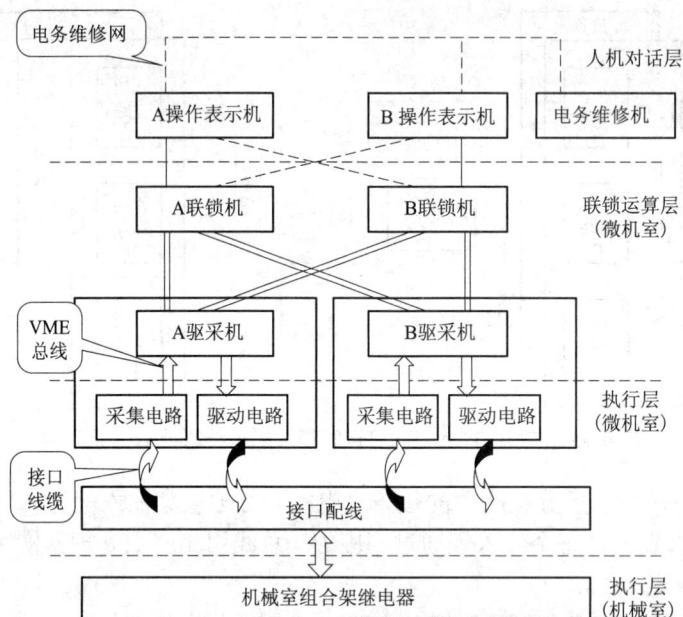

图 1-16　EI32-JD 型计算机联锁系统结构框图

标操作，向联锁机发送车站值班员的操作命令，播放语音提示信息。备用操作表示机运行时，不接收鼠标操作，不向联锁机发送车站值班员的操作命令，不播放语音提示信息，但接收联锁机传来的站场状态信息，实时显示站场运行情况和系统运行情况。

联锁机也称下位机，它接收操作表示机下发的操作命令，进行联锁运算，根据运算结果产生控制命令，并通过 LAN 通信将控制命令传送到驱采机，接收驱采机传送的站场状态信息，并将站场状态信息、提示信息、故障信息等传送给操作表示机。

联锁机采用双机热备的动态冗余结构，两套联锁机互为备用，不分主次。每套联锁机内为二取二结构，双 CPU 分别运算，比较一致后输出。系统运行期间，一套联锁机作为主机运行，另一套联锁机则作为备机运行。两套联锁机同时接收操作表示机发送来的操作命令，同时通过 LAN 通信接收两套采集电路所采集的站场状态信息，进行联锁运算，产生相应的控制命令。两套驱动电路则通过 LAN 通信接收联锁机的控制命令，但最终根据主用联锁机的控制命令控制自己的动态驱动电路产生输出，进而驱动继电器动作。

联锁系统通过联锁机柜内的倒机电路实现动态冗余，通过倒机单元前面板上的指示灯可以看出联锁机的工作状态。两套联锁机在运行期间，不但通过自诊断系统验证本机是否工作正常，而且实时交换动态信息，互相比较、验证，判断本机和他机是否工作正常。如果主机判断出自身发生故障，则通过倒机电路自动切换到备机，此时备机作为主机运行，而故障机重新启动。如果备机发生故障，则备机重新启动。在双机切换和联锁机重新启动时，不影响整个系统的运行，即实现了系统的动态无缝切换。

驱采机控制采集电路通过 LAN 通信，将采集到的站场状态信息传送到联锁机；通过 LAN 通信，接收联锁机传送的控制命令；并根据控制命令控制相应的驱动电路。采集电路在驱采机的控制下采集组合架继电器的状态，为双路采集，即每个采集点都通过两路进行采集，两路采集结果通过 LAN 通信传送到联锁机，作为联锁运算的依据。

联锁机通过驱采机箱的接口电路驱动组合架继电器，为双路驱动，即两路驱动电路的输出并联后，再驱动继电器。一旦某路驱动故障，另一路仍可继续工作。

EI32-JD 型计算机联锁系统保留了继电集中的执行电路，包括道岔启动电路、信号机点灯电路、轨道电路及各种联系电路。

电务维修机通过电务维修网与操作表示机相连，接收操作表示机传来的站场状态信息、操作信息、提示信息及故障信息等，显示站场运行情况、车站值班员操作信息、故障信息及系统运行状况等，记录和查看一个月内站场运行情况、车站值班员操作信息、故障信息等，为 TDCS、微机监测等提供接口。

1.5　我国高速铁路列车控制系统的目标与基本功能

随着电子技术、计算机技术、网络技术、通信技术、控制技术等先进技术的发展，铁路信号技术正经历着从传统信号设备向现代化铁路信号系统的发展。信号系统将行车指挥调度、联锁控制、列车运行控制等重要功能集合成为一个整体，调度中心发挥调度指挥、控制、管理的功能，联锁系统和列车运行控制系统为信号基础设施，并且以列车运行控制功能为核心构成计算机联锁和列车运行控制一体化系统，成为信号系统新的发展趋势。

现就我国高速铁路列车运行控制系统设计中的系统目标和系统功能问题作如下探讨。

1.5.1　我国高速铁路列车控制系统的目标

我国高速铁路的建设应以安全、高效、舒适为基本原则，系统的设计应能首先满足下列各项基本要求。

1. 保证列车运行安全

高速铁路区间不设地面信号机，站内不进行调车作业，列车运行完全由列车控制系统的装置进行监督与控制，当列车实际速度超过规定允许值时，系统将自动对列车实施制动，使车速降至规定范围以内，确保行车安全。

2. 提高列车运行速度

列车控制系统应满足高速列车最高速度为 350 km/h 的要求。同时，为了适应我国高、中速列车混合运输的运行方式，系统还要满足中速列车最高时速 160 km/h 的速度要求。

3. 提高运输效率

列车控制系统应根据列车运行速度、制动性能等条件确定列车最小安全制动距离，能自动控制同一线路上同方向运行的列车以最小安全追踪间隔运行，最大限度地提高线路通过能力。列车控制系统应能满足列车运行间隔时间的要求，区间不大于 3 min，站内不大于 4 min。

4. 减轻司机劳动强度，改善运输服务质量

列车控制系统具有一定的自动驾驶功能，依需要可以实现部分替代司机的工作，自动调节列车运行状态，控制列车安全、舒适、正点运行。

5. 良好的系统兼容性

从运营整体上必须充分考虑高速铁路与既有线路之间列车控制系统与原有信号设备的连接与兼容所存在的问题。

6. 系统的安全性和可靠性

系统的安全性和可靠性是保证列车安全运行的基础，因此系统安全控制必须严格遵守信号设备的故障—安全原则。设备应具有高可靠性，系统还必须具有故障检出和容错功能，即列车控制系统中任一部件发生故障都不能影响列车的安全运行，以保证列车的连续正常运行。

7. 系统的灵活性

在列车运行系统的设计方案中，应考虑系统及设备的升级和功能扩展的可能性，能灵活适应各种线路情况。因此，系统应具有开放式的体系结构，采用模块化的设计原则，更易实现设备升级和功能扩展。

8. 技术的先进性

系统应采用先进的计算机和通信技术，以保证若干年后仍具有强大的生命力。

9. 系统的经济性

系统在满足功能需要的基础上，应优化结构，提高系统的性能价格比。

1.5.2　我国高速铁路列车控制系统的基本功能

为了达到系统目标，系统应能完成以下功能。

1. 列车超速防护

列车控制系统的地面控制中心应能根据联锁数据、环境检测器的状态和列车运行状态、线路数据、限速条件等生成列车安全运行信息，并通过连续式信息传输媒体发送给移动列车。数据由车载设备实时处理后生成速度控制曲线，当列车超过速度限制范围时，列车制动系统即自动实施制动，实现列车的超速防护。

列车超速防护是列车安全运行的基本保障，防护内容包括以下几点。

（1）防止列车冒进停车信号。

（2）防止列车运行速度超过线路允许速度，包括弯道限速、道岔侧向通过限速等。

（3）防止列车运行速度超过临时限制速度。

（4）防止列车运行速度超过列车自身允许速度。

2. 列车运行自动控制

列车控制系统的地面控制中心应能根据调度计划、列车的实际位置、实时速度信息等条件，自动生成列车运行速度调整指令，并即时发送给列车。车载系统向司机提供指令显示，指挥司机驾驶列车，保证列车正点运行。

考虑到功能扩展的需要，车载接收装置应能直接与控制设备相连接，达到系统升级为列车自动驾驶的功能。

列车运行控制系统提供的运行指令主要有：

（1）加速指令；

（2）减速指令；

（3）常速运行指令。

3. 连续式双向信息

列车运行控制系统可以利用轨道电路实现连续式双向信息传输。地对车传输内容包括超速防护的安全信息、列车运行控制信息及辅助信息等。车对地传输内容包括用于超速防护计算的列车基本数据、列车实际运行状态信息等。

4. 列车的定位和测速

列车走行距离的测量结果直接影响实际目标距离的确定，实际运行速度的测量结果又与列车的制动相关，因此列车定位和测速系统应保证足够的测量精度。

5. 列车的占用与出清检查

区间线路应利用轨道电路或计轴设备实现列车的占用与出清检查，为信号联锁和列车控制提供安全输入信息。

6. 列车运行信息显示

车载设备应提供实时的列车运行显示，其内容如下：

（1）目标速度；

（2）目标距离；

（3）允许速度；

（4）实际速度。

速度控制命令显示如下：

（1）加速；

（2）减速；

（3）常速运行。

辅助显示内容包括如下：

（1）与电气牵引相关的信息；

（2）轴温检测信息；

（3）超速信息；

（4）制动信息；

（5）缓解信息；

（6）设备故障信息等。

7. 环境状况监测

系统应能对沿线环境状况实施监测，管理好各类环境状况检测器，生成车站控制中心和维护系统报警显示所需要的信息，报警时由列车控制系统自动生成限速命令。

8. 列车状态检测

列车状态检测包括轴温检测等，它产生车站控制中心和维护系统报警所需信号，并由列车控制中心产生相应的控制命令。

9. 人员和设备的防护

当线路施工或有事故发生时，列车控制系统应允许车站值班员通过人机交互平台下达局部限速控制命令，对人员或设备进行防护。

10. 与相邻列车控制中心的信息交换

相邻列车控制中心应通过信息通道相互连接，交换必要的信息。所交换的信息分为以下两类。

（1）信号安全信息，即与行车安全有关的联锁信息和列车控制信息，以保证速度控制的连续性。

（2）非信号安全信息，即车站行车管理信息等，以保证调度指挥的一致性。

由于以上两类信息的安全级别不同，所以应采用不同的信息传输通道。

11. 系统诊断

无论是车载系统还是地面控制系统，都应具有硬件和软件的诊断功能，可以实现冗余设备的故障转换，并可提供维护信息，以便实现及时维护，提高系统的可用性。

12. 系统维护

维护中心负责系统地面设备的维护和管理，记录设备故障信息。各车站维护中心互相连接，形成维护网络，维护信息资源共享，可以实现异地诊断与维护。

复习参考题

1. 铁路信号设备包括哪三方面内容？它的主要功能是什么？

2. 高速铁路信号与控制系统包括哪些子系统？这些子系统的基本功能是什么？

3. 列车运行控制系统由哪些设备组成？

4. 列车运行控制系统的速度控制模式有哪几种类型？

5. 请分析国外典型列车运行控制系统的特点。

6. 什么是 ETCS？它划分成哪几级？

7. 简述 TDCS 系统的结构和功能。

8. 简述 CTC 系统的结构和功能。

9. 什么是联锁？计算机联锁控制系统的基本结构包括哪些部分？

10. 请分析典型计算机联锁系统的结构原理。

第2章

列控基础

【本章内容概要】

本章主要介绍了有关列车运行控制系统的有关基础知识、名词术语及缩写、列车过分相控制及 CTCS 概述。

【本章学习重点与难点】

学习重点：包括列控系统车—地信息的传输媒介与方式，轨道电路的作用与分类，列车的自动过分相，CTCS 的概念、分级及各级 CTCS 的基本设备构成。

学习难点：列控系统车—地信息的传输方式的掌握、列车自动过分相的过程、各级 CTCS 的特点及基本设备构成。

2.1 基础知识

2.1.1 列控系统车—地信息传输

列控系统车—地信息传输媒介有以下几种，有的列控系统采用一种方式，有的以一种为主，辅以其他方式。

1. 信息传输媒介

1）轨道电路

列控信息传输基于轨道电路传输的方式，法国 U/T 系统、日本 ATC 系统均采用轨道电路传输信息。

2）轨道电缆

列控信息传输基于轨道电缆传输的方式，德国 LZB 系统采用轨道电缆实现列控系统的双向信息传输。

3）点式设备

点式设备提供列控系统信息传输通道的方式已经得到了广泛的应用。点式设备主要包括点式应答器和点式环线两种。在欧洲 ETCS2 级标准中点式设备主要提供列控系统的辅助信息，如里程标、线路数据等，在 ETCS1 级标准中利用点式设备提供全部的控车信息。

4）无线传输

利用无线传输通道作为列控系统信息传输通道，已经有多年的研究，中国列控系统 CTCS 的技术发展也有向无线传输发展的趋势，无线传输具有信息量大、双向传输、实用及兼容性强等特点。

2. 信息传输方式

我国的高速铁路线路根据自身的特点，结合国内轨道电路、计轴设备、轨道电缆、点式设备、GSM-R 无线通信技术、漏泄同轴电缆等基础设备的研究和运用情况，选择合适的列控系统车—地信息传输方式，具体有以下几种方案。

（1）基于 ZPW2000A 或 UM 系列模拟轨道电路+欧洲应答器的一次速度控制模式的列控系统，预留基于 GSM-R 无线通信。

ZPW2000A 或 UM 系列模拟轨道电路提供列车运行前方闭塞分区空闲个数及列车过绝缘节的信息，用欧洲应答器提供线路参数、进路信息、临时限速信息及其他特殊信息。

该方案的优点：符合 CTCS 的技术规范，轨道电路信息使用方式可以与既有线一致，易于既有线 200 km/h 以上动车组客运专线运行。

缺点：轨道电路信息量少，系统结构复杂，不利于功能扩展和系统升级；在考虑 200 km/h 动车组方案时就应当考虑连续式信息的兼容性；ZPW2000A 或 UM 系列轨道电路与无渣轨道电路的适应性差，在无渣轨道区段使用时，闭塞分区轨道电路需要分割，并且要改进轨道电路传输特性。

（2）基于数字编码式轨道电路+欧洲应答器的一次连续速度控制模式的列控系统，预留基于 GSM-R 无线通信列控系统。

采用数字编码式轨道电路提供列车移动许可、临时限速信息，采用欧洲应答器提供线路参数、进路信息及其他特殊值。

ATC 编码轨道电路经过了多年应用，客运专线根据选用的数字编码式轨道电路的信息量大小，对轨道电路与应答器提供的列控信息进行合理分配以满足一次连续速度控制模式列控系统的需求。

优点：符合 CTCS 技术规范的要求，数字编码式轨道电路较模拟轨道电路信息传输量大，可采用轨道电路连续信息完成区间临时限速功能，即列控系统配置简单。

缺点：与既有线轨道电路制式不完全一致，既有线 200 km/h 动车组上客运专线运行时，需要考虑列控车载设备的兼容性。

（3）基于 GSM-R 无线通信的一次连续速度控制模式的列控系统。

由无线闭塞中心（RBC）根据列车占用情况及进路状态形成行车许可和列车控制信息，通过 GSM-R 无线通信向所管辖的列车传送运行控制命令，并且可以进行车—地信息双向通信。

优点：无线通信具有传输信息量大、能双向传输、适用及兼容性强，可以满足一次连续速度控制模式的列控系统车—地通信的需求。

缺点：基于 GSM-R 列控系统，当列车通过山区隧道时不能传输连续实时信息，则不能确保行车安全。

（4）基于计轴＋轨道电缆＋欧洲应答器的一次连续速度模式控制曲线。

客运专线基本上都采用无渣轨道，由于轨道电路与无渣轨道的适应性差，用计轴设备实现列车占用检查，轨道电缆实现车—地连续信息传输，当列控系统连续信息量不足时，辅助点式信息，轨道电缆中传输的信息与方案（1）或方案（2）中轨道电路信息相同，欧洲应答器的使用也同方案（1）或方案（2）。

优点：传输通道不受气候影响，对开放的钢轨道床和电气特性无特殊要求，与无渣轨道的适应性强，轨道电路传输信息稳定，提高了车载信息传输的可靠性。

缺点：该方案在列车通过山区隧道或地铁应用中不能确保行车安全，并且其维护压力比较大。

（5）基于漏泄波导的连续速度控制模式的列控系统。

该系统中漏泄波导是通过漏泄同轴电缆来传输的，通过同轴电缆外导体上所开的槽孔，电缆内传输的一部分电磁能量发送到外界环境，同样外界能量也能传入电缆内部。即通过敷设的漏泄同轴电缆来传送运行控制命令，并且可以进行车—地双向通信。

优点：漏泄同轴电缆能保证场强覆盖的不间断，无论有无电磁干扰，都可以实现车—地双向传输，基本不受牵引、道床泄漏的影响，传输频带宽、速率高、信息量大，容易实现和改变通信线路，传输损耗小，可以实现列车精确定位，很少污染环境。与GPS相比，它具有实时性、连续性、适应性强及不受使用环境条件制约等特点。

车—地信息传输方式特点比较见表2-1。

表2-1 车—地信息传输方式特点比较

性能 / 传输方式	传输信息连续性	信息传输方向	信息量	传输介质	完整性检查及轨道占用检查	列车定位
模拟轨道电路	连续	单向（地→车）	少	钢轨电特性差	有	以闭塞分区为单位
数字编码式轨道电路	连续	单向（地→车）	较大	钢轨电特性差	有	以闭塞分区为单位
连续轨道环线	连续	双向（地→车）和（车→地）	较大	电缆电特性好	无	以电缆交叉为单位
漏泄电缆	连续	单向（地→车）	较大	电缆电特性好	无	无
点式轨道环线	点式	单向（地→车）或（车→地）	较大	电缆电特性好	无	以轨道环线为单位
应答器	点式	单向（地→车）或（车→地）	大	空气	无	以线路某点坐标为单位
无线通信	连续	双向（地↔车）	很大	空气电特性较好	无	根据不同无线方式确定；GSM-R无定位功能

2.1.2 轨道电路

轨道电路是利用铁路的两条钢轨作为导线，与钢轨绝缘及轨道继电器等设备组成的电气回路。轨道电路是铁路信号的重要基础设备，它的性能直接影响到列车行车安全及运输效率。轨道电路由钢轨线路、钢轨绝缘、电源、轨端连接线、限流设备、发送设备、接收设备组成。

轨道电路能监督检查某一固定区段内的线路（包括站线）和道岔区段是否有列车运行、调车作业或车辆占用的情况，确定该区段内的钢轨是否完整，并可作为信号机之间、地面设备与列车车载设备之间的信息传输通道。如移频自动闭塞利用轨道电路中传递电流的频率不同来反映前行列车的位置，决定各信号机的显示，为列车运行提供行车命令。轨道电路中传送的行车信息，还为列车运行自动控制系统直接提供控制列车运行所需要的前行列车位置、运行前方信号机状态和线路条件等有关信息，以决定列车运行的目标速度，控制列车在当前运行速度下是否停车或减速。轨道电路广泛作为传递行车信息的通道。

　　轨道电路是信号联锁的室外重要设备，起着保证行车和调车作业安全的作用，是铁路信号基础设备（如自动闭塞、电气集中等）的基础。最简单的轨道电路结构形式由送电端、钢轨线路和受电端 3 部分组成，其结构如图 2-1 所示。

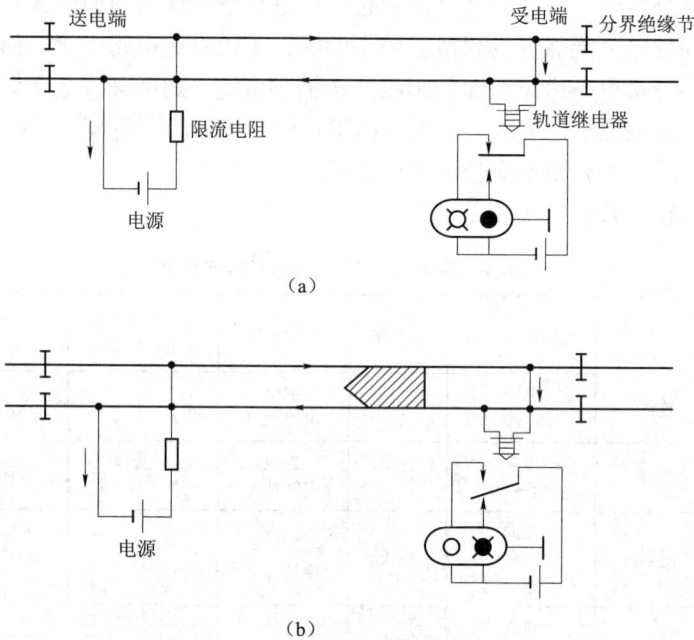

（a）

（b）

图 2-1　最简单的轨道电路结构图

（a）轨道电路空闲；（b）轨道电路占用

　　两个分界绝缘节之间的钢轨线路（即从送电端到受电端之间），称为轨道电路的控制区段，也就是轨道电路的长度。轨道电路的长度要受轨道电路工作状态的制约，不同类型的轨道电路长度不同。

　　当列车未进入轨道电路，即线路控制区段空闲时，电流从轨道电路电源正极经过钢轨进入轨道继电器，再经另一股钢轨回到电源负极。这时因轨道继电器得电而使得衔铁吸起，使其后接点断开而前接点闭合，接通信号机的绿灯电路，表示前方线路空闲，允许列车进入轨道，电路如图 2-1（a）所示。

　　当列车进入轨道电路，即线路控制区段被占用时，电流同时流过列车轮对和轨道继电器线圈，由于轮对电阻比轨道继电器线圈电阻小得多，可以认为轨道电路从列车轮对处被短路，轨道继电器失电使得衔铁被释放，后接点闭合接通信号机的红灯电路，表示轨道有车占用，向续行列车发出停车信号，以保证列车在该轨道电路区段内运行的安全，如图 2-1（b）所示。轨道电路的这一工作性能，能够防止列车追尾和冲突事故，确保行车安全。

　　轨道电路的另一个重要作用是能发现钢轨断裂。在充当导线的钢轨完整时，轨道电流畅道无阻，继电器工作也正常。一旦前方钢轨折断或出现阻碍，切断了轨道电流，就会使继电器因供电不足而释放衔铁接通红色信号电路。此时，线路虽然空闲，信号机仍然显示红灯，从而防止列车颠覆事故，保证了安全。

　　轨道电路按动作电源可分为直流轨道电路和交流轨道电路。直流轨道电路采用直流电源，用于交流电源不可靠的非电力牵引区段。采用蓄电池浮充供电方式，交流有电时，由整流器供电；交流停电时，由蓄电池供电。该轨道电路电源设备安装较困难，检修不方便，电源维护工作量大，易受迷流影响，现已很少采用。交流轨道电路采用交流电源供电，电源波动的调整性能好，能在各种复杂的条件下工作。交流轨道电路的种类很多，频带用得很宽，大体可分为三段：低频 300 Hz 以下；音频 300 Hz～3 000 Hz；高频 10 kHz～40 kHz。一般交流轨道电路专指工频 50 Hz 的轨道电路。25 Hz 和 75 Hz 的轨道电路也属于交流轨道电路，但必须注明电源频率，以示区别。国产移频轨道电路的频率在 495 Hz～905 Hz，UM71 轨道电路的频率在 1 689 Hz～2 611 Hz，均属音频范围。道口用轨道电路，频率则在 14 kHz～40 kHz，属于高频。

轨道电路按工作方式分类可分为开路式轨道电路和闭路式轨道电路。开路式轨道电路平时呈开路状态，它的发送设备和接收设备安装在轨道电路的同一端。轨道电路无车占用时，不构成回路，其轨道继电器落下。有车占用时，轨道电路通过车辆轮对构成回路，轨道继电器吸起。由于轨道继电器经常落下，不能监督轨道电路的完整，遇有断轨或引接线、接续线折断等故障，不能立即发现。若此时有车占用，轨道继电器也不能吸起，很不安全，因此极少采用。闭路式轨道电路平时构成闭合回路，其发送设备（电源）和接收设备（轨道继电器）分别装设在轨道电路的两端。轨道电路上没有车占用时，轨道继电器吸起。有车占用时，因车辆分路，轨道继电器落下。当发生断轨、断线等故障时，轨道继电器落下，能保证安全。闭路式轨道电路的特点是电路任何部分出现故障时，接收设备的继电器都不能励磁，而发出轨道电路区段被占用的信息，这是符合铁路信号故障-安全原则的。几乎所有轨道电路都采用闭路式。

轨道电路按所传送的电流特性可分为连续式、脉冲式、计数电码式、移频电码式及数字编码式。连续式轨道电路中传送连续的交流或直流电流。这种轨道电路的唯一功能是监督轨道占用与否，不能传送更多信息。脉冲式轨道电路是一种传送断续电流脉冲的轨道电路。其送电端为发码器，发送脉冲电流至钢轨，受电端通过译码器译码，使轨道继电器吸起。我国铁路曾采用的极性频率脉冲（简称极频）轨道电路和不对称脉冲轨道电路就属于此类。前者有四种脉冲编码，除监督空闲与否外，还能传送行车信息。后者只有一种频率的脉冲，只能当一般的轨道电路用。计数电码式轨道电路传送的是断续的电流，即由不同长度脉冲和间隔组合成电码。电码由发码器产生，同时只能发一种电码，传到受电端，由译码电路译出，使轨道继电器动作。我国铁路的交流计数电码（包括 25 Hz、50 Hz、75 Hz）轨道电路均属此类，它可传送行车信息。移频轨道电路在钢轨中传送的是移频电流，在发送端用低频（几赫至几十赫）作为行车信息去调制载频（数百赫至数千赫），使移频频率随低频作周期性变化。在接收端将低频解调出来，去动作轨道继电器。移频轨道电路可传送多种信息的信号。数字编码式轨道电路也采用调频方式，但它采用的不是单一低频调制频率，而是一个若干比特的多个调制频率，根据编码去调制载频，编码包含速度码、线路坡度码、闭塞分区长度码、路网码、纠错码等，可以传输更多的信息。

轨道电路按使用处所分为区间轨道电路和站内轨道电路。区间轨道电路主要用于自动闭塞区段，不仅要监督各闭塞分区是否空闲，而且要传输有关行车信息。一般来说，区间要求轨道电路传输距离较长，要满足闭塞分区长度的要求，轨道电路的构成也比较复杂。站内轨道电路，用于站内各区段，一般只有监督本区段是否空闲的功能，不能发送其他信息。为了使机车信号在站内能连续显示，要对站内轨道电路实现电码化，即在列车占用本区段或占用前一区段时用切换方式或叠加方式转为能发码的轨道电路。站内轨道电路除了股道外，一般传输距离不长。

轨道电路按适用区段分为非电气化区段轨道电路和电气化区段轨道电路。非电气化区段轨道电路，没有抗电化干扰的特殊要求，一般的轨道电路指非电气化区段轨道电路。电气化区段轨道电路，既要抗电化干扰，又要保证牵引回流的畅通无阻。因钢轨中已流有 50 Hz 的牵引电流，轨道电路就不能采用 50 Hz，而必须采用 50 Hz 以外的频率。对于有绝缘的轨道电路，必须安装扼流变压器，使牵引回流能顺利越过绝缘节。我国电气化铁路目前站内多采用 25 Hz 相敏轨道电路，区间多采用无绝缘或有绝缘移频轨道电路。

轨道电路按利用钢轨作为通道的方式分为双轨条轨道电路和单轨条轨道电路。多数轨道电路均利用同一线路的两根钢轨作为传输通道。一般的轨道电路均为双轨条轨道电路。单轨条轨道电路是利用线路的一条钢轨作为传输通道，另一通道由电缆构成。

轨道电路按分割方式可分为有绝缘轨道电路和无绝缘轨道电路。有绝缘轨道电路用钢轨绝缘将轨道电路与相邻的轨道电路互相隔离。钢轨绝缘在车辆运行的冲击力、剪切力作用下很容易破损，使轨道电路的故障率较高。绝缘节的安装给无缝线路带来一定的麻烦，有时需要锯轨，降低了线路的轨道强度，增加了线路维护的复杂性。电气化铁路的牵引回流不希望有绝缘节，为使牵引回流能绕过绝缘节，必须安装扼流变压器。无缝线路和电气化铁路一般采用无绝缘轨道电路。

无绝缘轨道电路在其分界处不设机械钢轨绝缘，而采用不同的方法予以隔离。按原理可分为三种：电气隔离式、自然衰耗式、强制衰耗式。电气隔离式又称谐振式，利用谐振槽路，采用不同的信号频率，谐振回路对不同频率呈现不同阻抗来实现相邻轨道电路间的电气隔离。UM71 轨道电路即采用此种方式。自然衰耗式，利用轨道电路的自然衰耗和不同的信号特征（频率、相位等），实现轨道电路的互相隔离，在接收端直接接收或通过电流传感器接收。钢轨中的电流可沿正反两个方向自由传输，基本上靠轨道的自然衰耗作用来衰减信号。道口信号所用的道口控制器就是采用这种方式的无绝缘轨道电路。强制衰耗式是在自然衰耗式的基础上，吸收电气隔离式的长处（谐振回路的强制性衰耗）而形成的。它采用电压发送、电流接收的方式，接收端由电流传感器接收信号。在轨道电路受电端设置陷波器，使信号传输一个轨道电路区段后，被陷波器衰耗掉大部分，剩余的部分不足以影响相邻区段。ZPW1-18 型无绝缘移频自动闭塞就采用这种方式。

随着铁路运量的增加，列车重量、行车速度和行车密度不断提高，原有的绝缘轨道电路已不能适应铁路运输发展的需要，于是产生了无绝缘轨道电路。无绝缘轨道电路的长钢轨线路减小了列车运行阻力以及列车振动和噪声，减少了钢轨和机车轮缘之间的磨损，故世界各先进工业国家均相继研究和发展无绝缘轨道电路。在轨道电路的发展历史上，为了适应不同的应用环境和技术要求，出现了多种形式的轨道电路。UM71 无绝缘轨道电路于 20 世纪 70 年代在法国研制成功并使用。由于其具有突出的优点，很快被多个国家相继采用。目前，该技术已相当成熟。该技术自 20 世纪 80 年代末引进我国以来，已经得到了很好的应用与发展。我国无绝缘轨道电路技术的发展历经 UM71 型引进、WG-21A 型国产化、ZPW-2000A 型性能提高发展三个阶段。ZPW-2000 系列轨道电路是我国今后铁路发展的统一制式。ZPW-2000A 型无绝缘移频自动闭塞在轨道电路传输安全性、传输长度、系统可靠性、可维修性及提高技术性能价格比、降低工程造价上都有了显著提高。

ZPW-2000 系列无绝缘轨道电路是我国在充分吸收 UM71 轨道电路技术优势的基础上，经过技术改进和创新而设计的一种新型轨道电路。该系列轨道电路采用谐振隔离式电气绝缘节，信号载频采用音频频段 1 701.4 Hz、1 698.7 Hz、2 301.4 Hz、2 298.7 Hz、2 001.4 Hz、1 998.7 Hz、2 601.4 Hz 和 2 598.7 Hz 共计 8 种载频；调制方式为 FSK；18 种调制低频信号频率为 10.3 Hz、11.4 Hz、12.5 Hz、13.6 Hz、14.7 Hz、15.8 Hz、16.9 Hz、18.0 Hz、19.1 Hz、20.2 Hz、21.3 Hz，22.4 Hz、23 . 51 Hz、24.6 Hz、25.7 Hz、26.8 Hz、27.9 Hz 和 29.0 Hz，分别代表不同的闭塞信息。通过采用提高系统可靠性和安全性的一系列措施，该系列轨道电路能够满足以机车信号为主体信号的自动闭塞及列车超速防护系统的要求。ZPW-2000 系列无绝缘轨道电路既适用于一般轨道电路区段，也可用于重载、高速电气化区段以及低道碴电阻区段。

ZPW-2000A 型无绝缘轨道电路在调谐区内增加了小轨道电路，用来实现无绝缘轨道电路全程断轨检查，避免了 UM71 轨道电路调谐区存在的"死区段"，从而大大地提高了轨道电路的安全性、传输性和稳定性。ZPW-2000A 型无绝缘轨道电路分为主轨道电路和调谐区小轨道电路两部分，并将小轨道电路作为列车运行方向主轨道电路的"延续段"。主轨道电路发送器产生的移频信号既向主轨道传送，也向调谐区小轨道电路传送。主轨道信号经过钢轨送到轨道电路受电端，然后经调谐单元、匹配变压器、电缆通道将信号传到本区段接收器。调谐区小轨道信号由运行前方相邻轨道电路接收器处理，并将处理结果形成的小轨道电路执行条件送到本轨道电路接收器，作为轨道继电器励磁的必要检查条件之一。本区段接收器同时接收到主轨道移频信号及小轨道电路继电器执行条件，判断无误后驱动轨道电路继电器吸起，由此来判断区段的空闲与占用情况。

2.1.3 列车闭塞

为保证行车安全和铁路线路必要的通过能力，把铁路线路分成若干长度不等的段落，每一段线路叫做一个区间。相邻两个区间的分界为分界点，分界点是车站、线路所及自动闭塞区间通过信号机的通称。区间根据分界点的不同分为站间区间、所间区间和闭塞分区。

"闭塞"是指列车进入区间后，使之与外界隔离起来，区间两端车站都不再向这一区间发车，以防止列车相撞和追尾。

在单线铁路上，为防止一个区间内同时进入两列对向运行的列车而发生正面冲突，或为避免两列同向运行的列车（包括复线区间）发生追尾事故，铁路上规定区间两端车站值班员在向区间发车前必须办理的行车联络手续，叫做行车闭塞（简称闭塞）手续。用于办理行车闭塞的设备叫闭塞设备。闭塞设备即为实现"一个区间（闭塞分区）内，同一时间只允许一列列车占用"而设置的铁路区间信号设备，所以闭塞设备也是用来保证列车在区间内运行安全，并提高区间通过能力的区间信号设备。闭塞设备必须保证一个区间内，在同一时间内只允许一列列车占用的这一基本原则的实现。

铁路应用的区间闭塞类型有人工闭塞、半自动闭塞和自动闭塞三类。

人工闭塞是以人工记录列车的运行位置和控制色灯信号机的闭塞方法。在发车前，接发车双方的车站或线路所共同确认闭塞区间是处于空闲状态，然后发车的车站或线路所使用路签机、路牌、路票等记录本段区间已经被占用，并把占用信息通过电话、电报等手段通知接车的车站或线路所。接车的车站或线路所有责任在列车到达后检查车辆到达编组是否完整，是否有部分车厢滞留在区间未到达。在列车到达前，发车车站应阻止后续运行的列车进入这一区间，接车车站应阻止反向运行的列车进入这一区间。

半自动闭塞是以人工确认区间空闲，发车后由轨道电路判断车辆进入区间后自动把区间设置为占用状态的闭塞方法。此种闭塞需人工办理闭塞手续，列车凭出站信号机进行显示发车，但列车出发后，出站信号机能自动关闭，所以叫半自动闭塞。车辆进入区间后，轨道电路会联锁控制色灯信号机，把占用信息通知到双方车站。车辆到达后，仍需要人工检查车辆到达编组是否完整，由人工把区间状态复原为空闲状态。

自动闭塞是在列车进出站和在区间都设有轨道电路。利用通过信号机把大区间划分为若干个装设轨道电路的小区间，叫做闭塞分区，每个闭塞分区的起点设置一个通过信号机进行防护。根据每个闭塞分区轨道电路的占用和空闲状态，通过信号机可以自动地变换显示，列车凭信号机的显示行车，这种闭塞方式完全是自动进行的，故叫自动闭塞。

在每个闭塞分区始端都设置一架防护该分区的通过色灯信号机。这些信号机平时显示绿灯，称为"定位开放式"；只有当列车占用该闭塞分区或发生断轨故障时，才自动显示红灯，要求后续列车停车。自动闭塞的优点是，由于划分成闭塞分区，可用最小运行间隔时间开行追踪列车，从而大大提高区间通过能力；整个区间装设了连续的轨道电路，可以自动检查轨道的完整性，提高了行车安全的程度。

自动闭塞按信号机显示制式可分为三显示自动闭塞和四显示自动闭塞。三显示自动闭塞是指通过信号机具有三种显示（红、黄、绿），能预告列车前方两个闭塞分区的状态；四显示自动闭塞是指通过信号机具有四种显示（红、黄、黄绿、绿），能预告列车前方三个闭塞分区的状态。

自动闭塞按闭塞设备分布分为分散式自动闭塞和集中式自动闭塞。分散式自动闭塞是指闭塞设备放置在区间每架通过信号机处；集中式自动闭塞是指闭塞设备集中在相近车站继电器室内。

列控系统采取不同的控制模式会应用不同的闭塞制式，从闭塞制式上自动闭塞又有固定闭塞、准移动闭塞、虚拟闭塞和移动闭塞。

1）固定闭塞（Fixed Block）

线路被划分为固定位置、某一长度的闭塞分区，一个分区只能被一列车占用，闭塞分区的长度按最长列车、满负载、最高速、最不利制动率等最不利条件设计，列车间隔为若干闭塞分区，而与列车在分区内的实际位置无关，列车位置的分辨率为一个闭塞分区（一般为几百米），制动的起点和终点总是某一分区的边界，该系统要求运行间隔越短，闭塞分区（设备）数也越多。

列控系统采取分级速度控制模式时，采用固定闭塞方式，闭塞分区数依划分的速度级别而定。一般情况下，闭塞分区是用轨道电路或计轴装置来划分的，它具有列车定位和占用轨道的检查功能。固定闭塞的追踪目标点为前行列车所占用闭塞分区的始端，后行列车从最高速开始制动的计算点为要求开始减速的闭塞分区的始端，这两个点都是固定的，空间间隔的长度也是固定的，所以称为固定闭塞。

2）准移动闭塞（Distance-To-Go）

线路被划分为固定位置、某一长度的闭塞分区，一个分区只能被一列车占用，闭塞分区的长度按最长列车、满负载、最高速、最不利制动率等最不利条件设计，列车间隔为若干闭塞分区，而与列车在分区内的实际位置无关，列车位置的分辨率也为一个闭塞分区（一般为几十米至几百米），要求运行间隔越短，闭塞分区（设备）数也越多。

准移动闭塞方式的列控系统采取目标距离控制模式（连续式一次速度控制），目标距离控制模式根据目标距离、目标速度及列车本身的性能确定列车制动曲线，不必设定每个闭塞分区速度等级，可采用一次制动方式。准移动闭塞的追踪目标点是前行列车所占用闭塞分区的始端，当然会留有一定的安全距离，而后行列车从最高速度开始制动的起点是根据目标距离、目标速度及列车本身的性能等参数计算决定的。目标点相对固定，在同一闭塞分区内不依前行列车的走行而变化，而制动的起点是随线路参数和列车本身性能不同而变化，即制动的起点可以延伸，但终点总是某一分区的边界。列车的空间间隔是不固定的，称为准移动闭塞。一般情况下，闭塞分区是用轨道电路或计轴设备来划分的，其具有列车定位和占用轨道的检查功能。由于目标点是相对固定的，所以当先行列车在同一闭塞分区运行时，连续式一次速度控制曲线是相对稳定的。当先行列车出清闭塞分区时，目标点突然前移，目标距离突然增加，连续式一次控制曲线会发生跳变。

3）虚拟闭塞（Virtual Block）

虚拟闭塞是准移动闭塞的一种特殊方式，它不设轨道占用检查设备和轨旁信号机，采取无线定位方式来实现列车定位和占用轨道的检查功能，闭塞分区和轨旁信号机是以计算机技术虚拟设定的，仅在系统逻辑上存在有闭塞分区和信号机的概念。虚拟闭塞除闭塞分区和轨旁信号机是虚拟的以外，从操作到运输管理等，都等效于准移动闭塞方式。虚拟闭塞方式非常有条件将闭塞分区划分得很短，当短到一定程度时，其效率就很接近于移动闭塞。

4）移动闭塞（Moving Block）

线路没有被固定划分的闭塞分区，列车间的间隔是动态的、并随前一列车的移动而移动，列车位置的分辨率一般为 10 m 范围内，该间隔是按后续列车在当前速度下所需的制动距离、加上安全裕量计算和控制的，确保不追尾，制动的起始和终点是动态的，对列车的控制一般采用一次抛物线制动曲线的方式，轨旁设备的数量与列车运行间隔关系不大。

移动闭塞方式的列控系统采取目标距离控制模式。目标距离控制模式根据目标距离、目标速度及列车本身的性能确定列车制动曲线，采用一次制动方式。移动闭塞的追踪目标点是前行列车的尾部，当然会留有一定的安全距离，后行列车从最高速开始制动的计算点是根据目标距离、目标速度及列车本身的性能计算决定的。目标点是前行列车的尾部，与前行列车的走行和速度有关，是随时变化的，而制动的起始点是随线路参数和列车本身性能不同而变化的。空间间隔的长度是不固定的，所以称为移动闭塞，其追踪运行间隔比准移动闭塞要更小一些。移动闭塞一般采用无线通信和无线定位技术来实现。

2.1.4 机车信号

铁路上大量的信号机向司机发出各种信号，报告线路和道岔情况，帮助司机安全正点地运行。但由于曲线、隧道等地形限制，特别是在雨雪、风沙、大雾等恶劣气候条件下，给司机瞭望带来一定的困难。同时，随着列车速度的不断提高，地面信号机已很难使司机从容采取措施。因此，再单纯依赖地面信号机显然是极其危险的。为了解决这个问题，人们研制出了机车信号机，它装在机车司机室内，能显示和地面信号机同样的信号，保证了行车安全，改善了司机的工作条件。

机车信号是通过设在列车司机室的机车信号机自动反映运行条件，指示司机运行的信号显示制度。为实现机车信号而装设的整套技术设备称为机车信号设备。为保证行车安全及改善司机劳动条件，在机车上要安装机车信号车载设备；在线路上要安装机车信号地面设备，使机车上能接收到反映地面信号的信息。机车信号是单方向的控制设备，只能从地面向机车进行信息传递。

机车信号可以反映列车的运行条件，通过对接收到的地面信号进行处理，得到列车运行前方信号机的显示信息，并将该信息通过相应的显示设备显示出来；机车信号还可以为其他的列车运行监控设备提供所需的一些信息，进而提高列车运行的安全性。

机车信号系统的构成如图 2-2 所示，由地面发送设备、信息传输通道、机车接收及处理设备、机车色灯信号机等组成。

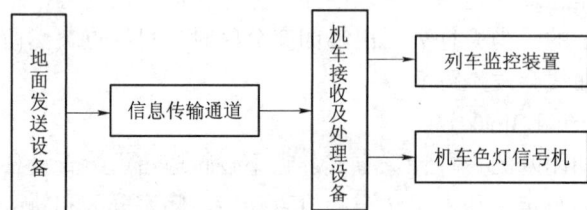

图 2-2　机车信号系统的构成

机车信号地面发送设备和信息传输通道的主要作用是把线路情况或地面信号机显示变换为可以进行传递的信号，然后通过地面发送器或钢轨线路进行发送。信息传输通道一般可利用轨道电路、有线及无线方式。机车接收及处理设备主要用于接收、处理来自于地面的信息并进行译码。机车色灯信号机及列车监控装置的主要作用是接收来自于机车接收及处理设备的信号，一方面把地面信号显示在机车内的色灯信号机上或列控设备的显示屏上，供司机执行；另一方面是作为控制信息基础数据，参与到对列车运行速度进行安全监控的工作中。

机车信号设备的控制命令是由地面传递给列车的，因此机车信号从设备的信息传输方式上可分为点式、接近连续式和连续式。点式机车信号是在铁路线路固定点上设置相应的地面设备，机车在通过时利用地面设备的无源谐振回路与机车上的有缘谐振回路之间的互感作用来接收信号，并对信号进行处理而得到前方信号机的显示信息。接近连续式机车信号是在进站信号机和线路所的通过信号机前方 1 200 m 范围内，设置一段轨道电路及相应的机车信号发送设备，使得列车在进入接近区段时可以连续地接收地面信号，复示进站信号机的显示，主要用于铁路非自动闭塞区段。连续式机车信号是在铁路的各个自动闭塞分区都设有轨道电路和机车信号发送设备，使得地面通过信号机的信号显示信息可以连续地传递到机车上，使得司机可以连续、实时地获得前方信号机的显示信息，便于司机对列车的操作，主要用于铁路自动闭塞区段。

机车信号根据信号显示的作用不同可分为机车信号和机车信号作为主体信号使用两种。机车信号仅用来复示地面固定信号，司机以地面信号显示作为运行依据，机车信号仅为辅助信号，还不能作为主体信号使用。这主要是由于前期的机车信号受到地面轨道电路灵敏度、拍频和邻线干扰的影响及车载设备安全性等指标的制约，不能单独作为行车凭证。机车信号作为主体信号使用是随着机车信号可靠性的不断提高，机车信号具备了从辅助信号转为主体信号的要求。

我国《铁路技术管理规定》中提出"机车信号作为行车凭证时，由车载信号和地面信号设备共同构成，必须符合故障导向安全原则。车载设备应具有运行数据记录的功能；地面信号设备应具有闭环检查功能，提供正确信息。"北京交通大学研制了JT1-CZ2000型主体化机车信号车载系统，和地面发送设备共同构成完整的主体化机车信号，符合故障安全原则，更好地解决了机车信号主体化的问题，保证了行车安全，也为取消地面信号机奠定了一定基础。

目前我国铁路使用的连续式机车信号有移频机车信号、微电子交流计数电码机车信号、通用式机车信号、主体化机车信号和一体化机车信号等，其中移频机车信号和微电子交流计数电码机车信号分别适用于移频自动闭塞和微电子交流计数自动闭塞的专用机车信号；而通用式机车信号和主体化机车信号可以适用于我国目前多种自动闭塞设备，避免了由于各种自动闭塞制式下机车信号的不兼容而使机车不适用长运行交路等不足，具有广泛的通用性。

2.1.5 GSM-R

GSM-R（GSM for Railways）是专门为铁路通信设计的综合专用数字移动通信系统，是国际铁路联盟（UIC）和欧洲电信标准协会（ETSI）为欧洲新一代铁路无线移动通信开发的技术标准，是在GSMPhase2＋规范协议的高级语音呼叫功能（如组呼、广播呼叫、多优先级抢占和强拆业务）的基础上，加入了基于位置寻址和功能寻址等功能，适用于铁路通信特别是铁路专用调度通信的需要。主要提供无线列调、编组调车通信、区段养护维修作业通信、应急通信、隧道通信等语音通信功能，可为列车自动控制与检测信息提供数据传输通道，并可提供列车自动寻址和旅客服务。GSM-R由于具有更适应铁路运输特点的功能和成熟的技术优势、满足列车控制的需要及更符合通信信号一体化技术发展的趋势，因此铁道部确定将GSM-R作为我国铁路移动通信的发展方向。

GSM-R是在GSM蜂窝系统上增加了调度通信功能和适合高速环境下使用的要素组成，能满足列车控制系统和铁路专用调度通信的要求。GSM-R能提供可靠的数据传输业务，为列车与地面之间的控制数据传输提供安全保证，可以实时跟踪列车的运行，改善运输管理、提高运输效率。因此GSM-R是面向未来的技术，采用基于GSM-R的列车控制系统具有巨大的发展空间，将在铁路现代化和信息化方面扮演非常重要的角色。

ETCS2采用GSM-R作为列车控制数据传输平台。GSM-R通过标准的GSM承载业务来传输从列控中心到车载终端的数据，为列控中心和车载终端之间的数据传输提供安全的无线传输通道。CTCS-3级参考欧洲规范，结合中国铁路实际情况，采用GSM-R作为数据传输平台，目前已经制定了一系列相应的技术规范。下面将简要介绍基于GSM-R的地—车信息传输系统。

基于GSM-R的列控信息传送系统由车载通信单元（OCU）、轨旁通信单元（TCU）、GSM-R网络组成，如图2-3所示。

TCU和OCU根据列控系统地面设备的命令，通过GSM-R网络建立列控系统的车载单元（OCU）和无线闭塞中心（RBC）之间的安全应用连接，进行通信会话管理，并传送列车控制信息。

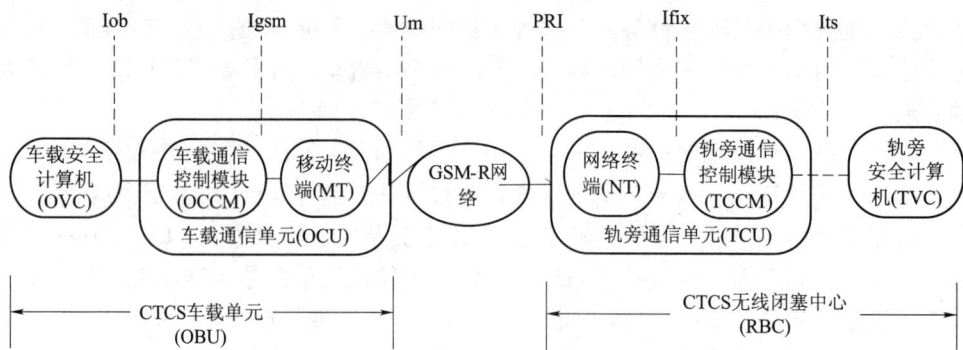

图 2–3　基于 GSM-R 的列控信息传送系统的组成

OCU 和 TCU 具备监测和记录功能，监测、记录 OCU 的注册、注销信息，以及安全应用连接的状态，并在安全应用连接异常中断时进行声、光或文字告警，并通知车载安全计算机（OVC）和轨旁安全计算机（TVC）。

车载终端与列控中心之间的数据呼叫采用电路数据方式，独占一条信道，永久在线。在 RBC 控制中心存放有整个控制区段及站场拓扑图，由 RBC 经 GSM-R 网络发送数据给机车，这些数据包括各种速度数据、线路的最大允许速度、目标速度、目标距离、线路坡度、缓行段数据等。列车收到这些信息后，由车载计算机计算出当前的最大允许速度，在驾驶台上显示出来，并对列车运行速度进行监控。同时对列车重新定位，向列控中心发送回执信息，回执信息包括列车位置确认及其他列车数据信息。列控中心 RBC 收到回执信息后，重新确定整个控制区段上所有运行列车的精确位置，给出新的命令信息。

GSM-R 目前已应用在青藏线、京津城际及京沪高铁等线路。

2.1.6　定位技术

列车定位技术是高速列控系统中的关键技术之一。

车载设备获得列车的位置和速度信息，根据速度—模式曲线进行控制和优化，防止列车超速。车载设备可通过速度传感器、多普勒雷达、惯性传感器、卫星定位等方法获得列车位置信息。列控中心根据列车的位置信息，进行间隔控制，保证追踪运行的列车的安全间隔。列控中心通过轨道电路的占用检查功能、轨旁计轴设备或车—地通信来获得列车的位置信息。用于间隔控制的列车定位信息需要很高的安全性。由轨道电路的占用检查功能和计轴设备获得的列车位置信息以闭塞分区为单位，相对于车—地通信获得地列车位置信息分辨率要低。

列控系统依赖可靠的列车位置和速度信息来确保列车安全高效的运行。测速和定位的精度从根本上制约着列控系统的控制精度。列控系统要求列车实时检测速度和位置信息，才能保证列车的安全运行和正点达到。

定位和测速子系统作为列控系统的一部分，就是要提供列车的实时走行速度和位置。获取信息的精度直接影响到列车的控制精度。测速测距的精度太低，不仅会增加行车的不安全因素，而且会造成系统预留的安全防护距离过大，从而影响运输效率。

列车定位有多种技术，原理也各有不同，跟据测量的物理量的不同，可以分为相对定位技术和绝对定位技术两类。

采用相对定位技术，测量的是列车的位移、速度、加速度或其中某几个的组合。采用相对定位技术需要一个初始的位置点，再根据一个相对量，如直接测量或积分获得的位移（距离），来确定列车的位置。代表性的技术有基于速度传感器定位技术、多普勒雷达定位技术、惯性定位技术。这类技术的优点是定位信息的获得对外界依赖较少，能够自主完成定位。缺点是通常定位误差有累积性，且误差会随着运行时间或运行里程增加，需要进行修正，否则将会超过系统的允许范围。因此针对相对定位技术，有多种措施来进行改进，通常采用绝对信标进行位置修正，如应答器、轨道电路绝缘节信息等。

采用绝对定位技术，测量的是列车在某个坐标系中的位置，如果坐标系与列控系统中使用的里程坐标系不同，需要通过线路数据库或电子地图进行转化。代表性的技术有基于卫星的定位技术、基于应答器的定位技术。这类技术的优点是，定位误差不会累积，只要处于正常工作状态，定位误差特性比较一致。缺点是，列车的定位依赖于外部的设施，基于卫星的定位技术依赖于列车运行所处的地形是否会受到遮蔽、卫星系统的工作状况；基于应答器的定位技术受应答器的布置影响，不能连续地获得列车的位置信息。

目前还有基于多传感器融合的列车定位技术，通过对不同的定位技术进行融合，形成互补，能够避免单一的定位技术的缺点。单一的传感器不仅受到固有的误差影响，还可能由于传感器失效造成定位的错误，基于多传感器融合的列车定位技术能够对来自不同信息源的异构的信息和来自相同信息源的同构的信息进行融合，提高列车定位的可靠性。

2.1.7 铁路信号"故障—安全"

铁路信号的安全包含功能安全和故障—安全两重含义。功能安全是指在无故障时设备能准确无误地工作。故障—安全是指在设备故障时应导向安全状态，即在任何部分发生故障及系统处于任何可能的外界环境中时系统的输出均处于安全状态。这一原则称为故障—安全原则。

系统的安全性是指在规定的时间、使用条件和环境条件下，系统不陷入危险状态的性能。为了实现这种性能，必须在系统设计过程中采取安全技术措施。对铁路信号系统来说，安全性技术的核心是故障—安全技术。系统出现故障时，从结构上限制其扩大，并保证实现原定系统功能，继续执行任务，这种安全设计称之为故障—安全设计。

故障—安全是安全工程学中最基本、最重要的概念之一。故障—安全是安全苛求系统的一个设计准则，硬件故障或软件错误时防止系统呈现或维持一种不安全状态，或者使系统导向安全状态。

故障—安全概念产生于铁道信号控制领域，随着工业大生产的发展，逐渐扩展到核工业、航空航天工业等领域。

铁路信号故障—安全技术设计有两种类型：

（1）当系统的局部发生故障、错误或者失效时，继续实现全部原定功能，完成原定任务；

（2）当发生的故障导致系统不能继续正常工作时，中断原定任务，保证系统转入安全状态。

铁路信号"故障—安全"要求铁路信号设备或系统一旦发生安全故障能防止出现灾难性后果，自动导向安全一方。"故障—安全"原则是铁路设备的基本原则。

"故障—安全"作为铁路信号及许多涉及人身安全的领域中的重要原则包括以下内容：认为意外事件（随机故障、系统失效、误操作）发生是可能的和普遍的；被考虑的意外事件，其发生和不发生导致的结果必须能够区别为较安全的和较危险的两方面；一旦意外事件发生时应使设备或系统自动导向较安全的方面，也就是"故障导向安全"；当意外是由固定性故障（永久性故障）引发时，如该故障能够及时发现和排除，可免于考虑多重故障组合的影响，否则这种组合故障也应被视为一个意外事件加以考虑；在铁路信号的传统中，较安全方面体现为发生意外时，能最终自动转为发出停车或限制较低速度运行的信号（或称信号降级）。

一个"故障—安全"系统或单元在内部发生任何故障时，系统能够维持正常的功能；若系统不能维持正常功能时，则能转而输出对运输来说较为安全的操纵或显示。两者必居其一。由于系统是由最基本的单元分层组成的，下层系统的后果又成为上层系统的成因。为此，"故障—安全"技术存在层次性。

到 20 世纪 70 年代，计算机容错计算（Fault-Tolerant Computing）技术的研究发展起来后，"故障—安全"和容错之间就产生了许多相互包容的内涵。

2.1.8　影响列车运行速度的外力

任何物体运动状态的改变都是由作用于该物体的外力所决定的。同样，列车的运行也是由作用于列车的外力引起的。列车运行中，作用于列车上的外力主要有 3 种，即列车牵引力、列车阻力和列车制动力，这些力并不是同时作用于列车上，而是依列车的运行状态不同，其中的某些力分别作用于列车。各种外力的合力决定了列车的运行状态，列车牵引力、列车阻力及列车制动力是直接影响列车运行速度的主要因素。

列车牵引运行时，列车牵引力和列车运行阻力同时作用于列车；惰力运行时，列车只受到运行阻力的作用；制动运行时，列车制动力和列车运行阻力同时作用于列车。

由于列车牵引力、列车运行阻力、列车制动力都是随着列车运行速度而变化的，故其合力也随速度而变。列车的运行速度决定于合力的大小和方向。即合力作用方向与列车运行方向相同时，列车加速运行；合力作用方向与列车运行方向相反时，列车减速运行；当合力为零时，列车匀速运行。

2.2　名词术语与缩写词

2.2.1　名词术语

1. 允许速度
车载设备给出的不会触发报警和（或）制动的列车最高运行速度。

2. 目标点
任意一个静态速度的变更点。越过该点时，列车速度应低于给定的速度限制。

3. 目标速度
列车运行前方目标点运行的最高速度。

4. 目标距离
列车前端至运行前方目标点的距离。

5. 目标距离模式曲线

以目标速度、目标距离、线路条件及列车特性为基础生成的保证列车安全运行的一次制动模式曲线。

6. 静态速度曲线（SSP）

一段线路的固定速度限制的描述。它与最大线路速度、曲线、道岔、隧道、桥等因素有关。

7. 动态速度曲线

车载设备遵守的速度距离监控曲线。

8. 最限制速度曲线（MRSP）

列车不能超过的最大速度。在所有可变速度曲线中要考虑的最严格速度。

9. 制动曲线

图形化表达在当前的线路坡道、列车制动参数下的列车制动距离。该图通常表示出列车速度对应于距离或时间的变化。根据车载和地面数据及列车制动参数计算的速度—制动曲线。

10. 固定限速

由线路结构及道岔位置决定的最高运行速度。

11. 临时限速（TSR）

由临时性（例如线路维修）的情况给出的速度限制。

12. 过走防护区段

为保证行车安全在禁止信号内方设置的防护区段。

13. 列车冒进防护

除非有允许命令，否则列车越过禁止信号立即触发的紧急制动。

14. 车尾限速保持

为了防止列车尾部在限速区段超速，在相关区段采取的限速措施。

15. 最大常用制动

可达到最大制动率的常用制动，在达到规定的速度时可以缓解。

16. 紧急制动

考虑各种相关因素必需的最大停车距离的故障—安全制动，一旦实施，中途不可缓解。

17. 绝对制动距离

追踪列车头部与先行列车尾部之间的距离，该距离必须等于或大于追踪列车的安全制动距离。

18. 应用等级

应用等级表示地面和列车间可能的运用关系。等级的定义主要与所用的地面与车载的设备配置、信息传输方式以及设备所完成的功能有关。

19. 应答器

一种用于地面向列车传输信息的点式设备，分为固定（无源）应答器和可变（有源）应答器。

20. 应答器组

在线路上用相同参照位置的一个或多个（最多 8 个）应答器。

21. 应答器链接

通过应答器组/RBC，在其报文中描述另一个应答器组位置和通过方向的方法。

22. 无线闭塞中心（RBC）

采用无线通信方式实现列车间隔控制的地面设备。系统接收所有列车的位置信息，向所有列车发出行车许可并提供列车间隔控制功能。

23. 作用距离

列车能够与某个设备（例如应答器）通信联络的最大距离。

24. 当前位置

最近时刻根据系统坐标确定的列车位置。

25. 默认值

预先存储在车载或地面设备中的参数，在没有其他有效数据时使用。

26. 行车许可终点（EOA）

允许列车到达的最远位置。当目标速度为零时的目标点，EOA 即为停车点。

27. 设备干预

指列控车载设备控制列车，例如采用最大常用制动并切断牵引动力，或采用紧急制动并切断牵引动力。

28. 列车数据

为了监督列车运行，CTCS 要求的表示列车特征的数据。

29. 列车完整性

列车车体完整的确认，确保没有发生丢车。

30. 车轮空转

牵引时驱动轮与钢轨失去黏着。发生车轮空转时，车载设备测量速度（脉冲频率）高于列车实际速度，可能引起误制动，构成行车隐患，因此车载测速测距单元必须采取有效的措施，尽可能减小其对系统应用的影响。

31. 车轮滑行

制动时车轮与钢轨失去黏着。发生车轮滑行时，车载设备测量速度低于列车实际速度，可能因误判而导致列车超速，构成安全危害，因此车载测速测距单元必须采取有效的措施，尽可能减小其对系统应用的影响。

32. 分相区

相位不同的接触网之间的中性段。

33. ATP

列车超速防护系统。强迫使列车遵守行车许可，按照速度限制运行的安全系统。

34. 开口速度

允许列车低速接近行车许可点的限制值或允许列车以安全方式接近危险点的速度值。常用制动曲线从停车点算起，紧急制动曲线从行车许可终点或危险点算起。列车的开口速度根据安全距离/过走防护区长度计算，当无过走防护区或安全距离很短时，开口速度为零。

2.2.2 缩写词

缩写词及说明见表 2-2。

表 2-2　缩写词及说明

序号	英 文 缩 写	说　明
1	ATP（Automatic Train Protection）	列车超速防护系统
2	ATO（Automatic Train Operation）	列车自动驾驶系统
3	BTM（Balise Transmission Module）	应答器传输模块
4	BTS（Braking to a Target Speed）	制动到目标速度
5	CBI（Computer Based Interlocking）	计算机联锁
6	CBTC（Communication Based Train Control）	基于通信的列车控制
7	CSM（Ceiling Speed Monitor）	顶棚速度监控
8	CTC（Centralized Traffic Control）	调度集中
9	CTCS（Chinese Train Control System）	中国列车运行控制系统
10	DMI（Driver-Machine Interface）	司机—车载设备接口
11	DMIS（Dispatch Management Information System）	列车运行调度管理信息系统
12	DP（Danger Point）	危险点
13	DV（Difference Value between the permitted speed to DV_EBImin & DV_EBImax）	差值（允许速度与紧急制动干预速度的差值）
14	EB（Emergency Braking）	紧急制动
15	EBI（Emergency Brake intervention curve）	紧急制动干预曲线
16	EIJ（Electrical Insulated Joint）	电气绝缘节
17	EMU（Electrical Multiple Unit）	电动车组
18	EOA（End of movement Authority）	行车许可终点
19	ETCS（European Train Control System）	欧洲列车运行控制系统
20	GSM-R（Global System for Mobile communications for Railway）	铁路综合数字移动通信系统
21	LEU（Line side Electronic Unit）	地面电子单元
22	LOA（Limit of movement Authority）	限制性行车许可
23	MA（Movement Authority）	行车许可
24	MAR（Movement Authority Request）	行车许可请求
25	MMI（Man Machine Interface）	人机接口
26	MRSP（Most Restrictive Speed Profile）	最限制速度曲线
27	MTBF（Mean Time Between Failures）	平均无故障时间
28	RAP（Roll Away Protection）	溜车防护
29	RBC（Radio Block Center）	无线闭塞中心
30	RBTC（Radio Based Train Control）	基于无线传输信息的列控系统
31	RS（Release Speed）	开口速度
32	RSF（Right Side Failure）	安全侧失效
33	SB（Service Brake/Standby mode）	常用制动/备用模式
34	SBI（Service Brake Intervention）	常用制动干预曲线

序号	英 文 缩 写	说　明
35	SSP（Static Speed Profile）	静态速度曲线
36	TC（Track Circuit）	轨道电路
37	TCC（Train Control Center）	列控中心
38	TCR（Track Circuit Reader）	轨道电路信息读取器
39	TDCS（Train Dispatch Control System）	列车调度控制系统
40	TOU（Time and Odometer Unit）	时间及测速单元
41	TR（Trip）	冒进防护
42	TSR（Temporary Speed Restriction）	临时限速
43	VB（Virtual Block）	虚拟闭塞

2.3　过分相控制

在电气化铁道牵引区段，牵引供电采用单相工频交流供电方式。为使电力系统三相负荷尽可能平衡，接触网采用分段换相供电。为防止相间短路，必须在各独立供电区之间建立分相区，各相间用空气或绝缘子分割，称为电分相。在分相区内，接触网不带电，列车主断路器打开，列车惰力运行通过分相区，可有效避免列车带电通过分相区，造成拉电弧、烧损分相绝缘器、烧损列车机车及供电设备等事故。

目前动车组的过分相控制有手动过分相、自动过分相和 ATP 过分相三种。手动过分相方式主要用于信号系统故障时的过分相区操作。ATP 过分相是指 CRH3 动车组在 300 km/h 线路上（如新建的京沪高铁）运行时，采用 ETCS（欧洲列车控制系统）信号控制通过分相区外，其他都采用 GFX-3A 信号控制。下面对自动过分相进行介绍。

2.3.1　系统组成

自动过分相控制系统车载部分由 2 个 GFX-3A 自动过分相信号处理装置（含对外插头）、8 个感应接收器（含对外插头）及 8 个转换插座组成。

信号处理器安装在车体内，与动车组控制系统和感应接收器相连接。感应接收器安装在车体外的构架下。为保证可靠接收地面感应信号，感应接收器安装支架应满足感应接收器的底面中心位置距离钢轨面高度 h，110mm＜h＜130mm，距离钢轨内侧 300±20 mm，型号为 JC-4A，插头型号为 QS7-18T3KMY。转换插座在靠近转向架中部两侧的车体上（感应接收器的上方），型号为 QS7-18Z3JMY。

2.3.2　系统功能

在线路上利用地面感应器标志出分相区的位置。分相区前方放置 2 个地面感应器，一个在轨道右边（G1），一个在轨道左边（G2）；分相区后面也放置 2 个地面感应器（G3、G4）。

如图 2-4 所示。

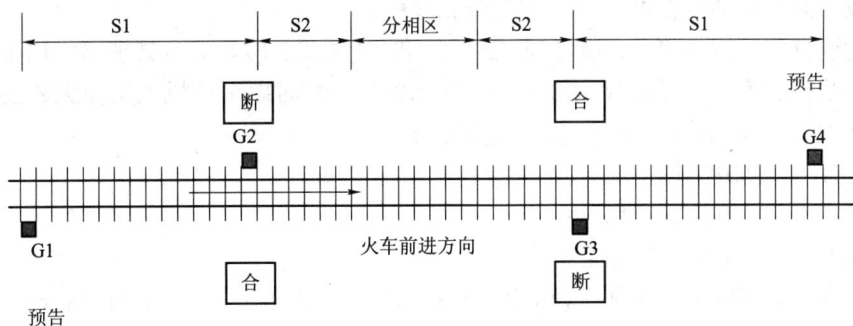

图 2-4　地面传感器安装示意图

如图 2-5 所示。对于动力分散或两端动力的动车组，在动车组安装受电弓的车上装四个感应接收器（T1、T2、T3 和 T4）来接收线路上的定位地面感应器信息，两个（图 2-5 中 B 节车上的 T2、T4）装在右边来感应 G1 和 G3，另两个（图 2-5 中 B 节车上的 T1、T3）装在左边来感应 G2 和 G4。感应接收器前后相互备份。同时车上还装有一个信号处理器来处理 T1、T2、T3 和 T4 接收到的信号，并向动车组控制系统送出四路信号。

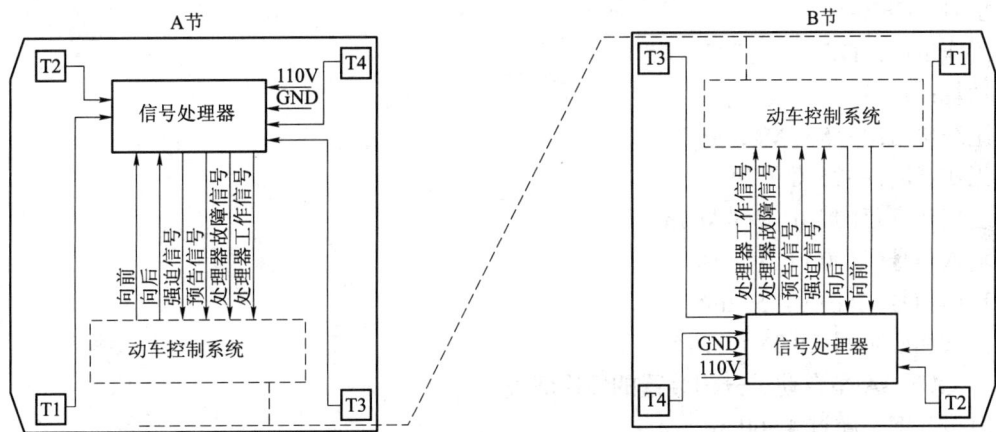

图 2-5　车感器在动车组上安装示意图

当列车沿图 2-4 所示方向从左向右运行时（主要以动力分散或两端动力的动车组为主），B 节车上的信号处理器工作，根据动车组的向前信号，B 节车上的感应接收器 T2 首先感应到 G1 并送出信号给信号处理器，信号处理器送出一个预告信号给动车组控制系统。动车随即卸载并分主断。

当动车组运行到 G2 点时，B 节车的感应接收器 T1 感应到 G2 并送出信号给信号处理器。将送出一个强迫信号给动车组控制系统，此时要求动车组立即分断主断。

当动车组运行到 G3 点时，B 节车的感应接收器 T2 感应到 G3 并送出信号给信号处理器。信号处理器通过预告通道送出恢复信号给动车组控制系统，此时动车组要合上主断并恢复到过 G1 点前的工况。

在此方向上运行时，若 G3 信号接收正常，则信号处理器忽略 G4 的信号，如果通过 G3

时没有收到信号，通过 G4 则发出恢复信号，通过分相区后根据接收信号的情况，信号处理器延时一段时间，自动复位准备下一次过分相过程。

当自动过分相装置故障（包括 T1、T2、T3 和 T4 故障）时，信号处理器将送出一个故障信号给动车组控制系统，微机显示屏将给出提示信息。此时要求司机人工操纵通过分相区。

信号处理装置发送给动车组控制系统的信号：

➢ 预告信号，110 V 脉冲信号；

➢ 强迫信号，110 V 脉冲信号；

➢ 恢复信号，110 V 脉冲信号；

➢ 工作信号，装置工作正常时，输出 110 V 信号，需要司机人工操纵过分相时，输出 0 V；

➢ 故障信号，装置有故障，但可以维持运行回基地时，输出 110 V 信号。

动车组控制系统发送给信号处理装置的信号：

➢ 向前，110 V，当本节动车向前运行时给出 110 V 高电平信号；

➢ 向后，110 V，当本节动车向后运行时给出 110 V 高电平信号。

2.3.3　过分相系统技术性能

1. GFX-3A 型自动过分相装置的技术性能

型号：GFX-3A

工作电压：DC77 V～DC137.5 V

功耗：12 W

绝缘电阻：≥500 MΩ

工作温度：−25 ℃～70 ℃

适用速度范围 10～250 km/h

输入信号：110 V，10 mA

输出信号：110 V，50 mA

接收相应时间≤0.05 s±10%

2. GFX-3A 型自动过分相装置的使用环境

海拔高度不超过 4 500 m；

最高周围空气温度为 40 ℃，允许在 40 ℃存放；

最低周围空气温度为−40 ℃，允许在−40 ℃存放；

周围空气湿度：最湿月份平均最大相对湿度不大于 95%（该月月平均最低温度为 25 ℃）；

相对于机车垂向、横向、纵向存在着的频率为 1～50 Hz 时等于 1 g；

因列车连挂时冲击，沿列车纵向激起的加速度不大于 3 g；

信号处理器安装在能防止风、沙、雨、雪直接侵袭和远离强烈震源的车体内。

2.3.4　GFX-3A 型自动过分相信号处理器

信号处理器的面板如图 2-6 所示。

1. T1 指示灯

1 号感应接收器指示，接收到感应信号时闪亮；当自检到此感应接收器故障时，指示灯长亮。

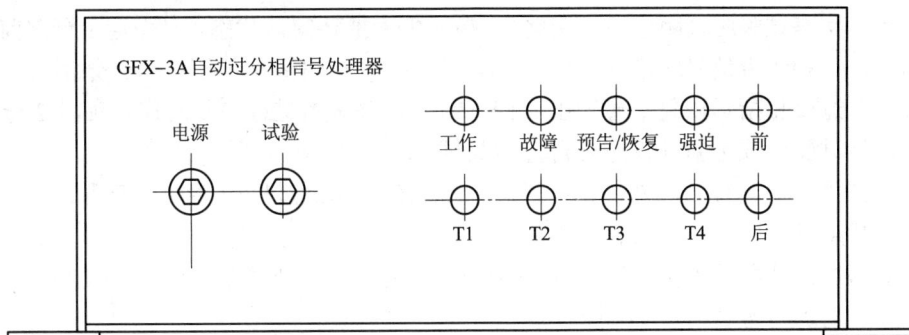

图 2–6 GFX-3A 信号处理器的面板

2. T2 指示灯

2 号感应接收器指示，接收到感应信号时闪亮；当自检到此感应接收器故障时，指示灯长亮。

3. T3 指示灯

3 号感应接收器指示，接收到感应信号时闪亮；当自检到此感应接收器故障时，指示灯长亮。

4. T4 指示灯

4 号感应接收器指示，接收到感应信号时闪亮；当自检到此感应接收器故障时，指示灯长亮。

5. 前指示灯

动车组向前信号输入到信号处理器时，指示灯亮。

6. 后指示灯

动车组向后信号输入到信号处理器时，指示灯亮。

7. 预告/恢复指示灯

信号处理器输出预告信号或恢复信号时，指示灯亮。

8. 强迫指示灯

信号处理器输出强迫信号时，指示灯亮。

9. 工作指示灯

信号处理器工作时，指示灯亮。

10. 故障指示灯

信号处理器有故障时，指示灯亮。

11. 电源开关

信号处理器的电源开关。信号处理器故障时可以关闭电源。

12. 试验按钮

可用于试验自动过分相系统工作是否正常，可进行强迫状态试验和预告状态试验。

进行强迫状态试验时，闭合司机钥匙，I 端司机手把转向后状态，动车组 I 端向前。按下试验按钮，过分相强迫信号输出（1 s 脉宽）。然后，动车组进行强迫自动过分相动作。再按下试验按钮，过分相恢复信号输出（1 s 脉宽），动车组进行恢复动作。延时 2 分钟后，再进行下一步试验。或重新开机进行自检后测试。

　　进行预告状态试验时，闭合司机钥匙，I 端司机手把转向前状态，动车组 I 端向前。按下试验按钮，过分相预告信号输出（1 S 脉宽）。然后，动车组进行预告自动过分相动作。再按下试验按钮，过分相指示恢复信号输出（1 S 脉宽），动车组进行恢复动作。延时 2 分钟后，再进行下一步试验。或重新开机进行自检后测试。

　　除采用试验按钮进行试验外，也可以通过用磁铁快速划过感应接收器表面进行强迫状态试验和预告状态试验。

　　信号处理器的背面的外接插座为 JL16-20ZY，用于信号处理器与感应接收器、列车控制系统和 110 V 电源的连接。

2.3.5　故障分析

1. 无法收到地面信号

　　信号处理器自检时，观察 T1、T2 指示灯是否闪亮；先排除因为处理器正常屏蔽信号所致无法接收地面信号的可能，可将信号处理器电源开合一次，使其复位后再次试验。如果仍无法收到地面信号，检查"工作"指示灯。若无故障显示，则可能是感应接收器距离钢轨距离过高所致，应调整感应接收器安装支架。

2. T1、T2 信号灯不闪

　　T1、T2 信号灯不闪可能是感应接收器丢失，屏蔽电缆线破损断裂，信号处理器损坏等；如果回路正常，则更换新的信号处理器，在地面进行检测。

　　断开连接插头，测量各感应接收器回路是否导通，测量感应接收器的电阻是否正如回路不通，则检查相应回路。

3. "工作"指示灯不亮

　　表示信号处理器无法正常工作，应更换信号处理器，在地面进行检修。

4. 其他故障

　　参照乘务员出退勤严查有关程序，进行故障判断处理。

2.4　CTCS 概述

2.4.1　CTCS 描述

　　列车控制系统是保证列车安全、高效的重要设备。目前，铁路信号已经从传统的方式，即以地面信号显示传递行车命令，司机按行车规则操作列车运行的方式，发展到了根据地面发送的信息自动监控列车速度，并由列控系统车载设备实施运行控制的方式。

　　CTCS（Chinese Train Control System）是中国列车运行控制系统，是以分级形式满足不同线路运输需求，在不干扰列车司机正常驾驶的前提下能够有效保证列车运行安全的系统，主要由列控中心、闭塞设备、地面信号设备、车载控制设备、地车数据传输等设备构成。

1. CTCS 基本功能

　　CTCS 能够在不干扰列车司机正常驾驶的前提下有效保证列车运行安全。CTCS 能够对列车进行超速防护以保证列车运行安全，能够向列车司机提供驾驶信息及数据输入输出界面，完成设备运行状态的诊断记录。

1）安全防护

（1）在任何情况下防止列车无行车许可运行。

（2）防止列车超速运行。

★ 防止列车超过进路允许速度。

★ 防止列车超过线路结构规定的速度。

★ 防止列车超过机车车辆构造速度。

★ 防止列车超过临时限速及紧急限速。

★ 防止列车超过铁路有关运行设备的限速。

（3）防止列车溜逸。

（4）测速环节应保证，一定范围内的车轮滑行和空转不影响ATP的功能，并具有轮径修正能力。

2）人机界面功能

为列车司机提供必要的显示、数据输入及操作装置。

（1）能够以字符、数字及图形等方式显示列车运行速度、允许速度、目标速度和目标距离。

（2）能够实时给出列车超速、制动、允许缓解等表示及设备故障状态的报警。

（3）机车乘务员输入装置应配置必要的开关、按钮和有关数据输入装置。

（4）具有标准的列车数据输入界面，可根据运营和安全控制要求对输入数据进行有效性检查。

3）检测功能

（1）具有开机自检和运行中的动态检查功能。

（2）具有设备的关键数据和关键动作的记录功能及提供监测接口。

4）可靠性和安全性

（1）按照信号故障—安全原则进行系统设计。

（2）采用冗余结构。

（3）满足电磁兼容性相关标准。

2. CTCS 体系结构

CTCS 的体系结构按铁路运输管理层、网络传输层、地面设备层和车载设备层配置，如图 2-7 所示。

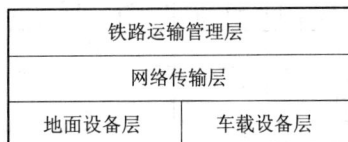

图 2-7　CTCS 体系结构

1）铁路运输管理层

铁路运输管理系统是行车指挥中心，以 CTCS 为行车安全保障基础，通过通信网络实现对列车运行的控制和管理。

2）网络传输层

CTCS 网络分布在系统的各个层面，通过有线和无线通信方式实现数据传输。

3）地面设备层

地面设备层主要包括列控中心、轨道电路和点式设备、接口单元及无线通信模块等。列控中心是地面设备的核心，根据行车命令、列车进路、列车运行状况和设备状态，通过安全逻辑运算，产生控车命令，实现对运行列车的控制。

4）车载设备层

车载设备层是对列车进行操纵和控制的主体，具有多种控制模式，并能够适应轨道电路、点式传输和无线传输方式。车载设备层主要包括车载安全计算机、连续信息接收模块、点式信息接收模块、无线通信模块、测速模块、人机界面和记录单元等。

3. CTCS 系统构成

CTCS 是参照国际标准，结合我国国情，从需求出发，按系统条件和功能划分等级。CTCS 体系的构建原则是以地面设备为基础，车载与地面设备统一设计。其系统结构如图 2-8 所示。

系统包括地面子系统和车载子系统。地面子系统包括应答器、轨道电路、列车控制中心（TCC）/无线闭塞中心（RBC）及无线通信网络（GSM-R）；车载子系统包括列控车载设备和车载无线通信模块。

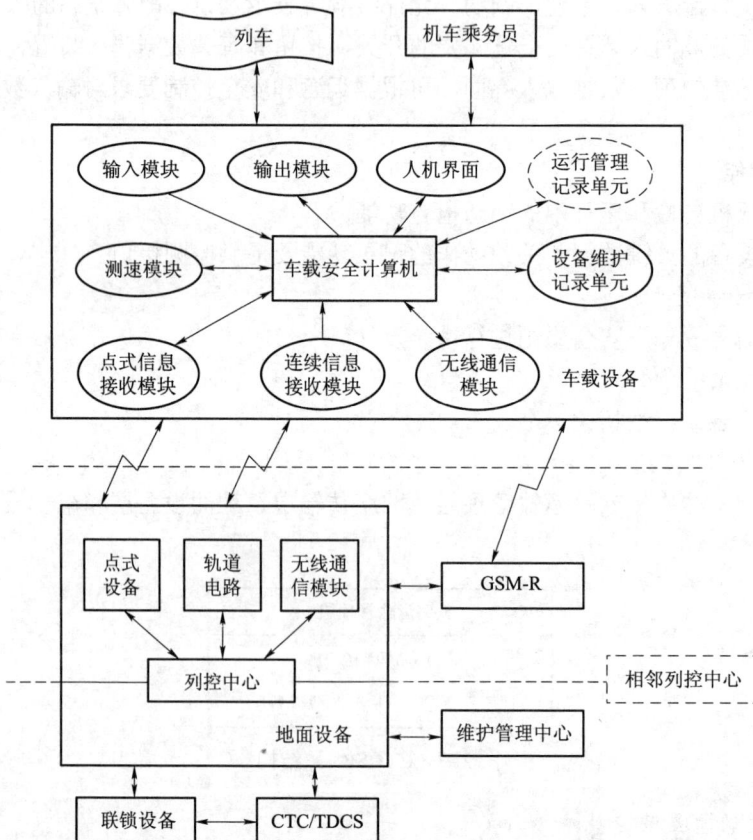

图 2-8　CTCS 系统结构框图

2.4.2 CTCS 等级划分

列车运行控制系统包括地面子系统和车载子系统，根据系统配置按功能划分为 5 级。

1. CTCS-0 级

CTCS-0 级为既有线的现状，由通用机车信号和运行监控记录装置构成。

2. CTCS-1 级

1）总体描述

由主体机车信号+安全型运行监控记录装置组成。面向 160 km/h 以下的区段，在既有设备基础上强化改造，达到机车信号主体化要求，增加点式设备，实现列车运行安全监控功能。

2）地面子系统组成

（1）轨道电路。

完成列车占用检测及列车完整性检查，连续向列车传送控制信息。

车站正线采用与区间同制式的轨道电路，侧线采用与区间同制式的叠加电码化设备。

（2）点式信息设备。

宜设置在车站附近，主要用于向车载设备传输定位信息。

3）车载子系统组成

（1）主体机车信号。

完成轨道电路信息的接收与处理。

（2）点式信息接收模块。

完成点式信息的接收与处理。

（3）安全型运行监控记录装置。

实时检测列车运行速度，对列车运行控制信息进行综合处理，控制列车按命令运行。

3. CTCS-2 级

1）总体描述

CTCS-2 级列控系统是基于轨道传输信息的列车运行控制系统。

CTCS-2 级列控系统面向提速干线和高速新线，采用车—地一体化设计。

CTCS-2 级列控系统适用于各种限速区段，地面可不设通过信号机，机车乘务员凭车载信号行车。

2）地面子系统组成

（1）列控中心。

根据列车占用情况及进路状态计算行车许可及静态列车速度曲线并传送给列车。

（2）轨道电路。

完成列车占用检测及列车完整性检查，连续向列车传送控制信息。

车站与区间采用同制式的轨道电路。

（3）点式信息设备。

用于向车载设备传输定位信息、进路参数、线路参数、限速和停车信息等。

3）车载子系统组成

（1）连续信息接收模块。

完成轨道电路信息的接收与处理。

（2）点式信息接收模块。

完成点式信息的接收与处理。

（3）测速模块。

实时检测列车运行速度并计算列车走行距离。

（4）设备维护记录单元。

对接收信息、系统状态和控制动作进行记录。

（5）车载安全计算机。

对列车运行控制信息进行综合处理，生成控制速度与目标距离模式曲线，控制列车按命令运行。

（6）人机界面。

车载设备与机车乘务员交互的设备。

（7）运行管理记录单元。

规范机车乘务员驾驶，记录与运行管理相关的数据。

（8）预留无线通信接口。

4. CTCS-3 级

1）总体描述

CTCS-3 级列控系统是基于无线传输信息并采用轨道电路等方式检查列车占用的列车运行控制系统。

CTCS-3 级列控系统面向提速干线、高速新线或特殊线路，基于无线通信的固定闭塞或虚拟自动闭塞。适用于各种限速区段，地面可不设通过信号机，机车乘务员凭车载信号行车。

2）地面子系统组成

（1）无线闭塞中心（RBC）。

使用无线通信手段的地面列车间隔控制系统。它根据列车占用情况及进路状态向所管辖列车发出行车许可和列车控制信息。所使用的安全数据通道不能用于话音通信。

（2）无线通信（GSM-R）地面设备。

作为系统信息传输平台完成地—车间大容量的信息交换。

（3）点式设备。

主要提供列车定位信息。

（4）轨道电路。

主要用于列车占用检测及列车完整性检查。

3）车载子系统组成

（1）无线通信（GSM-R）车载设备。

作为系统信息传输平台完成车—地间大容量的信息交换。

（2）点式信息接收模块。

完成点式信息的接收与处理。

（3）测速模块。

实时检测列车运行速度并计算列车走行距离。

（4）设备维护记录单元。

对接收信息、系统状态和控制动作进行记录。

（5）车载安全计算机。

对列车运行控制信息进行综合处理，生成目标距离模式曲线，控制列车按命令运行。

（6）人机接口。

车载设备与机车乘务员交互的接口。

（7）运行管理记录单元。

规范机车乘务员驾驶，记录与运行管理相关的数据。

5. CTCS-4 级

1）总体描述

CTCS-4 级列控系统是基于无线传输信息的列车运行控制系统。

CTCS-4 级列控系统面向高速新线或特殊线路，基于无线通信传输平台，可实现虚拟闭塞或移动闭塞。

CTCS-4 级列控系统由 RBC 和车载验证系统共同完成列车定位和列车完整性检查。

CTCS-4 级列控系统地面不设通过信号机，机车乘务员凭车载信号行车。

2）地面子系统组成

（1）无线闭塞中心（RBC）。使用无线通信手段的地面列车间隔控制系统。它根据列车占用情况及进路状态向所管辖列车发出行车许可和列车控制信息。所使用的安全数据通道不能用于话音通信。

（2）无线通信（GSM-R）地面设备。作为系统信息传输平台完成地－车间大容量的信息交换。

3）车载子系统组成

（1）无线通信（GSM-R）车载设备。作为系统信息传输平台完成车－地间大容量的信息交换。

（2）测速模块。需要时，实时检测列车运行速度并计算列车走行距离。

（3）设备维护记录单元。对接收信息、系统状态和控制动作进行记录。

（4）车载安全计算机。对列车运行控制信息进行综合处理，生成目标距离模式曲线，控制列车按命令运行。

（5）人机接口。车载设备与机车乘务员交互的接口。

（6）全球卫星定位或其他设备提供列车定位及列车速度信息。

（7）列车完整性检查设备。

（8）运行管理记录单元。规范机车乘务员驾驶，记录与运行管理相关的数据。

6. CTCS 级间关系

（1）符合 CTCS 规范的列车超速防护系统能满足一套车载设备全程控制的运用要求。

（2）系统车载设备向下兼容。

（3）系统级间转换可自动完成。

（4）系统地面、车载配置如具备条件，在系统故障条件下允许降级使用。

（5）系统级间转换不影响列车正常运行。

（6）系统各级状态有清晰的表示。

CTCS 各级的主要差别是地对车信息的传输方式和线路数据的来源。

复习参考题

1. 列控系统中的车—地信息传输媒介有哪些?
2. 列控系统中的车—地信息传输主要有哪几种方式?
3. 简述轨道电路的基本作用。
4. 什么是铁路信号的"故障—安全"?
5. 什么是移动闭塞?
6. 简述列车自动过分相系统的组成及工作原理。
7. 什么是 CTCS?
8. CTCS 共分为几级? 简述 CTCS-2 及 CTCS-3 的地面设备及车载设备的组成。

第3章

CTCS-2 级列控系统地面设备

【本章内容概要】

本章主要介绍 CTCS-2 级列控系统的结构及基本工作原理,列控中心的结构、功能及通信原理,应答器的构成、接口、工作原理、报文、编号及设置。

【本章学习重点与难点】

学习重点:包括 CTCS-2 级列控系统的结构及基本工作原理,列控中心功能及通信原理,应答器的构成与接口。

学习难点:CTCS-2 级列控系统的基本工作原理,列控中心的通信原理,应答器的接口与报文。

3.1 CTCS-2 概述

3.1.1 CTCS-2 级列控系统结构

CTCS-2 级列控系统是基于轨道电路加点式应答器传输列车运行控制信息的点连式控制系统,采用目标—距离模式监控列车的安全运行,与我国既有信号系统完全兼容。

CTCS-2 级列控系统包括列控地面设备和列控车载设备,列控车载设备根据地面设备提供的信息及列车数据,生成控制速度和目标—距离模式曲线,控制列车运行。列控地面设备包括轨旁设备和室内设备,其总体结构如图 3-1 所示。

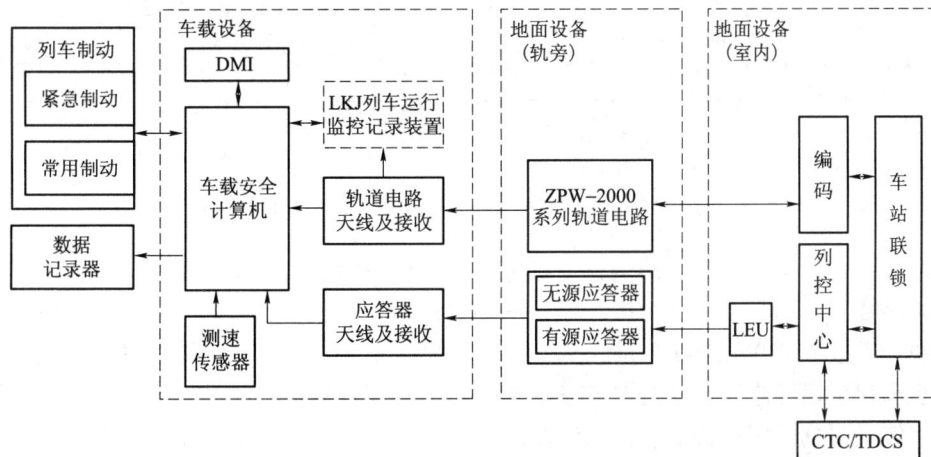

图 3-1 CTCS-2 级列控系统总体结构框图

1. 列控地面设备

列控地面设备包括车站列控中心、轨道电路、地面电子单元和有源应答器、无源应答器等设备。

列控中心根据 CTC/TDCS 调度中心的调度命令、列车占用情况及进路状态，通过轨道电路及有源应答器向列车发送控制命令。

轨道电路采用 ZPW-2000（UM）系列轨道电路，完成列车占用检测及列车完整性检查，连续向列车传送行车许可、前方空闲闭塞分区数量及车站进路速度等信息。

无源应答器（也称固定信息应答器）设于闭塞分区入口和车站进出站端处，用于向列控系统车载设备传输闭塞分区长度、线路速度、线路坡度及列车定位等信息。有源应答器（也称可变信息应答器）设置于车站进出站端，当列车通过应答器时，应答器向列车提供接车进路参数及临时限速等信息。为实现系统功能，列控地面设备还通过车站列控中心与车站联锁系统、CTC/TDCS 车站分机连接。

2. 列控车载设备

列控车载设备由车载计算机（VC）、轨道电路信息接收模块（STM）及天线、应答器信息接收模块（BTM）及天线、列车接口单元（TIU）、运行记录单元（DRU）、人机界面（DMI）、速度传感器等组成，如图 3-2 所示。

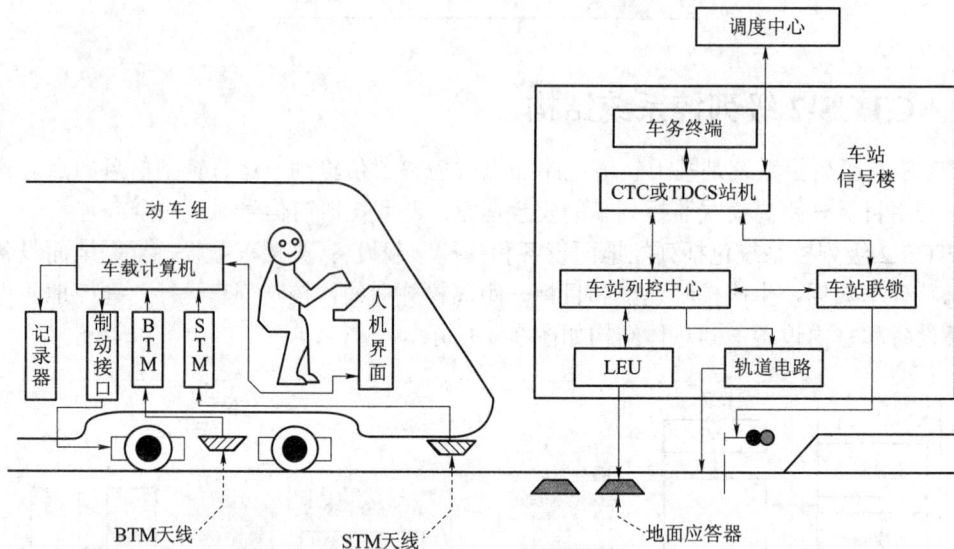

图 3-2　CTCS-2 级列控系统地面设备与车载设备构成图

车载计算机采用高可靠的安全计算机平台，根据地面连续式设备和点式设备传输的控车信息、线路数据及列车参数，生成连续式速度监控曲线，监控列车安全运行。轨道电路信息接收模块用于接收 ZPW-2000（UM）系列轨道电路的低频信息，并将该信息同时供给车载安全计算机和列车运行监控记录装置（LKJ2000）。应答器信息接收模块用于接收处理应答器信息，并将解码得到的应答器报文提供给车载计算机。人机界面显示列车当前运行速度、允许速度、目标速度和目标距离等信息，并可接收司机输入的信息。

3.1.2　CTCS-2 级列控系统基本工作原理

1. 目标距离–速度控制

目标距离–速度控制模式根据目标距离、目标速度及列车本身的性能，确定列车制动曲线，采取连续式一次制动模式控制列车运行。如图 3–3 所示，实线为目标距离—速度控制曲线，从最高速度降至零速的列车速度监控曲线为一条连贯光滑的曲线，虚线为列车实际速度曲线，列车实际速度曲线只要保持在列车速度监控曲线以下就能够保证列车的运行安全。一旦列车实际速度曲线达到或超过了列车速度监控曲线，列控系统车载设备将根据列车实际走行速度和监控速度曲线的关系发出告警信息，或触发常用制动或紧急制动，从而防止列车超速运行。

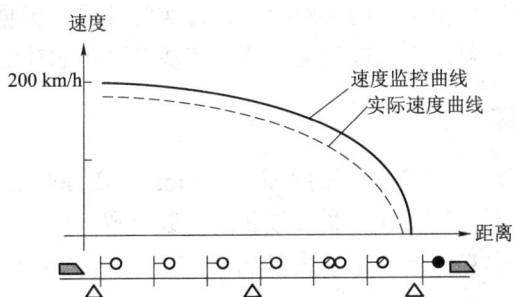

图 3–3　目标距离–速度控制

列控车载设备给出的一次连续制动速度曲线是根据目标距离、线路参数及列车自身性能而计算得出的。列车自身性能至少包括厂家提供的列车常用制动减速度和紧急制动减速度的数据。为计算得到速度监控曲线，由轨道电路发送行车许可和前方空闲的闭塞分区的数量信息；由应答器发送闭塞分区长度、线路速度、线路坡度等固定信息；列控车载设备接收上述信息，通过"前方空闲的闭塞分区的数量"和"闭塞分区长度"信息，获取目标距离信息，并结合线路速度、线路坡度和列车制动性能等固定参数，实时计算得到列车速度监控曲线，并监控列车实际走行速度曲线处于速度监控曲线的下方，完成列车超速防护的功能。

2. CTCS-2 级与 CTCS-0 级的切换

CRH$_1$、CRH$_2$ 及 CRH$_3$ 动车组同时装备列控系统车载设备和列车运行监控记录装置（LKJ2000），在 CTCS-2 级区段（160 km/h 以上区段，地面设备按照 CTCS-2 级列控系统要求进行改造），由列控系统车载设备控车（CTCS-2 级控车）；CTCS-0 级、CTCS-1 级区段（在 160 km/h 及以下区段，地面设备保持现有配置），或在 CTCS-2 级区段列控系统车载设备特定故障下，由列车运行监控记录装置 LKJ 结合列控系统车载设备提供的机车信号或主体机车信号功能控车（CTCS-0 级控车），最高速度不得超过 160 km/h。列车在线路上运行时，需要自动完成 CTCS-0 级至 CTCS-2 级或 CTCS-2 级至 CTCS-0 级的控车等级切换，不需要列车停车；故障情况下，停车手动转换。为完成级间切换，在级间切换点上设置级间切换应答器，具体见 3.3 节应答器的特殊功能中应答器设置部分的级间切换应答器。

为保证控车权可靠平稳交接，控车权的交接以列控系统车载设备为主。级间切换时若车载设备已经触发制动，则需保持制动作用完成，直至列车停车或列车发出缓解指令后，再进行自动级间切换。若自动切换失败，司机可根据车载设备指示手动进行级间切换。

在两种控车模式下，LKJ2000 通过列控系统车载设备接收或记录有关列控状态数据（含进路参数、列车位置等）及其对应的操作状态信息。

3.2 列 控 中 心

车站列车控制中心简称列控中心（TCC），根据 CTCS-2 级列控系统设计方案，设置列控中心的主要目的是用于向设置在车站进出站端的有源应答器发送可变信息报文，具有发送接车进路信息、临时限速信息及进站信号机降级显示等主要功能。列控中心依据调度指挥系统下达的临时限速命令和联锁系统当前的进路状态进行实时计算，根据计算结果选择相应的应答器报文，控制有源应答器向列车进行传送，从而实现对列车的控制。

3.2.1 列控中心描述

列控中心如图 3-4 所示。列控中心采用高 2 000 mm、宽 600 mm、深 800 mm 的标准机柜，采用 19 英寸机箱，预留了 LEU 及相关设备的安装位置。机柜面板具有统一的显示内容和操作方式。机柜内部装配双套热备在线式 UPS 供电，持续供电时间不小于 30 min。

图 3-4   列控中心

列控中心是设于各车站的列控核心安全设备，采用 2×2 取 2 安全冗余硬件结构，设置独立的维修终端，适用于装备了计算机联锁（或 6502 电气集中）、CTC/TDCS 的车站。

列控中心根据调度命令、进路状态、线路参数等产生进路及临时限速等相关控车信息，通过有源应答器与轨道电路传送给列车。

3.2.2 列控中心技术要求

1. 临时限速调度命令传送

临时限速由调度中心集中管理，通过 CTC/TDCS 向临时限速管辖车站及邻站下达调度命令。两站一区间范围内只允许设置一处区间或站内临时限速；若遇两处及以上限速，调度中心应将其视为一处连续的限速，并按最低限速值下达调度命令。

为提高临时限速调度命令传输的准确性，便于车站列控中心将调度命令自动转换为控制指令，临时限速调度命令在调度中心以统一的"窗口方式"输入、显示、确认及回执。临时限速设置情况能在运行图终端和站场显示终端上明确显示。

在 CTC/TDCS 的车站车务终端上增加列控中心人机界面。当系统调度中心与车站失去联系时，可由车务终端进行临时限速命令的操作，其输入方式采用与调度中心基本相同的"窗口方式"。临时限速设置情况在车务终端上能够直观、明确地显示。

临时限速调度命令须经车站值班员人工签收后，方可由 CTC/TDCS 车站设备传至列控中心，确认内容为限速起点里程、速度、长度、车次、执行时间等。对于 CTC 无人职守车站，按规定在车站综合维修终端进行签收。对于站内正线临时限速，系统须前方站签收后，本站方可签收；若前方站为无人职守车站，本站签收后，由 CTC 中心设备向前方站下达临时限速调度命令并直接向列控中心发送。

2. 临时限速设置精度

限速区起点精度 100 m、限速区长度 8 档（100 m、500 m、1 000 m、1 500 m、2 000 m、3 000 m、4 000 m、6 000 m）、限速速度 5 档（45 km/h、60 km/h、80 km/h、120 km/h、160 km/h）。限速区长度超过 6 000 m 时，可按区间限速处理，并有相应的调度命令。若遇限速速度小于 45 km/h 的特殊情况，由司机按调度命令控车。

列控中心需要建立车站临时限速控制范围内线路里程、线路长度与临时限速区起点的对应关系，并根据临时限速区与对应应答器之间的距离、限速区长度、限速区速度、进路及信号机状态等信息，选择存储在列控中心中的报文，实时通过 LEU/BDU 发送给应答器。有源应答器的报文存储在列控中心中。

3. 列控中心接口

列控中心接口如图 3–5、图 3–6 所示。

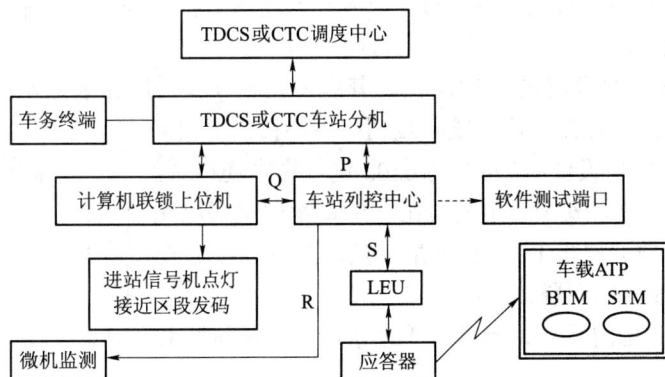

图 3–5　计算机联锁条件下的车站列控中心

1）与 CTC/TDCS 站机联接（P 口）

列控中心接收 CTC/TDCS 车站分机的时钟信息，与本身的时钟进行校对，相差超过 30 s 时采取相应的安全措施，同时报警提示。

列控中心从 CTC/TDCS 车站分机获得临时限速信息，包括起止点里程、长度、速度、时间、车次等，并将临时限速的设置结果实时向 CTC/TDCS 车站分机、调度中心反馈。

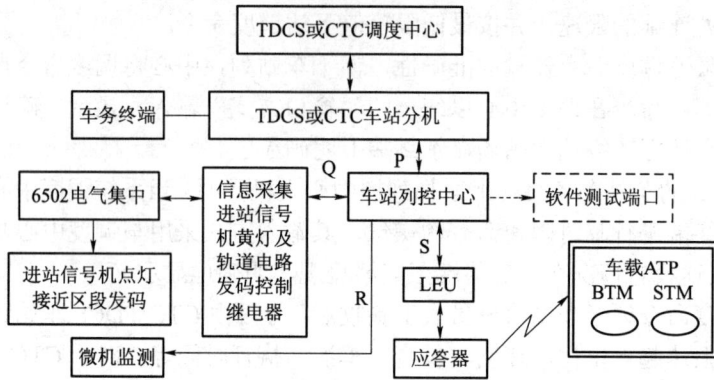

图 3-6　6502 电气集中条件下的车站列控中心

临时限速设置错误、列控中心设备与相关设备通信故障、LEU/BDU 设备故障等信息可以通过该接口发送给 CTC/TDCS 车站分机，及时在车务终端上报警。

2）与车站联锁系统联接（Q 口）

列控中心从车站联锁系统获得车站进路和相关实时信息，包括接车进路、通过进路及信号机开放等。在车站发车进路、离去区段有临时限速时，根据牵引计算及动车组制动需要，列控中心通过该接口，向车站联锁系统输出进站信号机点黄灯、接近区段轨道电路发黄码控制条件，由联锁完成控制及驱动。

3）与车站微机监测系统联接（R 口）

列控中心具有自检、自诊、监测功能，含 LEU/BDU 及其相关通道监测，通过该接口自动向车站微机监测系统传送监测信息。

4）与应答器地面电子单元（LEU/BDU）联接（S 口）

LEU/BDU 与列控中心之间采用串行通信，接收列控中心实际报文，并实时向有源应答器传送。LEU/BDU 还具有自检测、监测与有源应答器间通信状态等功能，并将检测数据通过该接口实时传送给列控中心。

P 口、Q 口、R 口物理层采用 RS-422，其中 P 口、Q 口采用冗余配置；功能仿真测试端口物理层采用 RS-232。各接口按《既有线列控中心接口协议》的规定，进行统一的接口设计。当系统与 6502 电气集中连接时，Q 口为继电器接点采集、安全继电器输出。S 口物理层采用冗余配置的 RS-485，数据层与 LEU 相匹配，基本配置连接 2 个 LEU，按上、下行线分别配置、使用。

列控中心具有完备的维护、测试、管理手段，并能进行脱机测试。

3.2.3　列控中心系统结构

列控中心的系统结构如图 3-7 所示，主要包括系统电源，2×2 取 2 安全主机、通信接口单元或接口板，以及维修终端。对于 6502 电气集中车站，为实现与电气集中的接口，通常增加安全输入/输出接口单元或接口板，用于继电器采集和驱动。

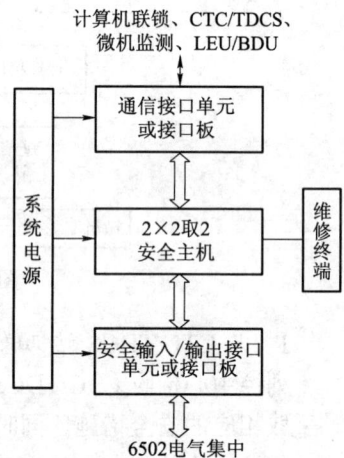

图 3-7　列控中心系统结构

既有线 200 km/h 车站列控中心由中国通信信号集团公司研究设计院、北京和利时系统工程有限公司、中国铁道科学研究院、卡斯柯信号有限公司及北京交大微联科技有限公司共 5 家研发单位分别开发，在总体结构基本一致的情况下，每种型号的车站列控中心在具体实现上存在一定的差异，下面以中国通信信号集团公司研究设计院开发的 LKD1-T 车站列控中心为例进行简要介绍。

LKD1-T 车站列控中心系统结构如图 3-8 所示。

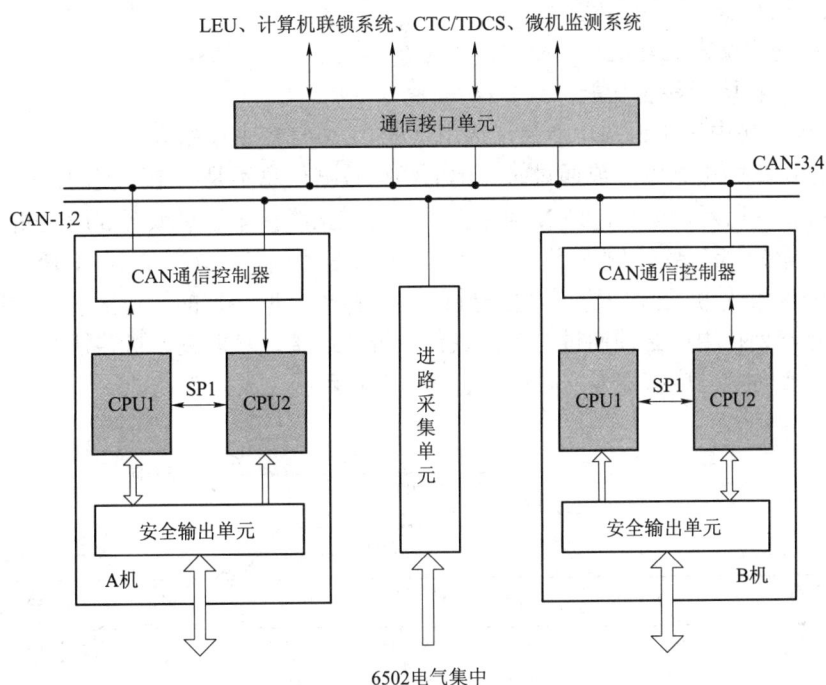

图 3-8　LKD1-T 车站列控中心系统结构

车站列控中心包含 A 机和 B 机两套主机，主机间通过 CAN 总线通信，构成双机系统。每套主机的核心是由两个 CPU 单元组成的 2 取 2 安全处理器子系统，每个 CPU 单元包含独立的处理器、时钟电路、中断处理器和存储器。两个 CPU 运行相同的程序，通过 SPI 通道进行同步，并对输入、输出数据进行比较，保证运算结果一致。主机的运算结果由 CPU1 输出，CPU2 负责对输出的结果进行校验，保证处理器运行安全。

通信接口单元由两组独立、相互备用的通信转换器组成，每组通信转换器又包含多个通道，可以同时连接 LEU、计算机联锁、CTC/TDCS 等多个系统，实现与上述系统的双通道交叉冗余连接。通信转换器的主要功能是将系统内部的 CAN 总线接口转换成外部系统需要的 RS-422 接口。通信接口单元是一个透明的通信通道，仅根据通信接口协议对数据进行格式转换，不对数据内容进行逻辑处理。

每个主机还配置有进路采集单元和安全输出单元。进路采集单元是一套带 CPU 的智能采集装置，用于采集 6502 电气集中继电器状态，并通过内部 CAN 总线，按周期向系统主机发送继电器状态信息，由主机完成 6502 进路识别功能。

车站列控中心安全输出单元用于输出安全开关量信号，控制进站信号机降级显示继电器。

安全输出单元保证输出电路异常或者系统故障时，能够切断对外输出，使系统满足故障—安全。

3.2.4　列控中心的功能与原理

根据 CTCS-2 级列控系统设计要求，既有线 200 km/h 车站列控中心必须具备以下四个主要功能：

> 接发车进路报文发送功能；
> 临时限速报文发送功能；
> 进站信号机降级显示功能；
> 6502 电气集中进路识别功能（仅适用于 6502 电气集中车站）。

当列车接近车站进站停车或通过时，地面线路数据信息不是固定不变的，而是与列车进路相关。如图 3-9 所示，车站排列 X 信号机至 I 股道正线接车进路或至 3 股道侧线接车进路时，列控车载设备所需要锁定的股道其轨道电路载频是不同的，分别是 1 700 Hz 和 2 300 Hz。另外，列车由 X 信号机至相应股道（信号机 X_1、X_3 处）所经过的轨道区段及其长度也是不一样的。因此，列控中心必须通过与车站联锁系统的连接，获取列车进路情况，选择相应进路信息报文，实时地向应答器发送，即具备"接车进路报文发送"功能。

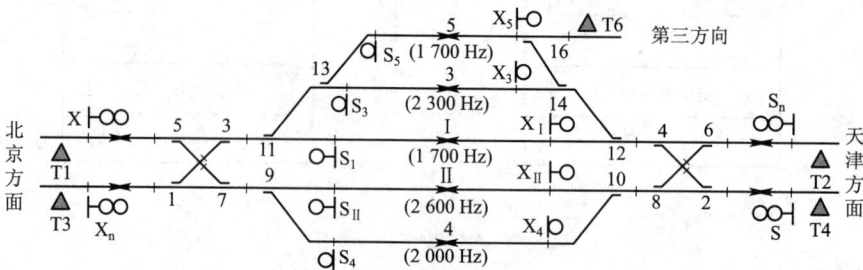

图 3-9　典型举例站场

与车站列车进路信息相同，线路临时限速的设置和取消也是随着列车运营情况而改变，比如因线路施工、天气原因等需要设置临时限速，线路恢复正常后，需要取消临时限速。因此，线路临时限速信息也必须通过车站有源应答器发送，当列车从车站发车或通过时，通过进、出站口应答器接收到前方区间和车站范围内的线路临时限速信息，控制列车按要求速度通过限速区域，上述功能即为车站列控中心的"临时限速报文发送功能"。

车站列控中心"进站信号机降级显示功能"是与临时限速相关的一个附属功能。当列控中心在站内或离去区段设置了一处临时限速，如图 3-9 所示，假定列控中心设置了以信号机 S_n 处为起点的 45 km/h 临时限速，车站长度为 2 000 m，当信号机 X 开放绿灯，列车以线路允许速度 200 km/h 通过信号机 X，并从进站口应答器 T1 收到前方 45 km/h 临时限速信息，然后开始制动，但是由于列车由 200 km/h 速度制动至 45 km/h 的距离大于车站长度（2 000 m），这将导致列车以高于限速速度进入限速区，危及行车安全。所以，遇到上述情况时，列控中心必须控制进站信号机降级显示为黄灯，保证列车在进站口时减速至较低速度，再经过一定距离的制动后，以低于限速值进入临时限速区域。

对于6502电气集中车站，列控中心不能够像计算机联锁车站一样，通过通信接口直接接收到车站进路信息，所以必须专门增加"6502进路识别功能"，通过继电器接口，识别车站所建立的进路情况，为列控中心发送正确的接车进路报文提供依据。

1. 接发车进路报文发送

1）应答器与接发车进路对应关系

车站列控中心根据车站联锁表选择相关接发车进路，并根据应答器的布置情况，建立列车进路和应答器的对应关系，针对图3-9，可以建立应答器与接发车进路对应关系表，见表3-1。表中省略了北京方面的发车进路和天津方面的接车进路。

表3-1　应答器与接发车进路对应关系表

方向		应答器	进路编号	联锁进路	方向		应答器	进路编号	联锁进路
接车	北京方面	T1	1	X至5股道	发车	天津方面	T2	100	由5股道至S_n
		T1	2	X至3股道			T2	101	由3股道至S_n
		T1	3	X至I股道			T2	102	由I股道至S_n
		T1	4	X至II股道			T2	103	由II股道至S_n
		T1	5	X至4股道			T2	104	由4股道至S_n
		T3	6	X_n至5股道			T4	105	由5股道至S
		T3	7	X_n至3股道			T4	106	由3股道至S
		T3	8	X_n至I股道			T4	107	由I股道至S
		T3	9	X_n至II股道			T4	108	由II股道至S
		T3	10	X_n至4股道			T4	109	由4股道至S

表3-1中的进路编号为在全站范围内的统一编号，并保证唯一性，每一条进路均有特定的应答器和报文与之对应。进路编号是列控中心与计算机联锁间交换的关键信息，如表所示，每个车站只定义了接车进路和发车进路编号，对于通过进路则通过接、发车进路编号组合得到，如：列控中心同时收到进路编号"3"和"102"，则表明车站建立了IG下行通过进路。

2）接发车进路报文发送过程

当计算机联锁系统排列接、发车进路并锁闭后，开始向车站列控中心发送该进路编号；进路解锁或取消后，停止进路编号发送。

对于接车进路，计算机联锁系统以进站信号机开放作为进路编号开始发送时机，以进站信号机内方首区段解锁为停止发送时机。例如：车站建立信号机X至3股道的侧线接车进路建立，信号机X开放后，计算机联锁系统向列控中心发送进路编号"2"；当列车完全进入信号机内方（或进路取消），进路内方第一个道岔区段解锁后，停止发送该进路编号。

对于发车进路，以进路锁闭作为进路编号开始发送时机，以进路末区段解锁为停止发送时机。另外，对于正线股道的直股发车进路，由于该进路锁闭后，可能是作为联锁的延续进路，并非真正排列了正线通过进路，所以计算机联锁系统还必须同时监视正线股道发车信号机（如：IG的X_I信号机）状态，该信号开放后，才能向车站列控中心发送相应的发车进路编号（如："102"号进路），信号关闭后，则立即停止向车站列控中心发送进路编号。

车站列控中心启动后，先向应答器发送默认报文，然后按以下逻辑处理报文发送过程：

（1）当接收到接车进路编号后，向应答器发送接车进路报文，直至车站联锁系统停止发送相应的接车进路编号，恢复向该应答器发送缺省报文；

（2）当接收到发车进路编号后，向应答器发送发车进路报文（临时限速报文），车站联锁系统停止发送相应的发车进路编号后，仍保持发送发车进路报文；

（3）对于保持发送发车进路报文的应答器，当接收到与之对应的接车进路编号后，则按照（1）所描述的过程发送应答器报文。

上述应答器报文发送过程及转换关系如图 3-10 所示。

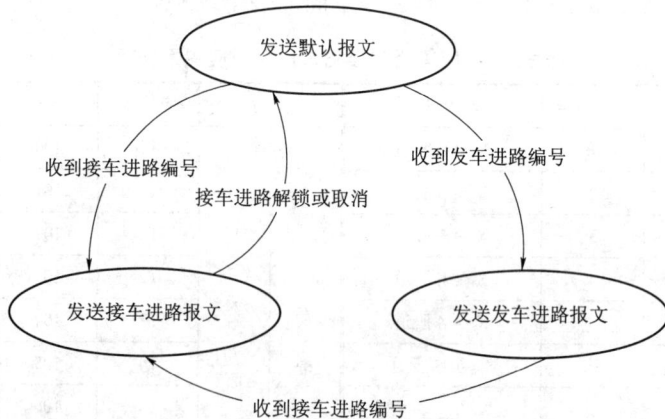

图 3-10   应答器报文发送过程及转换关系

2. 临时限速报文发送

1）临时限速管辖范围

每个应答器可以向正向或反向运行的列车发送临时限速信息，其管辖范围为本应答器至运行方向前方车站正线股道发车信号机处，如图 3-11 所示。

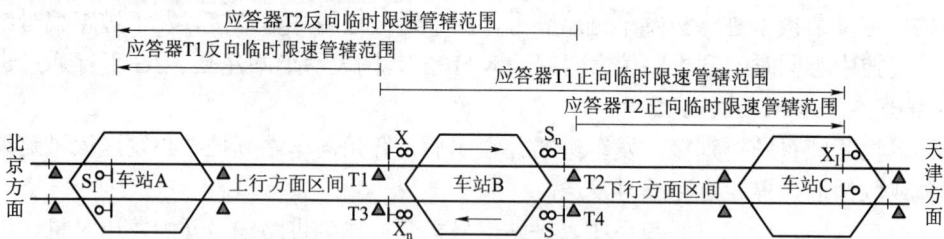

图 3-11   应答器临时限速管辖范围

由于目前的车站列控中心采取报文存储形式，每条临时限速报文只包含一个临时限速用户信息包，因此应答器一个方向管辖范围内只能有一处临时限速，即两站一区间只允许设置一处临时限速。

➤ 如果车站 B 的下行方面区间设置了临时限速，则在车站 B 站内和车站 C 接车区段均不能再设置临时限速。

➤ 如果在车站 B 站内设置了临时限速，则其上行和下行方面区间（含车站 A 和车站 C 站内接车区段）均不能再设置临时限速。

➢ 车站 B 的上行和下行方面区间可以同时设置临时限速。

另外，如果车站 B 站内正线股道设置了临时限速，该限速区同时处于车站 A、B、C 应答器的管辖范围内，因此，需要将该临时限速调度命令同时发送给上述三个车站。如果在车站 B 下行方面区间设置临时限速，则需要将该命令同时发送给车站 B、C。

假定车站 A 的 S_I 信号机至车站 C 的 X_I 信号机的距离为 40 km，根据技术要求规定的临时限速设置方式，限速起点精度 100 m，限速长度 8 挡，限速值 5 挡，可以初步估计需要存储的每个有源应答器报文数量：$N=（40×1\ 000\ m/100\ m）×8×5=16\ 000$ 条。

2）临时限速命令归档

根据应答器报文编制规则，每个临时限速区可以用三个参数唯一表示：

➢ 到临时限速区段起点的距离（D_TSR），即限速区至对应应答器的距离长度；

➢ 临时限速区段的长度（L_TSR）；

➢ 临时限速的限制速度（V_TSR）。

由于车站列控中心临时限速报文限速起点精度和限速长度值是按级分档处理，所以需要对临时限速命令进行归档处理，并要求实际设置的临时限速区必须覆盖调度命令要求设置的临时限速区范围。

如图 3-12 所示，假定临时限速调度命令为 K10+600～K10+900，限速值 45 km/h，经计算临时限速区起点距离 T2 应答器为 273 m［（K10+600）－（K10+327）］，按 100 m 精度归档，实际限速起点距 T2 应答器 200 m；调度命令要求的限速区长度为 300 m，需要将其归档为 500 m，因此，实际限速区为 K10+527 至 K10+1027。

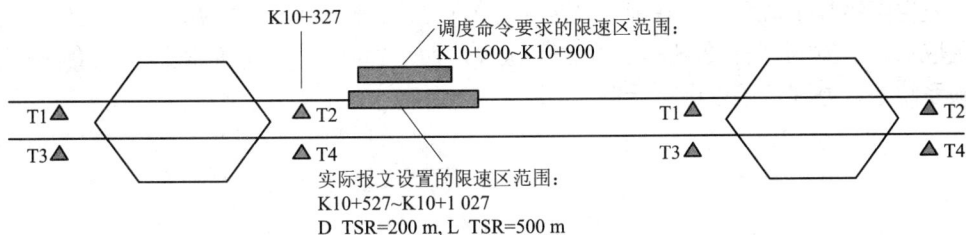

图 3-12 临时限速命令归档处理

3）报文发送与冗余

临时限速命令由调度中心发送给车站，经车站值班员确认后，通过 CTC/TDCS 车站分机发送给列控中心，列控中心收到命令后，立即选择相应的临时限速报文发送至对应应答器。

从上面介绍的"临时限速管辖"范围可以看出，对于同一处临时限速，列控中心需要向一个或多个应答器发送临时限速报文，如图 3-13 所示。

当设置区间临时限速时，若车站 B 排列了通过进路，则应答器 T1、T2 同时发送临时限速报文，信息冗余覆盖，单个应答器丢失不会影响列控车载设备接收临时限速报文。若车站 B 排列了接车进路，列车发车后，车载设备只能从应答器 T2 接收到临时限速报文，此时临时限速信息没有冗余覆盖。

当车站 C 接车区段设置临时限速时，后方车站 B 出站口应答器 T2 和本站进站口应答器 T1 同时发送临时限速报文，信息冗余覆盖，车站 C 应答器 T1 丢失，不会影响列控车载设备执行临时限速命令。若车站 B 排列了通过进路，则车站 B 应答器 T1、T2 和车站 C 应答器 T1

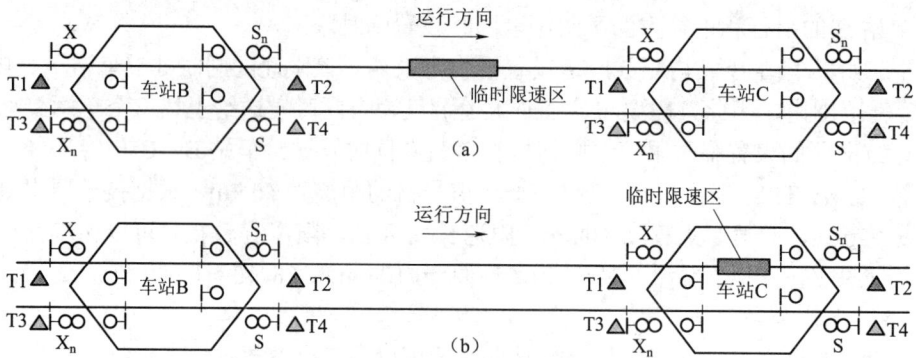

图 3-13 临时限速报文发送

(a) 区间临时限速；(b) 前方站内临时限速

同时发送临时限速报文，3 个应答器信息冗余覆盖，车站 B 应答器 T2、车站 C 应答器 T1 信息丢失，或者车站 B 应答器 T1、车站 C 应答器 T1 丢失，均不影响临时限速命令执行。

3. 进站信号机降级显示

按照列车最高运行速度、临时限速、线路限制坡度、司机确认减速信号变化时间、车载设备从接收到显示信息的时间、列车安全防护距离及临时限速目标距离的余量等计算参数，根据牵引计算，可以确定司机按照列控车载设备控车模式曲线驾驶列车从规定速度制动到临时限速的目标距离（含安全防护距离）$L_目$。

如图 3-14 所示，当临时限速区设置满足 $L_出 > 0$、$L_进 \leqslant L_目$ 时，车站列控中心向计算机联锁系统发送降级显示命令，由联锁系统控制进站信号机降级显示，接近区段发黄码，直至该限速区取消。列控中心向计算机联锁发送降级显示命令的时机只与临时限速的设置时机相关，与联锁系统是否办理了通过进路无关。

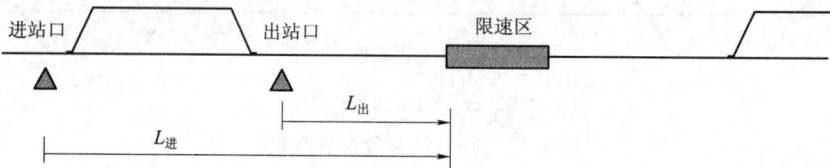

图 3-14 进站信号机降级显示逻辑

另外，如果车站发车区段设置了临时限速，当本站排列通过进路时，进站信号机均降级显示黄灯。

4. 6502 电气集中进路识别

对于 6502 电气集中车站，列控中心不能通过通信接口直接接收到车站进路信息，而要通过继电器接口识别车站所建立的进路情况，包括正确识别接车进路、发车进路、正线通过进路、具有直股发车条件的进路，接、发车进路状态监视等，为列控中心发送正确的接车进路报文提供依据。

3.2.5 列控中心通信原理

列控中心的通信接口包括与联锁系统、CTC/TDCS 系统、微机监测系统及 LEU/BDU 之间的四种通信接口，以满足列控中心与上述设备之间的信息交换。

列控中心进行逻辑运算所需要的进路信息来源于车站联锁系统，不同的列车进路具有不同的线路特征信息，根据联锁的进路开通情况，列控中心选择当前列车运行所需要的线路数据传送给列车，同时，由 CTC/TDCS 系统获得当前的临时限速命令，根据命令内容计算与限速点的距离和限速等级，最终确定所需要的应答器报文，然后通过与 LEU/BDU 的通信接口发送给地面应答器。与联锁、CTC/TDCS、LEU/BDU 的通信接口是列控中心的主要通信接口，在这些接口上传送的信息都是安全信息。

微机监测系统与列控中心的接口完成了对列控中心运行状态的实时记录功能，满足现场用户对列控中心的维护诊断、动态监测和故障分析的需求。

1. 与计算机联锁、CTC/TDCS、微机监测系统的通信

车站列控中心采用统一的标准协议实现与计算机联锁、CTC/TDCS 及微机监测系统间的通信。它们之间的通信连接关系如图 3-15 所示。车站列控中心机柜内部采用接口板或接口模块将这些通信接口集中配置。列控中心与计算机联锁、CTC/TDCS 之间为保证通信的可靠性，物理连接通道采用交叉冗余的设计方式，满足任意两台设备之间的直接通信。在正常情况下，计算机联锁、CTC/TDCS、列控中心系统内部的双机切换均不会影响到其他系统。另外在通信软件协议中采用了 CRC 校验算法、周期发送机制、接收应答和超时重发机制、通信中断检测及双机切换机制等手段保证通信的可靠性和安全性，可以满足以下功能要求：

➤ 自动检测数据类型错误；
➤ 自动检测数据值错误；
➤ 检测数据过时或者数据没有在预期时间内接收到；
➤ 在预定时间检测到通信中断；
➤ 保证安全相关的数据传输功能和所采用的具体通信接口的相互独立性。

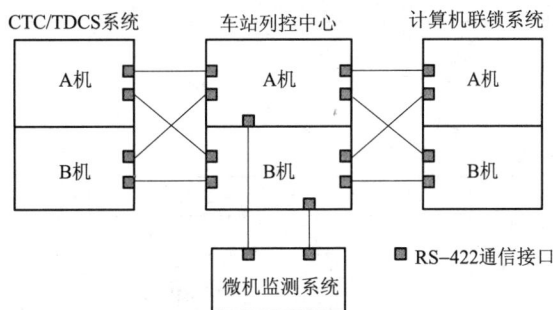

图 3-15　通信连接关系

1）与计算机联锁的通信

列控中心进行逻辑运算所需要的进路信息来源于联锁系统，不同的列车进路具有不同的线路特征信息，根据进路开通情况，列控中心选择当前列车运行所需的线路数据传送给列车。计算机联锁办理并建立了接、发车进路后，向列控中心发送相应的接发车进路信息。在办理正线通过且离去区段有临时限速时，根据列车制动需要，列控中心向计算机联锁发送相应进站信号机降级显示信息。

2）与 CTC/TDCS 的通信

由 CTC/TDCS 获得当前的临时限速命令，根据命令内容计算与限速点的距离和限速等级，最终确定所需的应答器报文，通过 LEU 发送到地面应答器。列控中心与 CTC/TDCS 间的通信数据内容包括列控中心状态报文、通信应答报文、请求临时限速命令报文、请求临时限速状态报文、临时限速命令报文、临时限速状态报文及临时限速设置异常报文。

　　3）与微机监测系统的通信

　　微机监测系统与列控中心的接口完成对列控中心运行状态实时记录的功能，满足用户对列控中心的维护诊断、动态监测和故障分析的需求。

　　列控中心把监测到的系统设备状态及接收和发送的进路信息报文、临时限速报文等信息发送到微机监测系统，由微机监测系统记录这些信息，包括列控中心状态、接发车进路信息记录、进站信号机降级显示命令记录、临时限速命令记录、临时限速状态记录、临时限速设置异常记录及发送给 LEU 的报文记录。除了"列控中心状态"信息外，其他记录信息由处于主控状态的列控中心主机发送，每条记录信息连续发送两次。如果列控中心有数据记录功能，并能够满足维护要求，可以只向微机监测系统发送列控中心状态，不发送相关记录报文。

　　2. 与 LEU/ BDU 的通信

　　LEU/BDU 是车站列控中心的输出设备，列控中心选择的应答器报文通过 LEU/BDU 转发给有源应答器。每个 LEU/BDU 最大可以驱动四个有源应答器。为实现 LEU/BDU 的冗余配置，采用两个 LEU/BDU 为一组的方式等同使用，即两个 LEU/BDU 的相同端口输出相同的应答器报文，但它们之间并不提供自动切换功能，在发生故障后仍需要人工倒换应答器电缆来隔离故障设备。既有线车站列控中心最多提供与四个 LEU/BDU 的连接端口，与 LEU/BDU 的通信连接仍采用点对点的交叉连接方式，如图 3-16 所示。

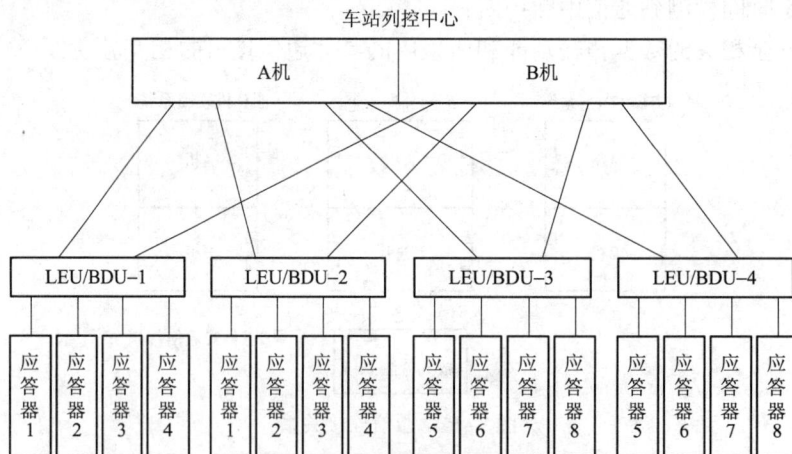

图 3-16　列控中心与 LEU/BDU 的通信连接

　　车站列控中心与 ALSTOM LEU 的通信接口，采用 RS-422 标准异步串行通信方式。车站列控中心与 CSEE BDU 的通信接口，采用标准 10BaseT 以太网通信方式。车站列控中心与 LEU/BDU 之间的软件通信协议采用经认证的安全通信协议，通过时间戳检查、接收和发送地址检查、双通道校验计算、滑动窗口接收等多种手段，保证通信过程的安全性和实时性。

　　3. 列控中心对外信息交换的内容和报文

　　1）与计算机联锁、CTC/TDCS、微机监测系统通信的报文结构

　　车站列控中心与计算机联锁、CTC/TDCS、微机监测系统的通信采用相同的报文结构，

所有的数据帧长度固定为40字节，由2个字节的帧头、1个字节的帧序号、1个字节的信息类型，33个字节的数据内容和3个字节（包含一个填充字节）的16位CRC校验码组成。

2）与计算机联锁、CTC/TDCS、微机监测系统通信的报文类型

车站列控中心与计算机联锁、CTC/TDCS、微机监测系统之间的通信包括进路信息、信号降级信息、限速命令、限速状态等报文，通过信息类型的不同定义值区分报文类型。

3）列控中心与LEU/BDU的通信内容

LEU/BDU采用透明传输的方式将列控中心的报文数据转发给有源应答器，所以应答器报文信息是LEU/BDU从列控中心接收的主要信息内容。LEU/BDU同时向列控中心返回与应答器的连接状态信息，在应答器电缆发生断路或短路，甚至在列车越过应答器的情况下，能够将相应的状态信息通过与列控中心的接口发送给列控中心以便做出相应的报警和提示。

4. 通信中断处理及双机切换

1）列控中心与计算机联锁的通信中断

联锁进路是列控中心报文选择和发送时机判断的重要数据。当列控中心与计算机联锁通信中断并且不能自行恢复的情况下，列控中心无法得知当前的进路开通情况，计算机联锁也无法获得相应的信号降级指令，通信双方都必须采取相应的故障—安全处理措施，以保证列车运行的安全。

列控中心与计算机联锁通信中断以后，由于无法确定进路开通情况，会向处于接车状态的应答器发送默认报文，列车在收到缺省报文后输出最大常用制动并控制列车按45 km/h的最高速度运行。处于发车状态的应答器，由于所指向区间的线路信息并不随站内进路的改变而发生变化，同时由于应答器报文中包含了方向信息，即使临时改变运行方向，所发送的应答器报文也不会对反方向运行的列车产生作用，所以处于发车状态的应答器可以维持原有的限速报文。

计算机联锁系统在与列控中心通信中断以后，应默认所有的进站信号机都降级显示，以防止列车产生紧急制动或因制动距离不足而超速闯入限速区段。

2）列控中心与CTC/TDCS的通信中断

列控中心与CTC/TDCS的通信中断以后，新的临时限速命令将无法下达到列控中心。为减少对调度指挥作业和运输效率的影响，按照通信协议的约定，列控中心将保持原有的限速状态，继续向应答器发送包含原有限速信息的报文。期间如有新的限速命令下达，应由车站值班员或调度员通知列车司机按新的调度命令人工控制列车运行。

CTC/TDCS在发现与列控中心的通信中断以后，应在车务终端和调度工作站上显示相应的报警信息，提示车站值班员和调度员设备故障，及时采取其他措施保证列车运行安全，并通知电务人员尽快排除故障。

3）列控中心与LEU/BDU通信中断

列控中心与LEU/BDU通信中断以后，不会改变列控中心的运行状态，但由于LEU/BDU接收不到正确的应答器报文，LEU/BDU会向应答器改发存储在LEU/BDU内部的默认报文。列控中心同时会将LEU/BDU通信中断的故障向电务维护机、CTC/TDCS系统、微机监测系统报告，车站电务人员应尽快通过倒换电缆等手段隔离和排除故障。

4）列控中心、计算机联锁、CTC/TDCS三者之间的双机切换

列控中心、计算机联锁、CTC/TDCS三者之间均采用交叉冗余的点对点连接方式，任意

两个系统之间的交换信息均以主机与主机之间的通信数据为准，备机与主机、备机与备机的通信信息交换仅用于检测物理通道的好坏，通信的实际内容不作为逻辑计算的依据。当主机与主机通信发生故障中断以后，通信双方应采用双机切换的方式恢复主机与主机的通信，备用通道中断不会导致系统动作，但应作为故障和报警信息予以记录，提示有关人员及时排除故障。

当主机与主机通道发生故障后，通信双方的任何一方进行双机切换均可以恢复主通信。为减少不必要的切换动作，通信协议在考虑设备的安全等级和对运输作业影响程度的基础上，确定了 CTC/TDCS—列控中心—计算机联锁的优先顺序。通过分配不同的中断允许时间的方法，实现切换顺序的有效控制，即在 CTC/TDCS 主机与列控中心主机通信中断以后，CTC/TDCS 站机应在 3～4 s 内进行切换，中断 6 s 仍未恢复主通信的情况下才由列控中心切换；在列控中心主机与计算机联锁主机通信中断以后，列控中心应在 3～4 s 内进行切换，中断 6 s 仍未恢复通信的情况下再由计算机联锁切换。

3.3 应 答 器

应答器是列控系统中重要的点式地—车信息传输设备，能够实现向列控车载设备传输固定信息、可变信息及定位信息。CTCS 要求采用符合 ETCS 技术规范的欧洲应答器，并根据我国铁路的实际情况，制订应答器报文使用和设备安装运用等方面的技术条件。

应答器设备向列控车载设备传送线路基本信息、线路速度信息、临时限速信息、车站进路参数、道岔信息、特殊定位信息和其他信息等。

应答器从用途上分为有源应答器和无源应答器；从外形尺寸上分为标准尺寸应答器和缩小尺寸应答器。既有线提速设备采用缩小尺寸的应答器。

应答器尺寸为 480 mm×350 mm×70 mm，树脂灌封。外形如图 3-17 所示。

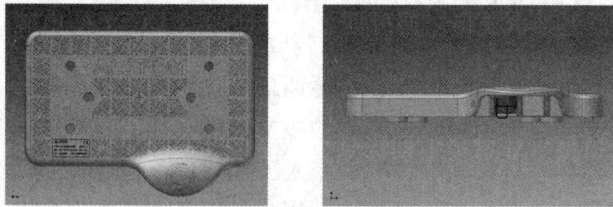

图 3-17 应答器

3.3.1 应答器系统组成

应答器系统由地面设备、车载设备构成，其中各个装置通过不同的接口连接。

1. 地面设备

应答器部分地面设备包括地面应答器、LEU（地面电子单元）和应答器报文读写工具。

1）地面应答器

地面应答器的作用是向车载设备发送点式信息，如图 3-17 所示。地面应答器可以分为无源应答器和有源应答器。

无源应答器用于发送固定不变的数据，包括线路速度、坡度、轨道电路参数、信号点类型、列控等级切换等信息，这些信息预先存储在应答器内。

有源应答器通过电缆与 LEU 连接，用于发送来自于 LEU 的报文。有源应答器可以发送实时变化的信息及固定信息，包括进站和出站口的临时限速、进路坡度、轨道电路参数、信号点类型等。当电缆断线时有源应答器可发送默认报文。

地面应答器通过接收应答器车载天线传递的载频能量获得电能而被激活进行工作，将地面应答器中的数据发送给运行的列车，通过应答器信息接收天线进行接收，传送给列控系统车载设备的 BTM 进行解码后传送至安全计算机。

2）LEU

LEU 周期接收来自于车站列控中心（TCC）的报文，并将其不断地向有源应答器发送。阿尔斯通公司的 LEU 外形如图 3-18 所示。

LEU 是一种数据采集与处理单元，当获得车站进路和相关信息，包括接车进路、发车进路、通过进路、运行方向及股道号等数据变化时，将变化后的数据或相对应的数据报文传送给有源应答器。当 LEU 与列控中心之间的通信出现故障时，可以向有源应答器发送默认报文，并给出报警信号。LEU 可实时监测与地面有源应答器之间的通信状态，一旦通信中断，LEU 可以向列控中心发送故障信息，并给出报警信号。

LEU 可以独立驱动 4 个有源应答器，获取报文间隔为 500 ms，驱动距离为 3 500 m。

每个 LEU 输出相同的报文，可以分别驱动 4 个应答器，为了在一个 LEU 故障的情况下不影响系统的正常使用，每站在列控中心设置两个 LEU，每个 LEU 连接两个应答器，预留两个端口。如果其中一个 LEU 故障，采用另一个 LEU 驱动 4 个应答器，对故障 LEU 进行返修。

3）应答器报文读写工具 BEPT

应答器报文读写工具 BEPT 的功能是完成对 LEU 和应答器的编程及维护测试等任务，包括对应答器编程（读、写、校验报文）；对 LEU 编程（读、写、校验报文）；对应答器进行全面测试；下载 LEU 维护数据；接口模拟（A、C、S 接口）。

LEU 外形及 BEPT 如图 3-19 所示。

图 3-18　LEU 外形

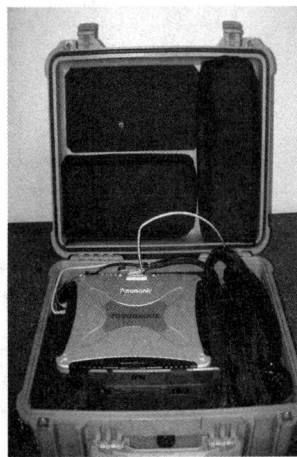

图 3-19　BEPT

2. 车载设备

应答器车载设备包括车载天线、BTM（应答器信息传输模块）。

1）车载天线

车载天线是一个双工的收发天线，可以向地面连续发送 27.095 MHz 的高频电磁能量，以激活地面应答器，还可以接收地面应答器发出的数据报文。具有自检和断线检查功能。

2）BTM

BTM 由载频发生器、功率放大器和解码器组成。

载频发生器与功率放大器用于产生激活地面应答器所需 27.095 MHz 的载频能量，并通过车载天线传递给地面应答器，为地面应答器提供时钟和电源。

解码器用于对地面应答器传递来的信息进行滤波、数字解调与处理及数据的传输。处理后的数据根据约定的通信协议通过接口传递给其他装置，如车载安全计算机及显示设备等。

应答器的车载设备部分详见第 4 章。

3.3.2　接口描述

应答器系统结构如图 3-20 所示。

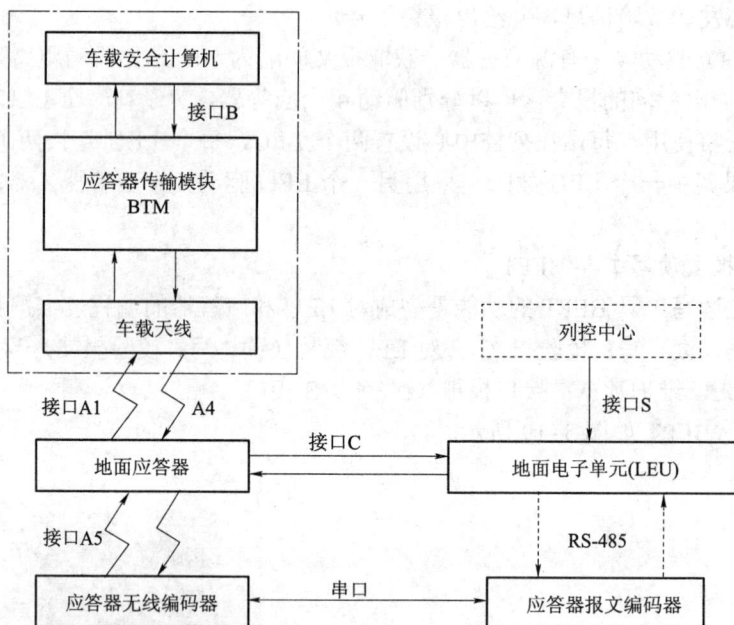

图 3-20　应答器系统结构框图

应答器车载设备由应答器传输模块 BTM 和与之相连的车载天线组成，BTM 通过接口 B 与车载安全计算机连接。应答器车载设备通过接口 A 的下行链路向地面发送激活地面应答器的 27.095 MHz 功率载波，同时由上行链路接收地面应答器发送的数据报文，通过分析接收到的数据流，找出完整的报文，形成处理好的无错码报文，经由 B 接口将报文传输给车载安全计算机。

固定信息应答器仅通过 A 接口与应答器车载设备及 BEPT 读写工具进行信息交互。可变信息应答器需要通过 C 接口与其相连的地面电子单元 LEU 实时更新其中存储的数据；地面电子单元在有数据变化时，将变化后的数据形成报文并传送给应答器进行发送。

应答器系统涉及以下接口。

1. 接口 A

接口 A 为地面应答器与车载天线设备间的通信接口，其接口定义对确保不同应答器设备间互联互通，以及信息传输的高效、安全、可靠具有重要的意义。当车载设备经过地面应答器上方时，应答器连续不断地将 1023 位的报文发出。

接口 A1 用于上行数据传输，地面应答器将数据报文向车载天线发送，采用 FSK 的调制方式，中心频率为 $(f_H + f_L)/2 = 4.234\,\text{MHz} \pm 200\,\text{kHz}$。逻辑 0（$f_L$）为 3.951 MHz，逻辑 1（$f_H$）为 4.516 MHz，偏频为 $(f_H - f_L)/2 = 282.24\,\text{kHz} \times (1 \pm 5\%)$，平均传输率为 564.48 kbps。

接口 A4 用于车载天线向地面应答器发送能量信号，信号为连续波形，电磁波频率为 27.095 MHz ± 5 kHz，地面应答器感应该电磁波信号，并将其转换成工作电源。

接口 A5 为 BEPT 对应答器读写报文的编程接口。三种信号用于编程，分别是 27 MHz 远程供电信号、4.2 MHz 上行链路信号和 9 MHz 编程信号。

2. 接口 B

接口 B 为应答器设备与车载控制设备间的通信接口，应采用 RS-422、RS-485、CAN 总线，或其他串行数据总线方式。

3. 接口 C

接口 C 为地面电子单元（LEU）与地面有源应答器间的通信接口，包括由 LEU 向地面有源应答器传输数据报文的接口 C1；由有源应答器向 LEU 传送被激活信号的接口 C4；由 LEU 向有源应答器提供接口电压的接口 C6。这 3 种接口信号同在一对电缆芯线中传输。

C1 接口传输基带信号。LEU 对 1023 位的应答器传输报文进行码型变换，将其转为 DBPL（Differential Bi-Phase-Level）码，通过电缆不间断地向有源应答器进行发送。其信号波形为方波，发送端峰峰电压为 14～16 V，传输速率为 564.48 kbps，信号传输与极性无关。

C6 接口向有源应答器提供接口电压。其信号波形为 8.82 kHz 的正弦波，发送端峰峰电压为 20～23 V，信号传输与极性无关。

4. 接口 S

LEU 与列控中心通过 S 接口进行信息交互。其采用主从方式，TCC 为主机，LEU 为从机，TCC 以 500 ms 为周期向 LEU 发送应答器报文，通信传输速率为 38 400 kbps。作为 LEU 与列控中心间的通信接口，接口 S 采用 RS-422、RS-485、CAN 总线或其他串行数据总线，采用安全通信协议。

3.3.3　LEU

LEU 按周期接收来自于车站列控中心的报文，并将其不断地向有源应答器发送。

1. 功能

LEU 是故障—安全设备，主要有以下功能：

（1）接收外部发送的应答器报文，并连续向应答器转发；

（2）接收外部发送的控制命令，根据控制命令选择一条预先存储的报文，并连续向应答器发送；

（3）存储报文；

（4）当输入通道故障或 LEU 内部故障时，向应答器发送缺省报文；

（5）当有车载天线经过有源应答器上方时，LEU 不转换新的报文；

（6）一台 LEU 可以同时向 4 台有源应答器发送不同信息内容的报文；

（7）输出开路与短路检测信息；

（8）设备自检及事件记录，并向外部设备上传。

2. 工作原理

LEU 工作原理如图 3–21 所示。

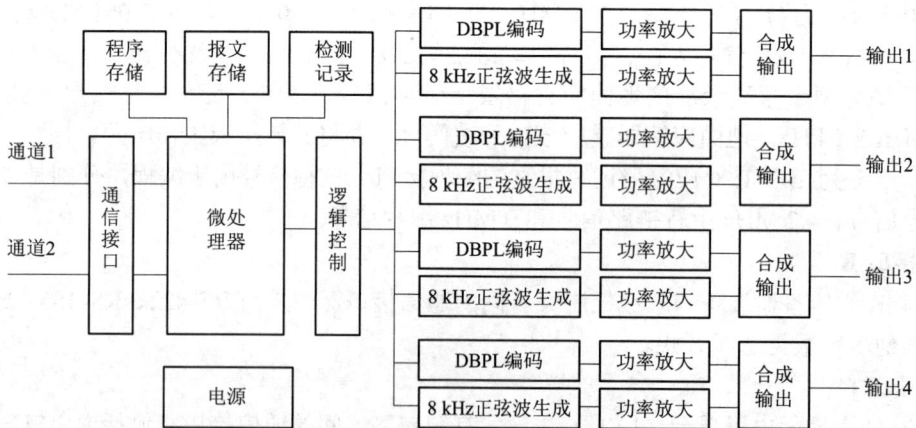

图 3–21　LEU 工作原理框图

1）报文接收

微处理器通过通信接口周期性地从列控中心接收报文，并把报文传送到逻辑控制单元，由逻辑控制单元把周期性的报文输入变为连续的报文输出。

如果由于通道故障或 LEU 内部故障，微处理器无法收到正确的报文，此时向逻辑控制单元输出缺省报文。

在采用透明传输模式时，报文存储器只存储 LEU 的默认报文，即为每一路输出存储一条缺省报文。

输入通道和接口单元是双套同时工作的。即使有一路输入通道或接口电路发生故障，也不会影响到 LEU 与列控中心之间的数据通信。

安全通信协议保证了通信的可靠性，除采用常见的编码、帧结构定义和 CRC 校验以外，还引入了时间戳概念，从而确保了通信信息的正确性、实时性、完整性及信息顺序的正确性。

2）逻辑控制单元

微处理器接收到报文以后，把报文转储在逻辑控制单元中，逻辑控制单元相当于发送缓冲器，以 564.48 kbps 的速率把 1023 位报文循环输出。

逻辑控制单元除了输出报文数据外，还产生 C6 接口所需要的 8.82 kHz 正弦波电源。

3）功率放大

报文数据信号和供电信号分别进行功率放大后，耦合到一个变压器内，实现在一对传输线上传输两种信号。

3. 结构

LEU 与有源应答器连接，向有源应答器传送可变信息的报文。下面以阿尔斯通公司的 LEU 为例进行说明。LEU 结构如图 3-22 所示。

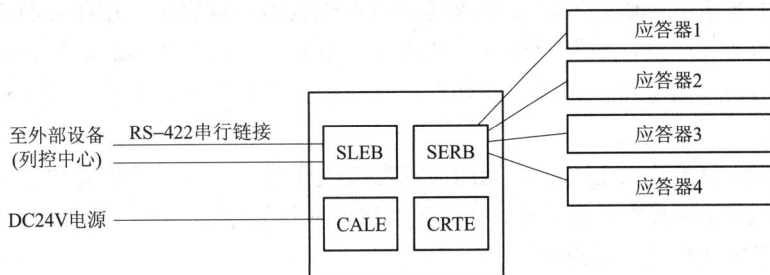

图 3-22　LEU 结构

LEU 盒内安装有母板，在母板上插接有 4 块板卡，分别为电源板、处理器板、串行通信板和输出板。

1）电源板 CALE

盒内左边第一块板卡为电源板，通过插头连接外部的 DC24 V 电源（允许输入电压范围为 DC10 V～DC35 V），并转换为 LEU 所需的工作电源。电源板上有一个绿色 LED，电源工作正常时，LED 点亮。电源板通过插座与外部电源连接。

2）处理器板 CRTE

左边第二块板卡为处理器板，是整个 LEU 的主控制器，采用 Motorola MPC860 微处理器及双套应用软件，既有线提速区段使用的 LEU 采用透明传输模式，即把接收到的报文转发到应答器。主要完成以下的工作：

➤ S 接口的安全通信管理，正确接收列控中心发来的报文；

➤ 向 4 个有源应答器转发正确报文；

➤ S 接口异常时，向 4 个有源应答器发送相应默认报文；

➤ 向列控中心传送自检结果，并存储记录。

除透明传输模式外，LEU 还可以存储约 1 000 条报文，根据外部的输入条件选择对应的报文进行输出。

3）串行通信板 SLEB

左边第三块板卡是串行通信板，通过插头与列控中心的串行通信数据线相连，是 LEU 接收报文的通道。

串行通信板作为 LEU 的串行通信接口，将 RS422 通信接口电平转换为数字信号，接收来自于列控中心的报文，并向列控中心发送 LEU 的状态信息。

串行通信板包含两路独立的 RS-422 串行接口，每路接口有 2 个 LED，一个黄色 LED，一个绿色 LED，黄灯亮表示接收数据，绿灯亮表示发送数据。

4）输出板

左边第四块板卡为输出板，输出板通过插头与应答器传输电缆连接，向 4 个有源应答器输出可变信息的报文。输出板功能是把处理器板的报文进行 DBPL 编码及功率放大。

3.3.4　应答器工作原理

应答器的主要功能是向车载设备传输可靠的地面固定信息和可变信息。

应答器系统是采用电磁感应原理构成的高速点式数据传输设备，用于在特定地点实现地面和列车之间的相互通信。地面应答器不要求外加电源，平时处于休眠状态，仅靠瞬时接收车载天线发射的功率信号进行工作，并能在接收车载天线功率的同时向车载天线发送大量的编码信息。

当列车经过无源应答器上方时，无源应答器接收来自于车载天线的电磁能量后，将其转换为电能，使地面应答器的电路工作，把存储在地面应答器中的 1023 位数据报文循环发送出去，直至电能消失（车载天线离开）。

有源应答器通过与 LEU 连接，可实时改变传送的数据报文。当与 LEU 通信故障时，有源应答器可以自动切换到无源应答器工作模式，发送默认报文。

1. 电磁感应原理

车载天线与应答器之间是按电感耦合的原理进行工作的，当能量频率≤30 MHz 时，近距离磁场起着主导作用，电场起着次要作用。这里只对近距离磁场进行简要分析。

为便于分析，将矩形线圈按面积等效成圆形线圈计算，如图 3–23 所示。

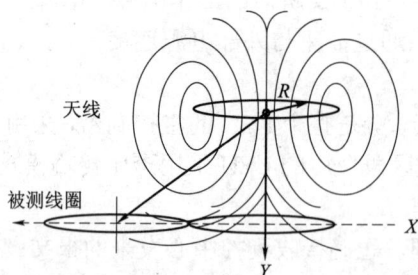

图 3–23　天线与应答器之间的作用原理图

如果被测线圈沿 X 轴方向运动，那么场强 H 随着距离 X 的增加不断减弱。当被测线圈沿线圈 X 轴方向移动距离超过圆半径 R 时，场强急剧下降，为 60 dB/10 倍距离；当移动距离超过圆半径 $3R$ 时，场强的衰减变得比较平缓约为 20 dB/10 倍距离。

当天线与应答器线圈垂直作用时，安装高度 Y 方向的场强可由式（3–1）计算：

$$H = \frac{I \cdot N \cdot Y^2}{2\sqrt{(R^2 + Y^2)^3}} \tag{3–1}$$

式中，N 为线圈匝数；R 为圆半径；Y 为 Y 轴偏离线圈中心的距离。

对于应答器来说，其电源是由感应电压获取，在应答器线圈中，应答器最小动作磁场强度 H_{min}，由式（3–2）求出：

$$H_{min} = \frac{\mu_2 \sqrt{\left[\dfrac{\omega \cdot L_2}{R_L} + \omega \cdot R_2 \cdot C_2\right]^2 + \left[1 - \omega^2 \cdot L_2 \cdot C_2 + \dfrac{R_2}{R_L}\right]^2}}{\omega \cdot \mu_0 \cdot A \cdot N} \tag{3–2}$$

式中，R_2 为输入电阻，R_L 为线圈电阻，N 为 1 匝；A 为面积，$\mu_0=1$。

上述两个公式是应答器设计的基础，在频率、线圈结构一定的条件下，可计算出应答器临界动作的最小磁场强度，进而得出天线发射功率。

2. 应答器电路板原理

应答器电路板原理如图3–24所示。

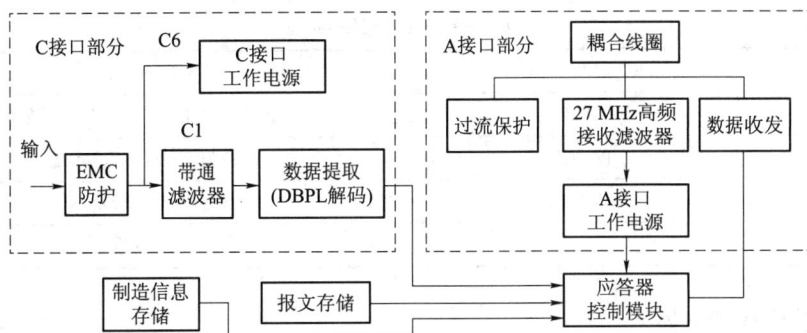

图3–24 应答器电路板原理框图

当车载天线接近应答器时，应答器的耦合线圈感应到27.095 MHz的电磁波信号，能量接收电路将其转化为电能，从而建立起应答器工作所需电源，此时应答器开始工作。

应答器控制模块是整个电路的核心，当电源建立后，应答器控制模块判断由C接口来的数据是否有效，若C接口数据有效，则控制模块将发送C接口传递来的数据；若C接口数据无效或无数据，则控制模块使用存储在报文存储器中的数据，将其进行FSK调制后，输出到数据收发模块，经功率放大后由耦合线圈发送。只要工作电源存在，控制模块就不间断地进行数据传输。

在工作过程中，一旦控制模块做出报文来源选择后（即来源于C接口还是默认报文），在这次上电工作过程中，无论C接口数据有效与否，应答器都不会改变发送的数据。

C接口工作电源只用于接口电路部分，不给控制模块和数据收发部分供电，所以即使是有源应答器也只有在车载天线出现时才能够发送数据。

制造信息存储器中的数据只能被报文读写工具读取。

3.3.5 应答器报文定义及应用原则

1. 变量定义

变量将用于对单一数据值进行编码，每个变量只有一种含义。变量可以有特殊值，且总是变量中的最大值（例如，11...111 = "未知"），与变量的基本含义有关。备用的变量数值应在正常值和特殊值之间的可变数据范围内。变量的名称是唯一的，同含义的变量具有相同的名称，所有变量的不同前缀代表不同含义，如表3–2所示。

表3–2 报文变量种类

前缀	含义	前缀	含义	前缀	含义
D_	距离	M_	其他	NID_	识别号
G_	坡道	N_	编号	Q_	限定
L_	长度	NC_	等级编号	V_	速度

2. 数据包定义

数据包是许多变量在一个单元中的组合，具有固定的数据结构。数据包结构包括一个包头：1 个唯一的编号、方向信息、信息包的长度、可选的距离标尺和包含系列定义的变量的信息区。1 个数据包结构如表 3–3 所示。

表 3–3　数据包结构

编号	NID_PACKET	信息包的标识码
方向	Q_DIR	指出信息对哪个运行方向是有效的
长度	L_PACKET	信息包所包含的数据位数
标尺	Q_SCALE	距离/长度的分辨率
信息	……	系列变量

3. 报文结构（信息帧）

应答器以报文的形式发送信息，这就需要定义报文的格式和所代表的含义。我国列控系统的应答器报文采用欧洲标准。每条应答器报文都是一个由 50 位的报文帧头、用户信息包及一个 8 位的结束包构成，共计 830 位，如表 3–4 所示。其中每个信息包都有各自的格式和定义。

表 3–4　应答器报文结构

序号	名称	变　量	位数	备　注
1	帧头	Q_UPDOWN	1	信息传输方向（0，车对地；1，地对车）
		M_VERSION	7	语言/代码版本（001 0000：V1.0）
		Q_MEDIA	1	信息传输媒介（0，应答器；1，环线）
		N_PIG	3	本应答器在应答器组中的位置（000，1；111，8）
		N_TOTAL	3	应答器组所包含应答器数量（000，1；111，8）
		M_DUP	2	本应答器与前/后应答器信息的关系（00，不同；01，与后一个相同；10，与前一个相同）
		M_MCOUNT	8	报文计数器（有源应答器缺省报文填写 0；LEU 缺省报文填写 99；TCC 缺省报文填写 254；其他填写 255）
		NID_C	10	地区编号（高 7 位，大区编号；低 3 位，分区编号）
		NID_BG	14	应答器（组）编号（高 6 位，车站编号；低 8 位，应答器编号）
		Q_LINK	1	应答器（组）的链接关系（0，不链接；1，链接）
2	用户信息包		772	信息包 1 …… 信息包 n
3	结束包		8	1111 1111，表示信息帧结束

4. 用户信息包

在欧洲标准应答器报文基础上，结合中国列控系统的特点，在用户信号包里引用了欧洲定义的应答器链接包（ETCS-5）、重定位信息包（ETCS-16）、线路坡度包（ETCS-21）、线路速度包（ETCS-27）、级间转换包（ETCS-41）、CTCS 数据包（ETCS-44）、特殊区段包（ETCS-68）、文本信息包（ETCS-72）、里程信息包（ETCS-79）、调车危险包（ETCS-132）；又根据 CTCS-2级点连式列控系统的需求，参照欧洲报文定义的格式，自定义了轨道区段包（CTCS-1）、临时限速包（CTCS-2）、反向运行包（CTCS-3）、大号码道岔包（CTCS-4）、绝对停车包（CTCS-5）五个 CTCS 数据包。CTCS-2 列控系统所用到的信息包见表 3–5 所示。

表 3–5　信息包列表

序号	信息包号	信息包名称	序号	信息包号	信息包名称
1	ETCS-5	应答器链接	9	ETCS-79	里程信息
2	ETCS-16	重定位信息	10	ETCS-132	调车危险
3	ETCS-21	线路坡度	11	ETCS-254	默认信息
4	ETCS-27	线路速度	12	CTCS-1	轨道区段
5	ETCS-41	等级转换	13	CTCS-2	临时限速
6	ETCS-44	CTCS 数据	14	CTCS-3	区间反向运行
7	ETCS-68	特殊区段	15	CTCS-4	大号码道岔
8	ETCS-72	文本信息	16	CTCS-5	绝对停车

每一个应答器中的用户信息包是根据实际应用的需要由以上 1 个或几个不同的信息包组合而成。各信息包数据参见附录 B。

按照系统设计要求，将上述信息包组合成 830 位报文后，为了保证传输的安全性和可靠性，要按照欧洲标准对其进行编码，形成 1023 位的传输报文。应答器、LEU、列控中心中存储和传输的都是 1023 位的报文。

1）应答器链接

应答器链接信息包主要描述各链接应答器之间距离，以及当应答器丢失或故障导致链接失败后，ATP 设备采取的措施等内容。信息包中，变量"Q_LINKREACTION"值一般选用"10"，表示当链接失败后，列车采取的措施为"无反应"，即地面设备不强制列车制动，由 ATP 设备根据车载既有的数据，采取相应的措施控制列车安全运行。但是，在特殊情况下，当链接失败后，如果 ATP 利用既有的数据控制列车运行存在安全隐患，则应根据需要，"Q_LINKREACTION"为"01"，为常用制动，保证行车安全。

2）重定位信息

重定位区段长度为本应答器组开始至进路终点的距离。

3）线路坡度

应答器线路坡度数据应以线路实际的坡度数据为依据，按 1‰分辨率向安全侧进行取整，按如下原则合并后作为应答器线路坡度数据存入应答器。

> 坡度信息距离分辨率为 1 m（变坡点的位置误差为 ±5 m）。
> 合并坡道 i_h 按式（3–3）计算后，取合并坡道 i_1、i_2 中的最不利坡道存入应答器。

$$i_{h} = \frac{H_2 - H_1}{l_h} \times 1\,000 \qquad (3\text{–}3)$$

式中，H_2、H_1 为合并坡段的线路纵断面始终点标高，l_h 为合并段长度。

合并坡段中的任一实测坡道长度，必须符合式（3–4）方可合并。

$$l_i \leqslant \frac{2\,000}{\Delta i} \qquad (3\text{–}4)$$

式中，2 000 为经验常数，$\Delta i = |i_h - i|$，为合并坡度与合并地段中任一实测坡度差的绝对值。

> 到发线线路坡度与正线一致。进站信号机（含反向）处应答器组线路坡度，接车方向坡度取应答器所描述的数据范围内不同线路坡度合并后的值，发车方向按线路实际坡度填写；出站信号机处坡度数据取发车线路坡度合并后的值。
> 对于坡度变化较多的特设区段，应答器容量不能满足时，在满足闭塞分区划分的条件下，可根据应答器容量，可对坡度向安全侧取整后再合并；在应答器管辖范围内，冗余覆盖部分可采用归档合并办法处理；数据余量部分可采用最不利坡度和数据。

应答器"线路坡度"报文中的第一组数据定义为，以本应答器为起点至列车运行前方第一个线路坡度变化点间的线路坡度参数；第二组数据定义为，从第一个线路坡度变化点至列车运行前方第二个线路坡度变化点间的线路坡度参数，其他以此类推；以"G_A"=255 表示对坡道的描述结束。

4）线路速度

应答器线路速度数据应以线路实际的列车允许运行速度为依据，按 5 km/h 分辨率向安全侧进行取整，作为应答器线路速度数据的依据存入应答器，地面不考虑速度对车头车尾的有效性。

侧线进路中走行的正线区段从进站信号机处绝缘节到侧线道岔岔尖的速度值应与线路速度表中的正线速度值一致。侧线股道线路速度应与其衔接的道岔中号码最大的道岔侧向允许速度一致，且不应高于站台限速。

应答器"线路速度"报文中的第一组数据定义为，以本应答器为起点至列车运行前方第一个线路允许运行速度变化点间的线路速度参数；第二组数据定义为，从第二个线路允许运行速度变化点至列车运行前方第二个线路允许运行速度变化点间的线路速度参数，其他以此类推；以"V_DIFF"=127 表示对线路速度的描述结束。

同一线路区段对于某些特殊列车可有不同的列车允许运行速度。如无特殊列车速度要求，应答器"线路速度"报文中"包含列车类型的数量"一项内容为"0"，"NC_DIFF"、"V_DIFF"项内容取消。

5）列控等级转换

列控等级转换原理如图 3–25 所示。

列控系统级间转换应在区间列车较少使用制动的区段进行，转换区段设预告点应答器（2）或预告点应答器（4）和执行点应答器（3）。执行点应答器（3）应设置在信号机或信号点处（一般建议设在区间第一架通过信号机或信号点处）。

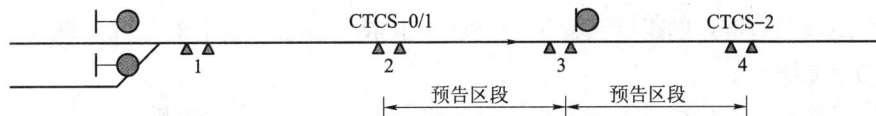

图 3-25　列控等级转换原理

对于由 CTCS-1/0 向 CTCS-2 转换，应在级间转换区间的正向发车站出站口处设置有源应答器（1），负责向列车传送该区间临时限速信息；预告点应答器（2）应提供产生 CTCS-2 监控曲线所需的全部数据参数。

等级转换信息包中变量"转换的非 ETCS 等级（NID_SIM）"仅在变量"转换的 ETCS 等级 M_LEVELTR=1（STM）"时有效。

等级转换点外方确认区段长度变量 L_ACKLEVELTR 值，为列车从等级转换点开始，按照线路最高允许速度运行 5 s 的走行距离。

6）CTCS 数据

用户数据包主要是用来嵌套用户自定义的 CTCS 用户信息包，如轨道区段、临时限速、区间反向运行等。每个 ETCS-44 只能嵌入一个 CTCS 信息包。

7）特殊区段

通过"特殊区段"报文，可以向机车乘务员实时反映列车运行前方的一些特殊情况。当前方有无电区时，应发送该信息。

如通过特殊区段后，列车状态应恢复进入前的状态，"特殊区段"报文中标志"Q_TRACKINIT"项标志=1，并由"D_TRACKINIT"项给出本应答器到恢复点的距离。

8）文本信息

文本信息包用于提供运行方向前方车站的名称，一般在列车进站外方三个闭塞分区开始显示，出站进入区间后，文本显示消失。该文本信息一般宜放置在进站外方三个闭塞分区处的无源应答器组中。

隧道、特大桥及对行车有特殊要求的桥梁名称应在隧道或桥梁外方 2 000 m 时开始显示该信息。

车站名称为辅助信息，不受车载模式和工作等级的限制，当区间无源应答器组接近该显示区域时，应发送文本显示信息。

文本信息编码每个汉字利用两个字节表示，字库编码采用 GB18030 字库。

9）里程信息

里程信息包原则上在进出站信号机无源应答器、区间无源应答器中设置。

线路公里标计数方向，指定列车以不同方向经过里程应答器组时，线路公里标的增大或减小。当变量 Q_MPOSITION=1（相同）时，如果列车正向通过该应答器组时则公里标正计数（增大），如果列车反向通过该应答器组时则公里标倒计数（减小）；当变量 Q_MPOSITION=0（相反）时，如果列车正向通过该应答器组时则公里标倒计数（减小），如果列车反向通过该应答器组时则公里标正计数（增大）。

该信息包采用双向有效，描述的公里标信息 M_POSITION 为应答器组安装位置处的公里标。

在长短链边界及不同运营里程坐标系变化点，该信息包为单向有效，通过变量 D_POSOFF

描述应答器距该长短链点的距离,变量 M_POSITION 描述长短链后的里程信息。

10)调车危险

通过应答器向列车传送"调车危险"报文信息包,当列车以调车模式越过该应答器组后触发紧急制动。

11)轨道区段

轨道区段是构成闭塞分区的基本单元,一个闭塞分区可由多个轨道区段组成。一个闭塞分区长度为相邻两架信号机或信号点之间的各轨道区段长度之和。

"轨道区段"报文中描述的第一个轨道区段起始点为本应答器前方的第一个轨道区段;到本应答器所描述的第一个轨道区段起始点的距离由"轨道区段"报文中"D_SIGNAL"变量给出。"轨道区段"报文中"DIN_SIGNAL"定义的是该轨道区段出口处的信号机或信号点。一个闭塞分区由多个轨道区段构成时,中间分割点"DIN_SIGNAL"定义为"没有信号机"。

排列反向站间运行进路时,当区间发送 27.9 Hz 轨道占用检查码,闭塞分区处的信号机类型定义为"没有信号机";当区间发送追踪码序时,闭塞分区处的信号机类型定义为"通过信号机"。

在 CTCS-2 级客运专线中当排列侧线接车进路,岔区轨道电路采用 ZPW-2000 系列轨道电路时,对于有效机车信号信息区段的轨道区段信息包载频按实际载频填写。

12)临时限速

临时限速信息包主要用来描述在临时限速管辖范围内,临时限速的起点、长度、速度等信息。

"临时限速"报文中,"临时限速信息有效区段的长度"项内容定义了该应答器临时限速的有效范围,当列车头部越出该范围后,应触发常用制动减速至 45 km/h 后制动缓解。

在 CTCS-2 级区段,"临时限速信息有效区段的长度"应连续覆盖,对于应答器临时限速有效区段长度衔接处不能重叠的区域,应延伸 80 m 作为重叠区。

对于管辖范围内无限速报文,限速长度 L_TSR 与管辖范围 L_TSRarea 相同,到限速点的距离 D_TSR=0,速度 V_TSR 为管辖范围内的最高线路速度。该情况下,列车将根据按照线路最高速度运行。

应答器临时限速管辖范围至少应包含至前方站(含中继站)第二个提供同方向临时限速信息的应答器组并延伸一个制动距离,如图 3-26 所示。

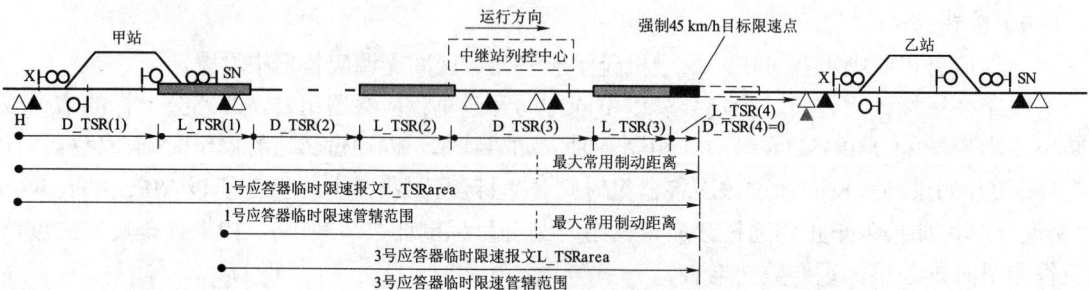

图 3-26　临时限速范围示意图

13)区间反向运行

区间反向运行信息包主要描述了列车反向运行的起点,长度等信息。该信息包一般存储于进站和出站口处的有源应答器中，当区间反向运行轨道电路发送轨道占用检查码（27.9 Hz），没有发送追踪码序时，通过该信息包给列车发送反向运行的起点及反向运行的长度。在列车接收到该信息包后，当列车在该信息包描述的起点处接收到 27.9 HZ 的低频信息后，按照反向运行模式运行。如图 3–27 所示，反向运行包中变量 "L_REVERSEAREA" 值为从本站反向出站信号机至下一站反向进站信号机的距离，即反向运行区间的长度。

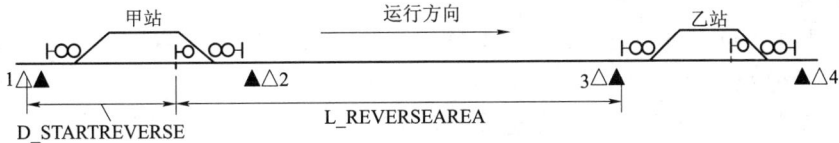

图 3–27　反向运行信息管辖范围示意图

14）大号码道岔（18 号以上道岔）

在大号码道岔前产生 U2S 码的轨道电路入口处应设置一个有源应答器（组），根据道岔区段空闲条件，给出道岔侧向允许列车运行的速度。

根据道岔区段空闲条件，给出道岔侧向允许列车运行的速度。

当大号码道岔侧向允许列车运行的速度小于或等于 80 km/h 时，应答器不应发送 "大号码道岔" 报文。

15）绝对停车

到发线出站信号关闭时，该处的应答器组发绝对停车报文，车载设备在完全监控、部分监控、调车监控、机车信号等各工作模式下接收到该报文均应触发紧急制动。车载设备在目视行车模式下不处理该信息包。

3.3.6　应答器编号

每个应答器（组）都有一个编号，并且该编号在全国铁路范围内是唯一的，适用于中国铁路的列车运行控制区段。

在每一条应答器报文的帧头中，都包含该应答器（组）的编号及每个应答器在组中的位置；在报文的链接信息包提供了所链接应答器的编号。

每个应答器（组）的编号由大区编号、分区编号、车站编号及应答器单元编号共同组成，所以，应答器编号表示为大区编号—分区编号—车站编号—应答器单元编号（应答器组内编号）。

1. 大区编号

全国铁路按区域划分大区。大区编号由 3 位十进制数字表示，编号范围为 1～127。以现行电务段或客运专线区域为参照，根据其管辖范围内车站的数量，每个区域可分配 1～3 个大区编号。

铁道部已经分配了大区编号，在设计中需要按文件执行，如北京电务段（1）的大区编号为 001。新增、调整大区编号时，需要由路局（公司）向铁道部申请，批复后方可实施。大区编号及范围保持相对固定，不随电务段或客运专线的管辖区域变化而变化。

2. 分区编号

分区编号由 1 位十进制数字表示，编号范围为 1～7。

在大区编号内，以线别和车站分区情况进行分区编号，原则上同一线别的车站应尽量分配在同一分区内，车站数量较多时可以分配多个分区；车站数量较少时，多个线别可合并在一个分区内。

铁道部对既有线 CTCS-2 级区段分配了分区编号，在设计中需要按文件执行，如北京电务段（1）内的京广线的分区编号为 1。新增、调整分区编号时，需要由路局（公司）向铁道部申请，批复后方可实施。

3. 车站编号

车站编号由 2 位十进制数字表示，编号范围为 1～60。一个分区内的车站数量一般按不超过 50 个进行分配。

原则上按照分区内车站的下行方向顺次进行车站编号，当多个线别合并在一个分区时，线别之间车站编号留出适当余量，既有分区内增减车站时，不得影响其他车站编号。

车站编号由路局（公司）和工程设计部门按照应答器编号规则纳入工程设计，并报铁道部核备。

4. 应答器单元编号

应答器单元编号由 3 位十进制数字表示，编号范围为 1～255。

对车站管辖范围内（含区间）的全部应答器（组）进行统一编号，以列车正运行方向或用途为参照，按正线贯通、从小到大的原则进行编号，下行编号为奇数，上行编号为偶数。

当增减应答器时，应不影响应答器单元编号，同时要注意的是，相关应答器的报文内容（有链接关系的）需要做相应的改变。

5. 组内编号

每个应答器组可由 1～8 个应答器组成，以列车正运行方向为参照，列车首先经过的应答器为①，其他顺次编号，组内第一个应答器的三角形符号下带有小竖线，如图 3–28 所示。

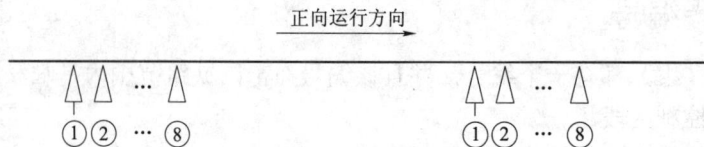

图 3–28　应答器组内编号

在应答器报文帧头中的变量 N_PIG 描述本应答器在组中的位置。

6. 命名规则

应答器编号相当于身份识别，从编号中很难看出其特征及安装位置信息，不便于维护和管理，因此，除编号外，每个应答器（组）应有其名称。

应答器命名以 B 开头，后面加里程标或信号机名称，其中里程标参照区间通过信号机命名规则执行；站内信号机处的应答器组后加信号机名称，设置在股道中央的定位应答器组后加股道名称。

7. 应答器编号及命名示例

在图 3–29 中，应答器位于 045 号大区、1 号分区、23 号车站，在信号平面布置中表示为 045-1-23，放置于车站名称下方。

7238 通过信号机处的应答器，命名为 B7238，单元编号为 002，图中标识为 B7238/002，最终档案编号为 045-1-23-002。

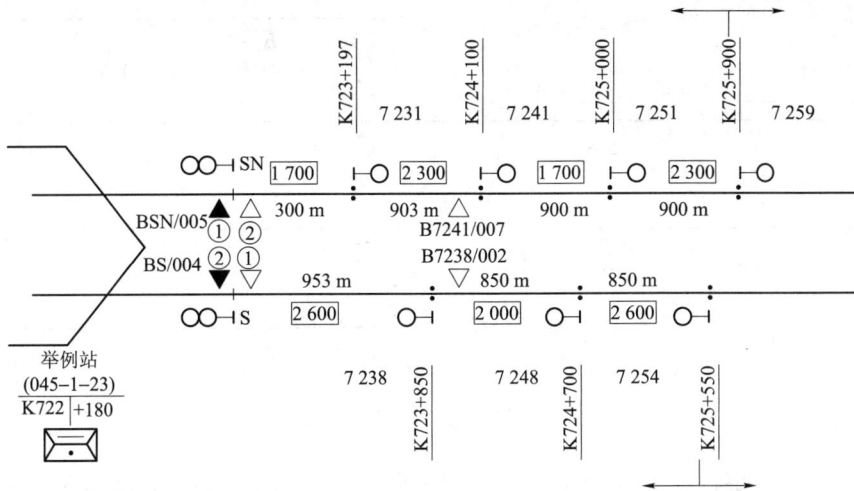

图 3-29 应答器编号及命名示例

上行进站信号机处的应答器组，命名为 BS，单元编号为 004，图中标识为 BS/004，并用 ①和②表示两个应答器在组中的位置，最终档案编号分别为 045-1-23-004-1、045-1-23-004-2。

3.3.7 应答器设置

1. 区间应答器组【Q】设置

在 CTCS-2 级客运专线，可间隔一个闭塞分区设置区间无源应答器组，用于列车定位和向 CTCS-2 级车载设备发送线路允许速度、线路坡度、轨道区段及特殊区段等线路固定信息，如图 3-30 所示。

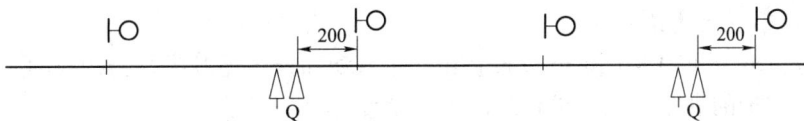

图 3-30 区间应答器组设置示意图

应答器组内距离闭塞分区较近的应答器，距闭塞分区入口（200±0.5）m。

当进站口发送反向线路数据的无源应答器容量不能满足要求时，应在区间设置反向中继应答器组（FQ）。反向中继应答器组可与区间应答器组共用，当区间应答器组容量不能满足要求时，可增加无源应答器发送反向线路数据。

2. 车站应答器组设置

1）进站信号机应答器组【JZ】设置

进站信号机（含反向）外方（30±0.5）m 处设置由一个有源应答器和一个及以上无源应答器构成的应答器组，如图 3-31 所示。

正向进站信号机无源应答器组发送线路允许速度、线路坡度、轨道区段及调车危险等反向线路数据和正向线路坡度信息。反向进站信号机无源应答器组发送线路坡度、线路允许速度、轨道区段、调车危险等正向线路数据和反向线路坡度信息。有源应答器（含反向）根据区间运行方向发送接车或发车方向应答器链接信息、临时限速信息和正向的特殊区段信息。

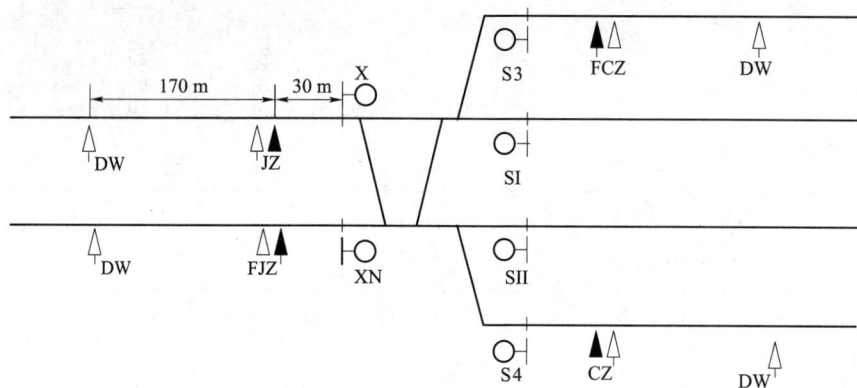

图 3-31　进站应答器组设置示意图

当排列侧向接车进路且区间运行方向为接车方向时，发送应答器链接、线路允许速度、轨道区段及临时限速等信息。

2）出站信号机应答器组【CZ】设置

在车站到发线和有图定转线作业的正线出站信号机设置由一个有源应答器和一个无源应答器构成的应答器组。对客货共线的客运专线，出站信号机处的应答器组安装在出站信号机绝缘节前方（65±0.5）m 处。对仅开动车组的客运专线，到发线出站信号机处的应答器组安装在出站信号机绝缘节前方（20±0.5）m 处，正线出站信号机处的应答器组安装在出站信号机绝缘节前方（30±0.5）m 处。

无源应答器用于发送对发车方向有效的线路坡度信息和里程信息。当发车信号关闭时，有源应答器发送发车方向有效的停车报文，该报文只含绝对停车信息包；当发车信号开放后，发送对发车方向有效的应答器链接、线路允许速度、轨道区段、临时限速及特殊区段等信息。

3）进路应答器组【JL】设置

进路信号机外方（30±0.5）m 处设置由一个有源和一个无源应答器构成的应答器组。当该进路信号机防护的进路为唯一进路时，可不设置有源应答器。

当设置有源应答器组时，发送进路信息、临时限速信息和特殊区段信息，当设置为无源应答器组时，发送线路数据。

4）调车应答器组【DC】设置

对于有调车作业并有可能危及正线列车运行安全的调车信号机外方（15±0.5）m 处设置由一个有源应答器和一个无源应答器构成的应答器组。

当调车信号关闭时，该应答器组发送调车危险信息，当调车信号开放时，该应答器发送空信息。

3. 定位应答器【DW】设置

车站进站信号机（含反向）外方（200±0.5）m 处设置由单个应答器构成的应答器组，用于列车定位。

于仅开行动车组的客运专线车站各股道中间设置由单个应答器构成的应答器组，用于列车停车定位。

4. 中继站应答器组【ZJ】设置

在上下行线路靠近区间中继站的位置，均应单独设置两组各由一个有源应答器和一个无源无源应答器构成的应答器组，用于发送临时限速和线路数据，两个应答器组之间的距离为（100±0.5）m，组内第二个应答器为有源应答器，如图 3-32 所示。

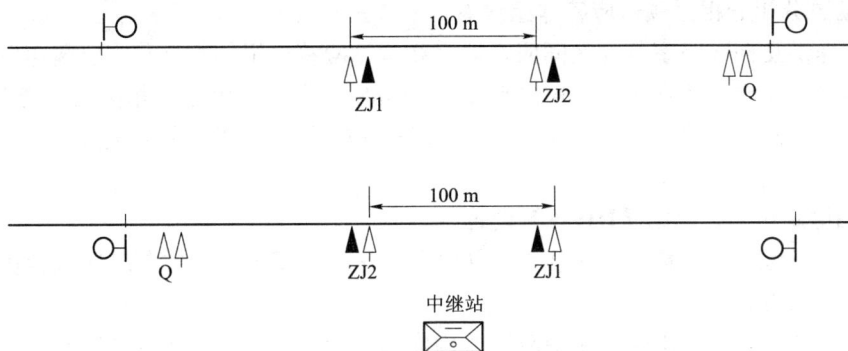

图 3-32　中继站应答器组设置示意图

有源应答器根据区间方向发送应答器链接信息和临时限速信息，中继站应答器组不能与其他应答器组合并。

5. 等级转换应答器组设置

1）C0/C2 等级转换预告应答器组【YG0/2】设置

在 C0/C2 等级转换点两侧设置 C0-C2 或 C2-C0 的等级转换预告应答器组，该应答器组由 2 个无源应答器构成，距转换点的距离应大于列车按等级转换点处线路最高允许速度运行 5 秒的走行距离。等级转换点处线路最高允许速度不得大于 160 km/h。

C0-C2 转换预告应答器组应发送 C2 区段应答器链接、线路速度、线路坡度、轨道区段、特殊区段和等级转换预告等信息；C2-C0 转换预告应答器组应发送 C0 区段应答器链接、线路速度、线路坡度、轨道区段、特殊区段和等级转换预告等信息。

2）C0/C2 等级转换执行应答器组【ZX0/2】设置

等级转换执行点应设置在区间列车较少实施制动的区段，并且该区段内应避免存在分相区。在距闭塞分区入口（30±0.5）m 处设置等级转换执行应答器组，如图 3-33 所示。等级转换执行应答器组应发送 C0-C2 方向的【ETCS-41】等级转换信息。

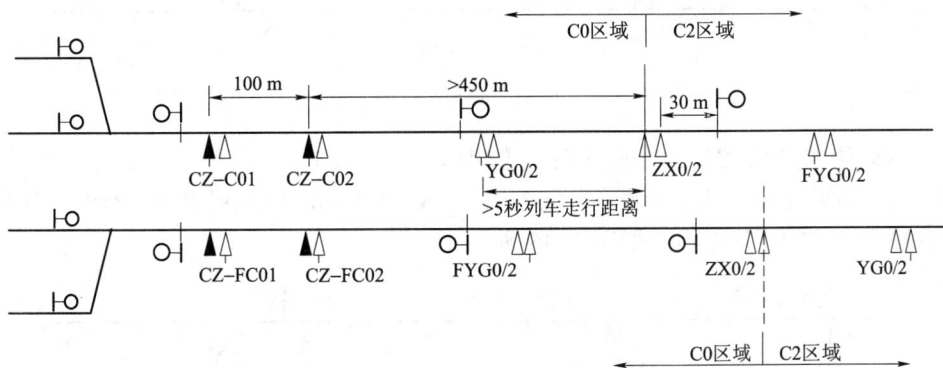

图 3-33　等级转换应答器组设置示意图

3）C0 站应答器组设置【CZ-C0】设置

C0 车站出站口（含反向）设置两组有源应答器和无源应答器构成的应答器组，给列车发送线路数据和临时限速信息。两个应答器组之间的距离为（100±0.5）m，距离等级转换点最近的应答器组距转换边界应大于 450 m。

6. 自动过分相分相区预告应答器组设置

当用于提供正向线路参数的区间应答器组和车站应答器组的数据范围已覆盖分相区时，这些应答器组应发送"特殊区段"信息包【ETCS-68】，同时作为过分相区的预告应答器组。

反向运行，按列车反向运行最高允许速度运行 17 s 的运行距离外方最近的区间应答器组应发送反向过分相预告信息。

7. 分相区定位应答器组【DW-F】设置

过分相区附近不宜设置等级转换点，如过分相区在等级转换点的制动距离范围内，应改变等级转换点位置。

过分相定位应答器组由两个无源应答器构成，用于列车进入分相区的精确定位和发送过分相信息。该应答器组位于分相区外方且至分相区的距离应为列车按该区段线路允许速度运行 5 s 的距离±0.5 m，如图 3-34 所示。

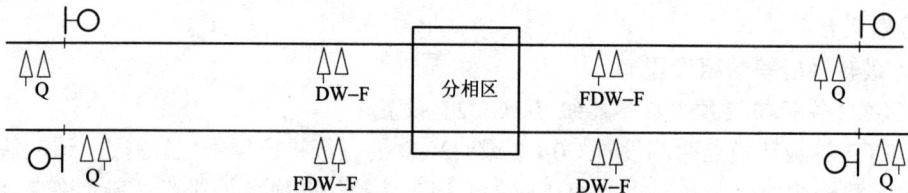

图 3-34　过分相应答器组设置示意图

8. 断链应答器【DL】

在长短链边界设置长短链专用的单个应答器构成的定位应答器组，此应答器组分别发送正向和反向的里程信息包【ETCS-79】为单向有效，如图 3-35 所示。

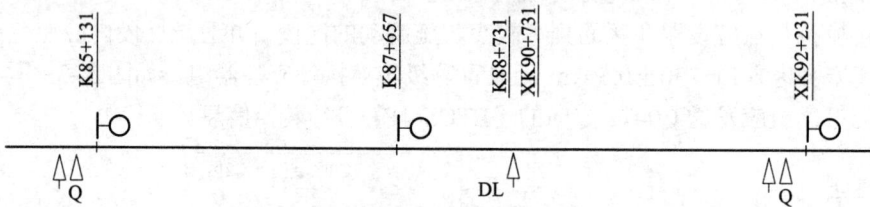

图 3-35　断链应答器组设置示意图

9. 大号码道岔（18 号以上）应答器组【DD】

在距大号码道岔外方第二个闭塞分区入口（200±0.5）m 处设置由一个有源应答器和一个无源应答器构成的应答器组，如图 3-36 所示。

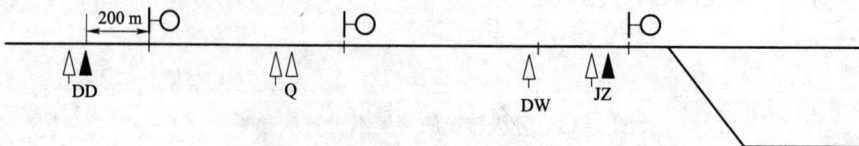

图 3-36　大号码道岔应答器组设置示意图

反向接发车进路不发送大号码道岔信息包。对于侧进侧出通过进路，由进站口有源应答器预告发车进路上的大号码道岔侧向允许速度。

无源应答器发送正向运行方向有效的线路坡度、线路速度和反方向链接信息。

当排列经大号码道岔的侧向接车进路时，该有源应答器根据进路状态和相关临时限速信息发送大号码道岔信息、应答器链接信息和轨道区段等信息。

当列车进路为道岔直向或列控中心故障、LEU 故障、电缆断线时，大号码道岔应答器组作为区间无源应答器组使用，该有源应答器发送应答器链接、轨道区段信息。

复习参考题

1. 简述 CTCS-2 列控系统的基本工作原理。
2. 简述 CTCS-2 列控系统的地面设备的主要构成。
3. 简述列控中心的结构及功能。
4. 简述列控中心的通信原理。
5. 应答器系统是由哪些设备构成的？
6. 简述应答器的主要接口。
7. 简述应答器的工作原理。
8. 简述 LEU 的结构并说明各板卡的功能。
9. 简述应答器报文的构成。
10. 说明应答器编号 045-1-23-004-1 的含义。

第4章

CTCS-2 级列控车载设备

【本章内容概要】

本章以 CTCS2-200H 型列控车载设备为例，介绍列控车载设备的功能与结构、列控车载设备的工作模式、人机界面 DMI、列控车载设备的操作。在列控车载设备的功能与结构中，对列控车载设备各组成单元的结构与功能作了重点阐述。列控车载设备的工作模式介绍了完全监控模式、部分监控模式等八种工作模式。人机界面 DMI 部分重点论述界面显示规范、按键、语音及声音和故障表示。列控车载设备的操作主要介绍 DMI 操作、车载设备的上电操作与运用操作、车载设备故障的应急处理方法。

【本章学习重点与难点】

学习重点：包括列控车载设备的功能，列控车载设备各组成单元的结构与功能，DMI 的界面显示规范、按键、语音及声音，DMI 操作。

学习难点：列控车载设备的工作模式。

列控车载设备安装在列车上，以接收到的地面信息为基础，生成连续式速度监控曲线，监控列车安全运行。本章以 CTCS2-200H 型列控车载设备为例进行介绍。

CTCS2-200H 型车载列控系统，是在日本数字 ATC 系统的基础之上，根据我国 CTCS 技术标准的要求引进开发的新一代列车控制系统，属于一种新型 ATP 系统。动车组的两端各安装一套独立的列控车载设备，运行中只有动车组行进方向段的车载设备工作。

4.1 列控车载设备的功能与结构

4.1.1 列控车载设备的功能

CTCS2-200H 型列控车载设备由车载安全计算机（VC）、轨道电路信息接收模块（STM）、应答器信息接收模块（BTM）、继电器逻辑单元（RLU）、数据记录单元（DRU）、人机界面（DMI）、速度传感器、轨道电路信息接收天线、应答器信息接收天线等组成。

CTCS2-200H 型列控车载设备的基本功能包括以下几个方面。

1. 应答器信息接收与处理

列控车载设备通过应答器信息接收天线和应答器信息接收模块（BTM）从地面应答器获取地面信息，包括：前方线路信息、列车位置、列车的运行方向、进路参数、临时限速信息等。

2. 轨道电路信息接收与处理

列控车载设备通过轨道电路信息接收天线和轨道电路信息接收模块（STM）获取轨道电

路信息，根据《机车信号信息分配及定义》（TB/T 3060—2002）解析轨道电路信息。

3. 测速测距、轮径补偿、防滑防空转

列控车载设备采用 AG43 型速度传感器实时监测列车运行速度，通过主机的拨码开关进行轮径补偿系数的设定，根据速度传感器的脉冲和轮径补偿系数计算实际走行距离，并根据轨道电路载频变化和应答器信息进行距离校正。当检测到异常加速度时，判断为出现空转或滑行现象，进行校正处理。

4. 目标距离模式曲线的生成与超速防护

根据来自轨道电路信息接收模块（STM）的轨道电路信息、来自应答器信息接收模块（BTM）的线路数据及列车的特性参数，列控车载设备生成一次制动的连续控制模式曲线——目标距离模式曲线。

列控车载设备根据目标距离模式曲线实时给出列车当前的允许速度，如果列车速度同允许速度之间的差距超过报警门限，设备提供相应报警信息；如果列车速度同允许速度之间的差距超过常用制动门限（分三级），设备会产生常用制动；如果列车速度同允许速度之间的差距超过紧急制动门限，设备会产生紧急制动，直到列车停车。

5. 人机交互

人机界面（DMI）设备通过声音、图像等方式向乘务员提供以下信息：列车实际速度、目标速度、限制速度、目标距离、机车信号等。乘务员可以通过 DMI 上的按键来切换 ATP 装置的运行模式或是输入必要的信息。

6. 数据记录

数据记录分为详细数据记录和一般设备状态记录两种。

1）详细数据记录

详细数据记录用于对设备工作状态、过程进行详细分析，系统采用连续记录的方式对信息进行记录，最少可以连续记录 24 h。详细数据记录的周期为 300 ms。对于点式应答器的信息，则只有在通过地面应答器时才进行记录。所有数据域记录满后，用新数据覆盖旧数据。

2）一般设备状态记录

一般设备状态记录记录列控车载设备的故障状态，只有在检测出故障时，才进行一般设备状态记录。记录的内容采用与详细数据记录相同的方式，记录容量可达到 30 日。所有数据域记录满后，用新数据覆盖旧数据。

7. 防溜逸功能

在列车停车的状态下，车载设备会对列车的不恰当移动进行防护。如果列车在停车状态下发生了非预期的前后移动，车载设备会触发制动。

8. 机控优先与人控优先

列控车载设备具备机控优先与人控优先两种控制模式。根据设计要求，允许通过列控车载设备内部设置（机柜内跳线）选择其中一种模式。人控优先是司机按照模式曲线控制列车速度，设备不干涉司机正常驾驶，只有当列车超速时设备采取有效的减速措施确保列车运行安全，设备制动的缓解需设备允许和司机操作确认。人控优先有助于加强司机的责任感，发挥其驾驶技巧。机控优先是设备能够按照模式曲线自动控制列车减速并保证列车运行安全，设备常用制动后一旦满足缓解条件将及时自动缓解。其优点是能最大限度减轻司机负担，有利于缩短列车追踪间隔。这种控制方式对设备本身的自动化程度及列车的制动缓解性能要求较高。

9. 载频锁定

轨道电路信息接收模块（STM）具有接收多个载频的能力。锁定载频的目的是为了防止车载设备错误接收邻线轨道电路中的信息，在车站需要防止接收相邻股道的电码化信息，在区间需要防止接收并行的另一条线路中的轨道电路信息。

载频锁定可采用以下三种方法：

（1）利用应答器信息中的【CTCS-1】信息包锁定轨道电路载频；

（2）根据 DMI 上下行载频按键选择锁定载频；

（3）利用轨道电路信息锁定载频。

在 CTCS-1/0 级区段，按 DMI 选择和轨道电路信息锁定载频的方法中最新接收的指令锁定载频。在 CTCS-2 级区段，优先采用应答器信息锁定载频。如果未收到应答器信息，也可通过 DMI 选择或轨道电路信息锁定载频。

10. CTCS 级间切换与机车信号功能

动车组同时装备列控车载设备和列车运行监控记录装置（LKJ）。在 160 km/h 以上区段，由列控车载设备控车；在 160 km/h 及以下区段，由列车运行监控记录装置（LKJ）控车。CTCS 级间切换主要指列控车载设备与 LKJ 之间控制权的切换。列车在线路上运行时，列控车载设备在地面应答器的配合下，可以自动完成与 LKJ 的切换，不需要列车停车。在级间切换时，应保证控车权可靠平稳交接。控车权的交接以列控车载设备为主。级间切换时若已触发制动，则应保持制动作用完成，停车或发出缓解指令后，由手动转换。

地面配置不具备 CTCS-2 级条件时，列控车载设备具备机车信号功能，向 LKJ 提供机车信号信息。

4.1.2 列控车载设备的结构

CTCS$_2$-200H 型列控车载设备根据开放式计算机体系结构进行设计，符合 CTCS-2 级列控系统技术规范。总体结构采用硬件冗余结构，关键设备均采用双套，核心设备采用 3 取 2 或者 2×2 取 2 结构，安全等级达到 SIL4 级。CTCS$_2$-200H 型列控车载设备的结构图见图 4–1。

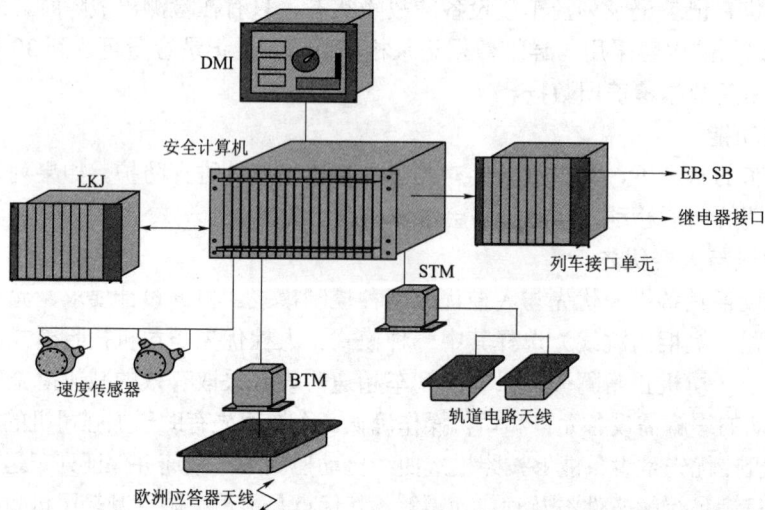

图 4–1 CTCS$_2$-200H 型列控车载设备的结构图

CTCS$_2$-200H 型列控车载设备由以下单元构成：

➢ 车载安全计算机 VC（Vital Computer）；

➢ 轨道电路信息接收模块 STM（Specific Transimision Model）；

➢ 应答器信息接收模块 BTM（Balise Transimision Model）；

➢ 人机界面 DMI（Driver Machine Interface）；

➢ 继电器逻辑单元 RLU（Relay Logic Unit）；

➢ 数据记录单元 DRU（Data Record Unit）；

➢ 速度传感器；

➢ 轨道电路信息接收天线；

➢ 应答器信息接收天线。

车载安全计算机（VC）、轨道电路信息接收模块（STM）、应答器信息接收模块（BTM）、继电器逻辑单元（RLU）、数据记录单元（DRU）等关键部件组合成一体，放在机柜内，称为主机，主机外观图如图 4–2。

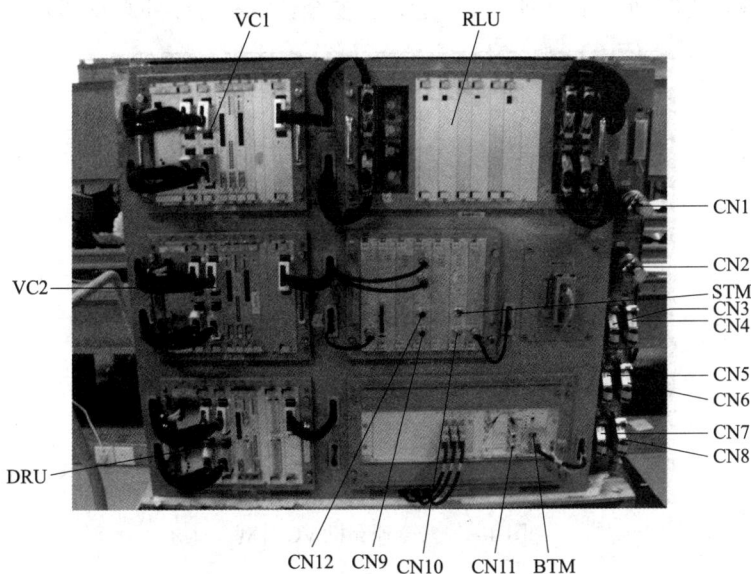

图 4–2　CTCS$_2$-200H 列控车载设备主机

列控车载设备主机包括 6 大模块：VC1、VC2、DRU、RLU、STM、BTM，以及连接器 CN1，CN2，CN3，CN4，CN5，CN6，CN7，CN8，CN9，CN10，CN11，CN12。其中：

➢ CN1：外接速度传感器；

➢ CN2：外接110V 电源；

➢ CN3：外接司机操作盘；

➢ CN4：外接制动单元；

➢ CN5：外接 LKJ2000；

➢ CN6：外接 DMI；

➢ CN7：制动控制单元和车辆监视器速度信号输出；

➢ CN8：外接 GSM–R（暂不使用）；

> CN9: STM 天线信号输入;
> CN10: STM 天线测试信号输出;
> CN11: BTM 天线信号的输入输出;
> CN12: 与 LKJ 相连的连接器。

1. 车载安全计算机 VC

车载安全计算机是列控车载设备的核心,采用 2×2 取 2 结构,由功能完全相同的两个系统(第 1 系统 VC1、第 2 系统 VC2)构成,每个系统包含功能相同的两个 CPU(A 系、B 系)。安全计算机的核心安全逻辑由 FS-LSI(故障安全 LSI)实现。FS-LSI 对 A 系、B 系两个 CPU 的运算结果进行校核,如果校核不一致则会作为故障处理,以保证列车控制的安全性。

安全计算机是列控车载设备的运算单元,负责从各个模块获取信息,依据轨道电路信息、应答器信息、列车运行速度等信息,按照列车牵引计算模型的要求,生成制动模式曲线,同时连续监控列车速度,把列车运行速度与模式曲线相比较,必要时通过故障安全电路向列车输出紧急制动或常用制动,控制列车安全运行。安全计算机 VC 外观见图 4-3。

图 4-3 安全计算机 VC 外观

安全计算机包含以下板卡:
> EUR-E060BCN:电源板卡,输入 DC110V,输出 DC 5V 和 DC 24V;
> QXC8-4A,2A,3A:用于和外部连接的 PCB 转接板;
> BUF8-4A:车体条件的信号采集板 DI,输入 RLU 的继电器接点信息;
> FSC8-6A:与 BTM 通信,接收应答器报文信息;与 DMI 进行信息传输;生成模式数据;
> OPE8-6A:接收速度传感器信号;与 STM 进行通信,接收轨道电路信息;进行速度比较;进行设备整体的故障检测,将制动指令输出至 RLU;
> AMP8-6A:故障-安全信号输出电路。

在面板上还设有拨码开关。其中,拨码开关 1 中,SW1 用于车种设定;SW2 用于机控/人控优先设定;SW3 用于 CTCS0/CTCS2 启机设定;拨码开关 2 用于列车轮径设定。

2. 轨道电路信息接收模块 STM

轨道电路信息接收模块 STM 通过轨道电路信息接收天线感应出轨道电路信号,通过软件解码出信号的载频和低频信息,将这些信息传递给安全计算机,为安全计算机生成制动模式曲线提供依据。STM 可以接收最多 16 种载频,包括国产移频及 ZPW-2000、UM71 系列轨道电路信息。STM 可根据应答器信息、轨道电路载频锁定信息、司机操作锁定可接收的载频,以防止邻线干扰。

STM 采用 2×2 取 2 结构,如图 4-4 所示。STM 的板卡从左至右依次为:电源板、记录板、解码板、模拟量输入板、解码板、测试板、电源板。每套主机中有两块电源板和解码板,它们完全相同,可以自由互换。解码板内部分为主系和从系,以提高系统的可靠性和安全性。

> 电源板:用于板卡的供电电源,输入 DC110V,输出 DC 5V;
> 记录板:在 CF 卡中记录 STM 的动作状态和故障信息;
> 解码板:解读来自 STM 天线的轨道电路信息,与 VC 进行数据通信;
> 模拟量输入板:将来自 STM 天线的轨道电路信息分配给解码板;
> 测试板:输出轨道电路的载频信息,对 STM 天线进行检测。

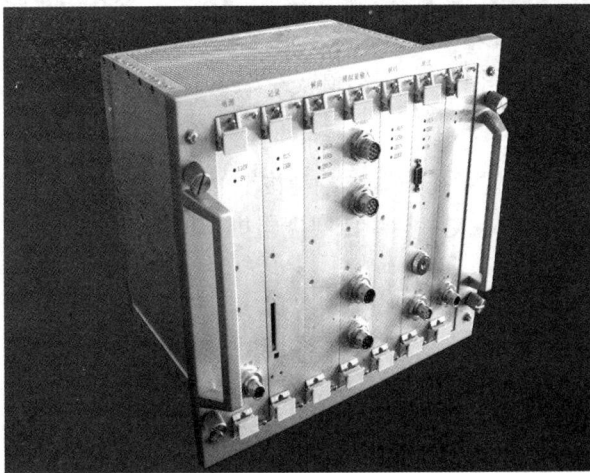

图 4-4　轨道电路信息接收模块 STM 外观

3. 应答器信息接收模块 BTM

应答器信息接收模块 BTM 是一个采用 2 取 2 技术的故障—安全模块。BTM 由七块电路板组成,主要包括电源板、发送器、接收器、解码板和三块通信板。BTM 外观见图 4-5。

> 电源板:用于板卡的供电电源,输入 DC110V,输出 DC 24V、DC 5V、DC 3.3V;
> 发送器:产生27.095MHz 频率信号进行发送;接收地面发送的 FSK 信号并把该信号发送到接收器;产生 BTM 主机工作所需的时钟信号;
> 接收器:接收由发送器传来的地面 FSK 信号,并从该信号中解调出数字信号;将解调出的信号发送给解码板;进行 BTM 主机工作状态的指示;
> 解码板:对接收的 BTM 报文进行解码处理,并判断报文的有效性;
> 通信板:接收 VC 发送的查询命令,向 VC 发送有效的 BTM 报文或系统状态信息。

　　BTM 通过应答器信息接收天线接收来自地面应答器的数据，进行解码后将信息传输至安全计算机，为安全计算机生成制动模式曲线提供数据。来自应答器的数据包括线路参数信息、进路信息、临时限速信息及级间切换等信息。BTM 同时还提供通过应答器中点时的确切时间。这一时间足够精确，能够让列控车载设备在几厘米的准确范围内进行列车定位校准。

图 4–5　应答器信息接收模块 BTM 外观

4. 人机界面 DMI

　　人机界面 DMI 是周围配置了扬声器和各种按键的 10 英寸 LCD 液晶显示器，安装在驾驶台上，作用是通过按键、声音、文字和图像实现司机与 ATP 车载设备的信息交互。DMI 的安全等级为 SIL2 级。

　　DMI 主要由显示屏、键盘、扬声器、航空插座，以及电源板、主板、嵌入式 CPU 板组成。

　　DMI 外部构成如图 4–6 所示，其中，显示屏用于显示各种信息；键盘用于司机进行各种操作或输入数据；扬声器用于向司机输出语音或声音提示信息；电源插座用于连接列控车载设备的电源，A 系通信插座用于连接列控车载设备的 VC1 系，B 系通信插座用于连接列控车载设备的 VC2 系。

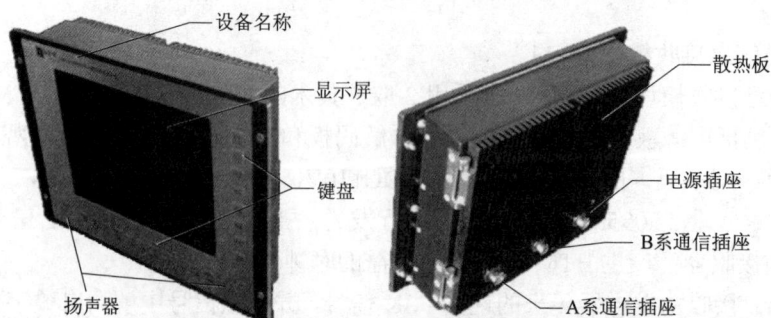

图 4–6　DMI 外部结构

　　DMI 内部电路板构成如图 4–7 所示，其中，电源板将输入电压转换为 DMI 内部各个部分所需的工作电压；DMI 电路板为 CPU 板提供各种连接通道，包括通信接口、键盘采集接口等；嵌入式 CPU 板是 DMI 的核心计算部分，内部装有嵌入式操作系统。

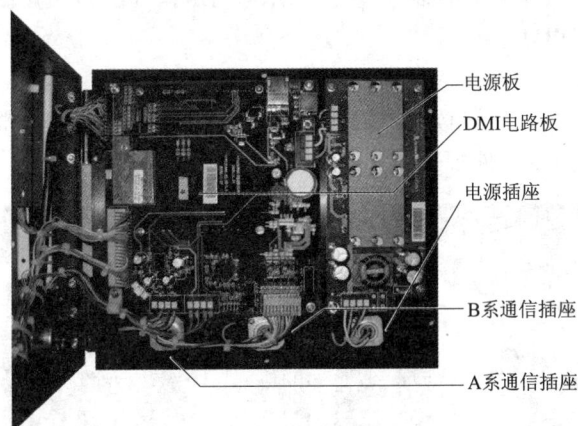

图 4-7　DMI 内部电路板结构

5. 继电器逻辑单元 RLU

继电器逻辑单元 RLU 是主要由继电器组成的单元，又称制动接口单元，其外观见图 4-8。

RLU 核对车载安全计算机各系统输出的制动指令，对两套车载安全计算机输出的制动指令进行"或"操作后，作为系统的最终输出。当各系统制动指令输出不相同时，选择输出大制动力的进行输出。两系统中单系统故障时，故障系统的常用、紧急输出产生短路，RLU 不再核对双系统的输出。此时，正常系统的制动指令输出将作为系统的最终输出。两系统均故障时，则认为整个系统故障，RLU 最终输出紧急制动。

图 4-8　继电器逻辑单元 RLU 外观

继电器逻辑单元包含以下板卡：

➢ RLY8-21A：安装 LKJ 的接口继电器；

➢ RLY8-15A：安装车载设备制动指令（EB、BR7）的最终输出继电器；

➢ RLY8-17A：安装输入车体的 DC110V 所用的继电器；

> ➤ RLY8–18A：安装监测系统故障继电器；
> ➤ RLY8–19A：安装备用继电器、定时器电路；
> ➤ RLY8–20A：安装车载设备制动指令（BR4、BR1、PCU）的最终输出继电器。

6. 数据记录单元 DRU

　　数据记录单元 DRU 主要记录列控车载设备的动作、状态、司机的操作等信息，采用 PCMCIA 卡作为存储介质，通过读卡器可将数据下载至地面分析管理微机，进行设备运行状况分析。数据记录单元 DRU 外观见图 4–9。

图 4–9　数据记录单元 DRU 外观

　　数据记录单元包含以下板卡：

> ➤ EUR–E060BCN：电源板卡，输入 DC110V，输出 DC 5V 和 DC 24V；
> ➤ QXC8–1A：用于和外部连接的 PCB 转接板；
> ➤ QXC8–2A：用于和外部连接的 PCB 转接板；
> ➤ BUF8–4B：输入 RLU 的继电器接点，输入风扇故障信号；
> ➤ PCR8–1A：在 pc 卡上记录 ATP 控制设备的动作状态故障信息；
> ➤ FSC8–6A：编辑记录在 pc 卡上的 ATP 控制设备的动作状态、故障信息；与 BTM、LKJ、VC1、VC2进行数据通信。

7. 速度传感器

　　ATP 车载设备的测速系统要求配置两套速度传感器。速度传感器属于磁电式感应器，安装在动车组两端车头的第 2 轴和第 3 轴上，将各轴的转速转变为电信号，输出与列车速度成正比例的交流频率。此信号输入至安全计算机，安全计算机通过对频率的计数来测量列车速度和计算列车走行距离。图 4–10 为速度传感器实物。

8. 轨道电路信息接收天线

　　轨道电路信息接收天线利用电磁感应接收流经钢轨的信号电流，传输至轨道电路信息接收模块 STM 进行解码处理。轨道电路信息接收天线由感应线圈、固定支架和线缆组成，如图 4–11 所示。轨道电路信息接收天线安装于动车组车头第一转向架的前方底部，在左右轨道的正上方各设一台，感应线圈的底部距离钢轨面 135 mm±5 mm。

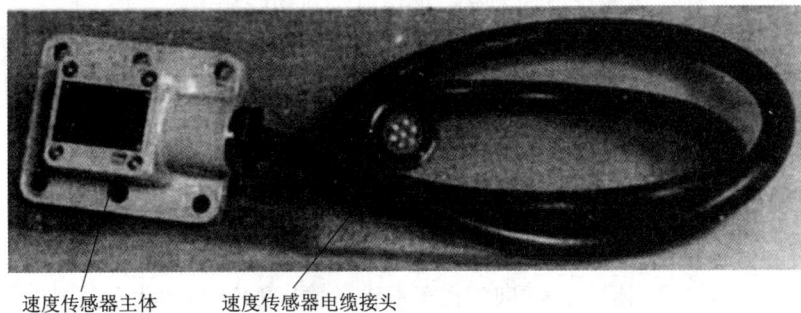

速度传感器主体　　速度传感器电缆接头

图 4–10　速度传感器实物

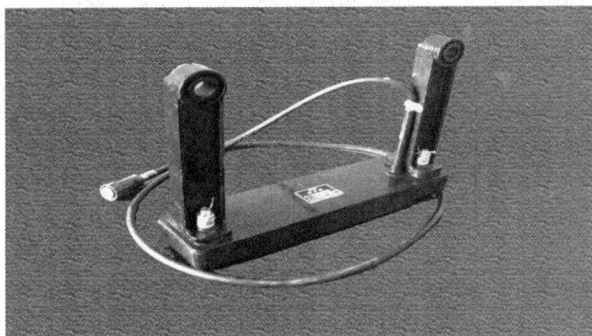

图 4–11　轨道电路信息接收天线实物

9. 应答器信息接收天线

当列车高速通过应答器时，应答器信息接收天线向地面连续发送 27.095 MHz 的高频电磁能量，以激活地面应答器开始工作。应答器信息接收天线接收地面应答器的信号，传输至应答器信息接收模块 BTM 进行信息解调处理。

应答器信息接收天线安装于动车组车头第一转向架的后方车体底部横向中心线上，地面应答器安装在轨道中心。图 4–12 中，上方为应答器信息接收天线，下方为地面应答器。

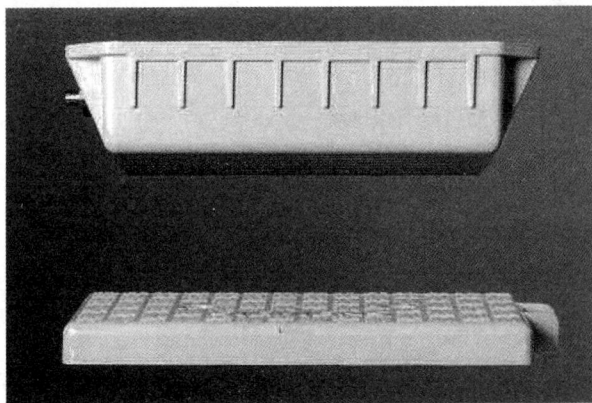

图 4–12　应答器信息接收天线与地面应答器

10. 列控车载设备与动车组的接口

列控车载设备与动车组的接口均为继电器接口，其功能如下。

（1）ATP 车载设备向动车组的输出：紧急制动、三种等级的常用制动和卸载。

（2）动车组向 ATP 车载设备的输入：牵引位、制动位、零位、向前位、向后位等。

（3）动车组负责向 ATP 车载设备提供直流 110 V 电源，电压波动范围 DC77～137.5 V。

11. 列控车载设备与列车运行监控记录装置（LKJ）的接口

通过开关量接口、通信接口、模拟量接口，列控车载设备向 LKJ 输出控车权，与 LKJ 交换与运行监督记录有关的信息，提供轨道电路感应信号、机车信号等；LKJ 经列控车载设备与列车的制动控制接口连接。LKJ 向列控车载设备输出 LKJ 制动状态及司机号、车次号、日期、时间等信息。

CTCS0/CTCS1 级条件下或 ATP 某些故障情况下，由 LKJ 控车，ATP 负责向 LKJ 提供轨道电路信息（机车信号）。另外，ATP 与 LKJ 之间还存在一些列车控制状态信息的交互，用于运行管理。

4.1.3　列控车载设备的主要技术指标

1. 主机系统

➢ 控制主机冗余配置。

➢ 超速防护反应时间小于 1.0 s。

➢ 最大功耗电流：不大于 13.5 A。

➢ 电磁兼容性：满足 TB/T 3034—2002 有关规定。

➢ 抗振性能：满足 TB/T 3058—2002 要求的振动和冲击。

2. 测速传感器

➢ 测速通道：3。

➢ 输出电压：负荷 1 kΩ 时，最大 28 V。

➢ 测速范围：5～420 km/h（轮径 870 mm 情况下）。

➢ 绝缘电阻：10 MΩ 以上。

➢ 耐压能力：AC1 200 V（1 分钟）。

➢ 输出波形：正弦波。

3. 应答器信息接收模块

➢ 供电电压：DC50.4 V～DC137.5 V。

➢ 天线发射频率：27.095 MHz±5 kHz。

➢ 防护等级：IP67。

➢ 重量：7.5 kg。

4. 轨道电路信息接收模块

➢ 信噪比：3:1。

➢ 解码时间：≤1.70±0.1 s。

➢ 掉码时间：4.0 s。

5. 其他

➢ 设备便于安装、维修、更换，结构和尺寸符合 200 km/h 动车组对车载设备的规定。

➢ 设备可通过故障诊断，硬件、软件冗余和数据编码，故障安全电路，安全软件等措施实现列车超速防护功能的安全处理，防止设备错误输出。

➢ 列车测速装置具有防打滑和防空转能力，列车测速综合误差不大于 2 km/h。

➢ 设备在下列电源条件下能正常工作，直流 110 V（77 V～137.5 V）。

➢ 设备电源内混入非重复性的浪涌电压时能正常工作。

➢ 设备的使用环境，在下列条件下可以连续工作：

◇ 湿度（25℃）：≤90%。

◇ 海拔高度：3 000 m 以下。

◇ 工作温度：–25℃～+70℃。

4.2　CTCS₂-200H 型列控车载设备工作模式

CTCS$_2$-200H 型列控车载设备共有十种工作模式，分别为：完全监控模式、部分监控模式、引导模式、目视行车模式、调车监控模式、待机模式、隔离模式、机车信号模式、反向运行模式、应答器故障模式，在人机界面 DMI 上把反向运行模式归结到完全监控模式，应答器故障模式归结到部分监控模式。

1. 完全监控模式 FS（Full Supervision）

本模式是 CTCS-2 中最普通的模式，在本模式下，当 ATP 车载设备具备列控所需的基本数据（轨道电路信息、应答器信息、列车数据）时，ATP 车载设备生成目标距离模式曲线，并能通过 DMI 显示列车实际速度、允许速度、目标速度和目标距离等，同时连续监控列车速度，自动输出紧急制动或常用制动，控制列车安全运行，如图 4–13 所示。

列车反向运行（上行列车运行在下行线，或下行列车运行在上行线时），采用自动站间闭塞，ATP 车载设备采用完全监控模式，目标距离通过应答器提供。

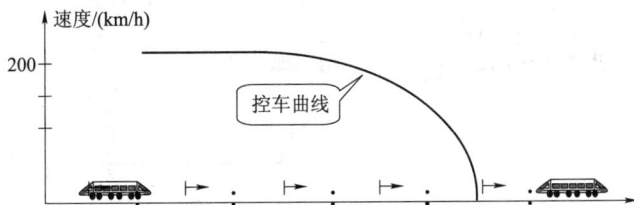

图 4–13　完全监控模式曲线

2. 部分监控模式 PS（Partical Supervision）

若 ATP 车载设备接收到轨道电路允许行车信息，但线路数据缺损时，ATP 车载设备产生固定限制速度，控制列车运行。

（1）连续两组及以上应答器的线路数据丢失，列车在 ATP 车载设备已查询到的线路数据末端前触发常用制动，当列车运行速度低于 120 km/h 后，提供允许缓解提示，司机缓解后，ATP 车载设备根据线路最不利条件，产生监控速度曲线（最高限制速度 120 km/h），控制列车运行，如图 4-14 所示。

（2）侧线发车，ATP 车载设备根据股道轨道电路信息（根据道岔限速发送 UU 码或 UUS 码），形成并保持固定限制速度（至出站口），控制列车运行，如图 4-15 所示。

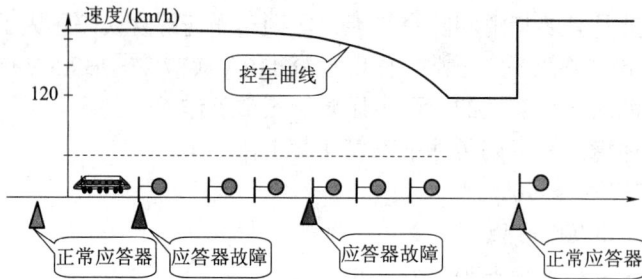

图 4-14　应答器信息缺失时部分监控模式曲线

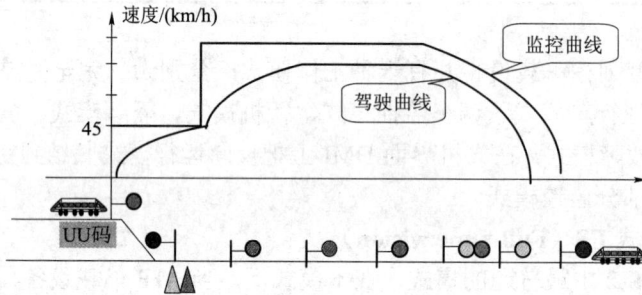

图 4-15　侧线发车时部分监控模式曲线

3. 引导模式 CO（Calling-On Mode）

车站开通引导接车进路时，ATP 车载设备从轨道电路接收 HB 码，越过进站信号机后，自动转入本模式，生成固定限速 20 km/h 的模式曲线，监控列车运行，见图 4-16。

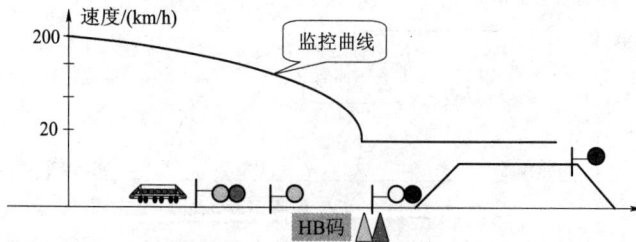

图 4-16　引导模式曲线

4. 目视行车模式 OS（On-Sight）

在 ATP 车载设备接收到禁止信号或无信号时，列车停车后，根据行车管理办法（含调度命令），司机经特殊操作（如按压专用按钮），ATP 车载设备生成固定限制速度（20 km/h），列车在 ATP 车载设备监控下运行，司机对安全负责，见图 4-17。

5. 调车监控模式 SH（Shunting）

列车进行调车作业时，司机经特殊操作（如按压专用按钮）后，转为调车监控模式，ATP车载设备生成调车限制速度，控制列车运行。牵引运行时，限制速度为 40 km/h；推进运行时，限制速度为 30 km/h，如图 4—18 所示。当从车站进、出站端的应答器接收到调车危险信息包 ETCS-132 后，如果信息包中的 Q_ASPECT 的值为 0，ATP 车载设备触发紧急制动。该列车在停车检测状态下司机通过按压缓解按钮，缓解紧急制动。紧急制动缓解后，ATP 车载设备转入待机模式。

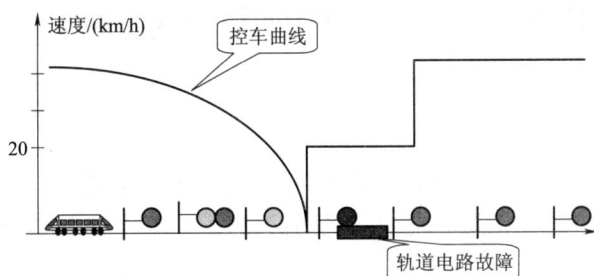

图 4—17 目视行车模式曲线

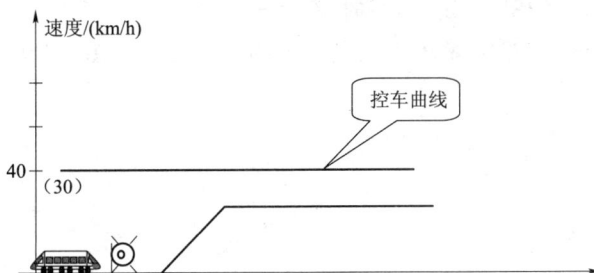

图 4—18 调车监控模式曲线

6. 待机模式 SB（Standby）

如果预先选择了 CTCS-2，投入电源后，系统就直接转入待机模式。在本模式下，ATP车载设备的接收轨道电路信息、接收应答器信息等功能有效，但不进行速度比较等控制，同时，无条件地输出制动，防止列车移动。通过司机的有关操作，转为其他模式。

7. 隔离模式 IS（Isolated Mode）

ATP 车载设备故障，触发制动停车后，根据故障提示，司机经特殊操作，ATP 车载设备控制功能停用，在该模式下司机按调度命令行车。若仅 BTM 失效，ATP 车载设备提供机车信号，可人工转为 LKJ 控制列车。

8. 机车信号模式 CS（Cab Signal）

当通过 CTCS 级间切换切换到 CTCS-0/1 级后，ATP 车载设备的功能相当于一个机车信号设备。当地面具备 CTCS-1 级条件时，ATP 车载设备相当于主体机车信号，当地面具备 CTCS-0 级条件时，ATP 车载设备相当于通用机车信号。

在这种模式下，ATP 设备仅为 LKJ 设备提供机车信号信息输出，不产生列车控制输出，列控防护功能由 LKJ 设备实施。STM 或者 BTM 的信息接收功能、位置识别功能等仍有效，具备向 CTCS-2 级区间移动的准备动作。

4.3　人机界面 DMI

　　人机界面 DMI 安装在司机驾驶台上，通过声音、图像等信息向司机告知 ATP 的状态及列车各种信息，提示驾驶员执行相应操作。DMI 设备的中心位置安装了 LCD 显示屏，周围配置了扬声器及键盘，驾驶员能够通过键盘输入有关信息，改变 ATP 系统的工作模式和工作状态。

4.3.1　DMI 相关术语

1. 最限制速度曲线
　　最限制速度曲线（Most Restrictive Speed Profile，MRSP）是所有速度限制因素中最低值（最不利限制部分）的集合，是综合考虑了线路信息、临时限速、列车特性等所有条件后得出的低位限速信息。

2. 顶棚速度监视区
　　顶棚速度监视区（Ceiling Speed Monitoring Section，CSM）是指允许速度为常数的区域，这个限制速度通常是由 MRSP 决定的。列控车载设备在顶棚速度监视区进行的速度监视被称为顶棚速度监视（CSM）。CSM 是列车速度监视的一个方面。图 4-19 描述了 CSM 区域。

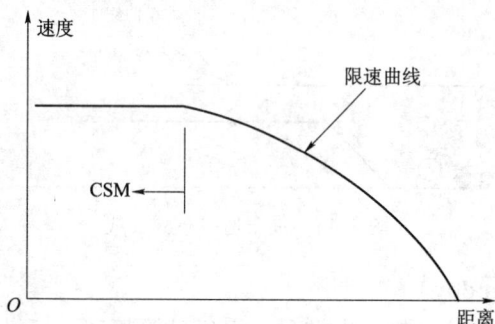

图 4-19　顶棚速度监视区

3. 目标速度监视区
　　目标速度监视区（Target Speed Monitoring Section，TSM）是指限制速度下降到另一个较低的限制速度值或下降为 0 的区域。列控车载设备在目标速度监视区进行的速度监视被称为目标速度监视（TSM）。TSM 也是列车速度监视的一个方面。TSM 又分为两种情况：
　　（1）制动到目标速度为 0，见图 4-20（a）；
　　（2）制动到较低的目标速度（目标速度非 0），如图 4-20（b）所示。

4. 起模点
　　起模点（Start Location in the TSM）指 CSM 和 TSM 的交界点，该交界点是以最大常用制动限速曲线来确定的。为了使司机能在进入 TSM 之前有足够的时间降低列车速度，起模点在 DMI 上应当及时给出。

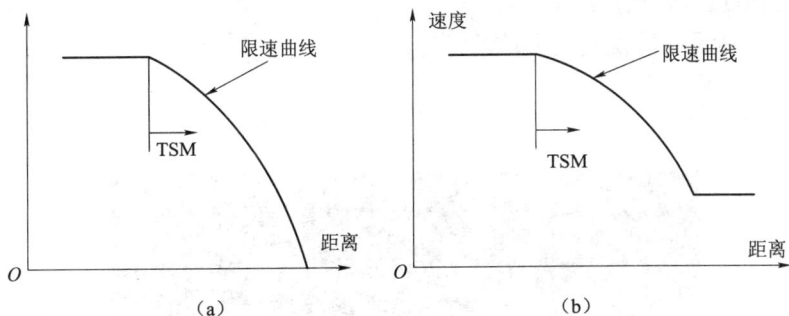

图 4–20　目标速度监视区

4.3.2　界面显示规范

1. 界面显示区域划分

DMI 显示屏的显示分辨率设为 640×480，在此分辨率下，DMI 的主界面划分为六大区域，如图 4–21 所示。各区域的大小分别为（横坐标像素×纵坐标像素）：

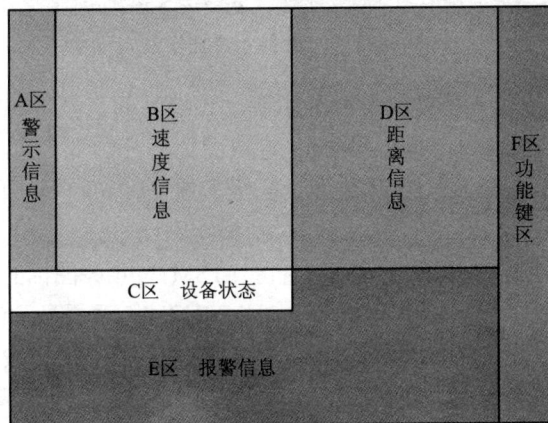

图 4–21　DMI 主界面显示区域划分

A 区警示信息，54×300；

B 区速度信息，280×300；

C 区设备状态，334×54；

D 区距离信息，244×300；

E 区报警信息，578×180（除去 C 区部分）；

F 区可扩展功能键信息，62×480。

根据具体功能的不同，DMI 的各功能区又被细分为不同的小区，彩图 1 描述了 DMI 主界面的详细分区情况，其中红色区域为保留区域。

图 4–22 给出了一个完整的 DMI 数据图形化显示界面的例子。

2. 各显示区域显示规范

1）A区警示信息

A区显示的信息内容包括：

➤ A1区，ATP设备触发制动之前的预警时间；

➤ A2区，目标距离；

➤ A3区，保留。

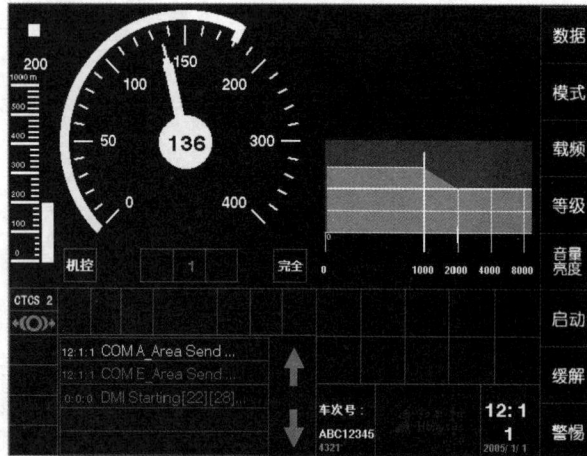

图 4-22 DMI 显示界面实例

A1区在此区域中心，以灰色方块图标显示制动预警时间。预警时间的范围定义在8 s以内，即一旦距离触发制动的预期时间低于8 s，方块图标将开始变大直至最大尺寸。预警图标大小分为0%、10%、50%、75%、100%共五个等级，预警时间越短，预警图标越大。当ATP设备触发制动时，预警图标以最大尺寸显示。

在顶棚速度监视区（CSM）和目标速度监视区（TSM），预警图标的显示是不同的。当列车处于CSM区时，如果ATP制动预警时间大于8 s，DMI在A1区不显示任何图标；如果ATP制动预警时间小于或等于8 s，DMI应当在A1区按相应比例显示制动预警图标。当列车处于TSM区时，如果ATP制动预警时间大于8 s，DMI在A1区显示最小的制动预警图标（最大图标的10%）；如果制动预警时间小于或等于8 s，DMI应当在A1区按相应比例显示制动预警图标。

A2区显示目标距离，仅当列车处于TSM区时才有相应的显示，在CSM区时并不显示。目标距离的表示方法有两种：柱状光带表示法和数字表示法。柱状光带位于该区域的下部，左侧为坐标系，该坐标系采用对数坐标，最大的显示范围是1 000 m。光带正上方用数字标出目标距离，数字表示法可表示的最远距离为8 000 m。当目标距离大于1 000 m时，柱状光带的高度保持不变，只用数字标出实际目标距离。A区实际显示效果如图4-23所示。

2）B区速度信息

B区显示的信息内容包括：

图 4-23 A区警示信息

> B1 区，以数字方式显示列车当前速度；
> B2 区，以速度表盘的方式表示各种速度；
> B3 区~B6 区，保留；
> B7 区，以文字图标的方式表示 ATP 设备所处的工作模式。

B1 区和 B2 区用来显示速度表，内容包括列车当前速度、允许速度、目标速度、最大常用制动速度（Service Brake Intervention，SBI）、紧急制动速度（Emergency Brake Intervention，EBI）。

列车实际运行速度采用速度表表示法和数字表示法进行双显示备份表示。速度表表示法指的是速度表的指针指向刻度盘的当前速度，数字表示法指的是在速度表的中间区（B1 区）以数字的形式表示出当前速度值。

在不同状态下，速度表盘上以不同颜色的光带显示目标速度、允许速度、SBI 速度和 EBI 速度。在允许速度处，光带的宽度是正常光带宽度的两倍，形成"钩"状光带。下面列出不同状态下速度表的显示方式。

（1）当列车处于 CSM 区时，如果列车未超速，速度表指针为灰色，目标速度以内用深灰色显示，目标速度到允许速度之间用灰色显示，见彩图 2（a）。如果目标速度为 0（停车），则灰色光带从速度表"0"刻度处开始，见彩图 2（b）。

（2）当列车处于 TSM 区时，如果列车未超速，速度表指针为黄色，目标速度到允许速度之间用黄色显示，见彩图 3（a）。如果目标速度为 0，则黄色光带从速度表"0"刻度处开始，见彩图 3（b）。

（3）在列车速度超过允许速度，但在未超过 SBI 的情况下，速度表指针为橙色，以光带方式显示 SBI 速度，显示颜色也为橙色，从允许速度到 SBI 之间光带的宽度为正常光带宽度的两倍，同时速度表指针指向列车当前速度，见彩图 4（a）。如果目标速度为 0，则黄色光带从速度表"0"刻度处开始，见彩图 4（b）。

（4）在列车速度超过 SBI 速度，但未超过 EBI 情况下，速度表指针为红色，以光带方式显示 EBI 速度，显示颜色也为红色，从允许速度到 EBI 之间光带的宽度为正常光带宽度的两倍，同时速度表指针指向列车当前速度，见彩图 5（a）。如果目标速度为 0，则黄色光带从速度表"0"刻度处开始，见彩图 5（b）。

（5）当列车速度超过 EBI 速度后，速度表指针为红色，以光带方式显示 EBI 速度，显示颜色为红色，超出 EBI 部分不显示光带，从允许速度到 EBI 之间光带的宽度为正常光带宽度的两倍，同时速度表指针指向列车当前速度，见彩图 6（a）。如果目标速度为 0，则黄色光带从速度表"0"刻度处开始，见彩图 6（b）。

B7 区采用图标的方式显示列控车载设备的工作模式，共有 8 种，各模式和显示图标的对应关系如表 4-1 所示。

表 4-1 工作模式与显示图标的对应关系

序 号	模 式	图标显示字符
1	完全监控模式	完全
2	部分监控模式	部分
3	调车模式	调车
4	目视行车模式	目视
5	引导模式	引导

序　号	模　式	图标显示字符
6	机车信号模式	LKJ
7	待机模式	待机
8	隔离模式	隔离

3）C 区设备状态

C 区显示的信息内容包括：

➢ C1 区～C7 区，保留；

➢ C8 区，显示 ATP 设备所处的 CTCS 等级；

➢ C9 区，显示 ATP 设备的制动状态。

C8 区以文字方式显示 ATP 设备所处的 CTCS 等级，如表 4-2 所示。

表 4-2 　CTCS 等级与显示文字对应关系

序　号	文　本	等　级
1	CTCS-0	CTCS-0 级
2	CTCS-1	CTCS-1 级
3	CTCS-2	CTCS-2 级

C9 区以图标的方式显示 ATP 设备的制动状态。如果 ATP 设备处于非制动非允许缓解状态，则该区域不显示任何图标。图标与制动状态对应关系如表 4-3 所示。

表 4-3 　图标与制动状态对应关系

序　号	图　标	含　义
1	 【◎】	紧急制动
2	 ∃◎∈	常用制动
3	 ⊣◎⊢	允许缓解

4）D 区距离信息

D 区显示的信息内容包括：

➢ D1 区，显示距离坐标/机车信号；

➢ D6 区，显示速度变化等特殊信息；

➢ D7 区，显示线路的最限制速度曲线（MRSP）；

➢ D9 区，显示开始实施制动的地理位置；

➢ DX 区，保留。

当列车运行于 CTCS2 级时，D1 区用于显示距离坐标。坐标系的原点位于 D1 区的左下角，它始终以列车当前所在位置为参考原点，即列车始终位于坐标系的原点。该坐标系的横坐标为距离（单位：m），采用对数坐标，最远显示前方 8 000 m 内的相关信息。坐标系的纵坐标为速度（单位：km/h），它表示线路的最大允许运行速度。

D6区以白色短实线标识出MRSP的变化点，MRSP的变化点指相邻的两个不同的MRSP的位置坐标的交接点。

D7区显示列车前方8 000 m范围内的MRSP，速度坐标以数字的方式显示。

D9区以黄色实线表示列车运行前方的第一个起模点，并将起模点的指示线向下延长到坐标显示区，以便于司机清楚地了解到起模点的具体坐标位置。同时，为了给司机作出明显的提示，从起模点到下一个MRSP以斜线相连接，表示一个降速过程，便于司机驾驶。

D区的显示示意图如图4-24所示。

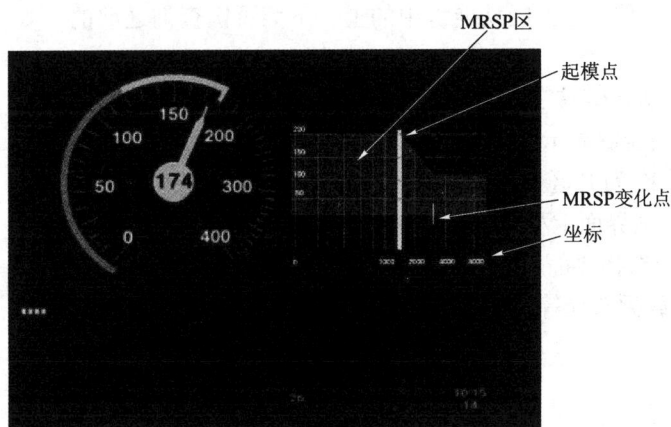

图4-24　D区显示示意图

当列车运行于CTCS-0/1级时，按照CTCS等级划分原则，将由LKJ控车，D区用于显示机车信号。机车信号的显示标准符合TB/T 3060的相应规定，其中机车信号的圆心坐标为（456，221），半径为32像素。机车信号显示方式如图4-25所示。

5）E区报警信息

E区显示的信息内容包括：

➤ E5区，显示机控优先和人控优先图标；

➤ E16a区，显示车次号和司机号；

➤ E17区，显示日期和时间；

➤ E19区～E23区，显示各种文本信息；

➤ E24区，上翻页箭头；

➤ E25区，下翻页箭头；

➤ EX区，保留。

列控车载设备在运行过程中具备机控优先与人控优先两种控制模式，这两种优先状态可以通过ATP机柜内部的跳线来实现初始化设置，也可以由列控车载设备在运行过程中根据具体情况进行实时的切换。E5区以图标方式表示机控优先和人控优先。在机控优先的情况下，显示图标"机控"；当ATP设备提示司机介入时，E5区的图标更换为"人控"。人控/机控优先图标如图4-26所示。

图 4-25 机车信号表示

图 4-26 人控/机控优先图标

E16a 区显示当前的列车车次号和司机号。

E17 区显示当前的日期和时间。

E19 区～E23 区用于显示各种文本信息。文本信息采用滚动方式显示，最后收到的信息总是以高亮的方式显示于 E19 区，之前的信息依次下移。司机可以通过可扩展功能键中的上、下翻页键查询之前的所有信息。

6）F 区可扩展功能键信息

F 区共有 8 个功能键显示区，用于显示当前状况下功能键 F1～F8 的具体含义。图 4-27 为 F 区显示的对应各个功能键的名称。

通过按压 DMI 主界面上相应的功能键，可以进入二级界面。二级界面是 DMI 的功能选择界面，包括数据输入选择、模式选择、CTCS 等级选择、上下行载频选择等界面。

4.3.3 按键

1. 键盘的布局

图 4-27 功能键名称

DMI 键盘共有 19 个按键，2 块键盘，如图 4-28 所示。屏幕正下方键盘的按键为固定功能键，共有 11 个按键，其中有 5 个按键为功能复用键，它们分别是：调车/1、目视/2、启动/3、缓解/4、警惕/字母。一般情况下，这些复用键的功能为相应按键上方所标的功能。在输入或菜单项选择状态下，这些复用键的功能为数字、字母输入。右侧键盘为 8 个可扩展的功能键，每个按键的具体功能由软件根据具体情况临时定义。

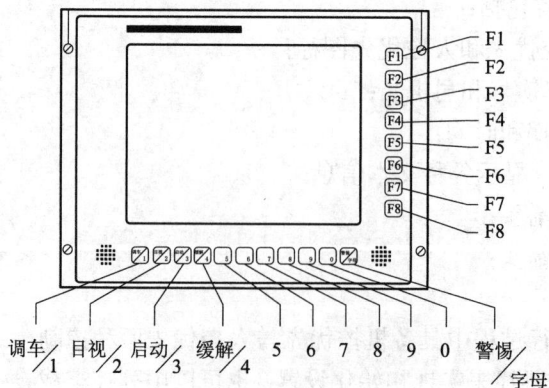

图 4-28 DMI 键盘布局

2. 按键的功能及使用方法

DMI 的按键根据功能分为输入选择和非输入选择两类按键。

输入选择类按键:【0】～【9】数字键,【字母】键,【↑】、【↓】方向键,以及【确认】、【取消】、【删除】、【返回】等。

非输入选择类按键:【调车】、【目视】、【启动】、【缓解】、【警惕】、【数据】、【模式】、【载频】、【等级】、【音量亮度】、【查询】等。

以上两类按键如果未在固定功能键区定义,则由软件使用扩展功能键【F1】～【F8】根据具体情况临时定义。

【调车】:在停车状态下,司机按下【调车】键,ATP 设备进入或退出调车模式。当 ATP 设备处于非调车模式时,司机按下【调车】键,如果满足转换条件,ATP 设备就进入调车模式。当 ATP 设备处于调车模式时,司机按下【调车】键,如果满足转换条件,ATP 设备就退出调车模式而进入待机模式。

【目视】:如果 ATP 车载设备接收到了禁止信号(HU 码或无信号),司机在列车停车 2 min 后,根据行车管理办法(含调度命令),按下【目视】键后,ATP 就进入目视行车模式。ATP 设备接收到 HU 以外的信号码时,自动解除本运行状态。

【启动】:当 ATP 设备处于待机模式时,列车保持制动。如果要进入正常行车状态,则需要按压【启动】键,ATP 设备将从待机状态转入正常运行状态(通常为部分监控模式)。ATP 设备进入正常行车模式后,再次按下【启动】键,DMI 将不进行响应。

【缓解】:用于缓解 ATP 设备的制动。在人控优先的状态下,如果列车触发了常用制动,当列车运行速度低于允许缓解速度后,ATP 设备将允许司机缓解制动。当 DMI 上给出允许缓解的提示后,司机按下【缓解】键,ATP 设备将结束制动。在机控或人控优先的状态下,如果列车触发了紧急制动,当列车停车后,ATP 设备将允许司机缓解制动。当 DMI 上给出允许缓解的提示后,司机按下【缓解】键,ATP 设备将结束制动。

【警惕】:如果 ATP 设备处于目视行车模式或引导模式,司机需每隔一定时间或距离(60 s 或者 200 m 以内)按压【警惕】键,以表明司机了解当前车载设备处于目视行车模式或引导模式,否则车载设备就将输出紧急制动使列车停车。另外,ATP 设备在进行级间切换后,会输出声音提示,司机需要按压【警惕】键来停止声音提示的输出。

【数据】:按压【数据】键后,DMI 进入基础数据输入界面,在此界面下,可以修改司机号、车次号等非安全型数据。

【模式】:允许司机手动选择 ATP 的工作模式,可选择的工作模式为:目视行车模式 OS、调车监控模式 SH。

【载频】:当列车启动时,司机应当通过按压【载频】键指定轨道电路载频为上行载频或下行载频,ATP 设备中的轨道电路解码单元将根据该信息接收轨道电路信号。

【等级】:用于司机切换 CTCS 等级,可选择的等级为 CTCS-0 级和 CTCS-2 级。如果选择 CTCS0 级,ATP 设备将列车的控制权交付给 LKJ,同时 ATP 进入机车信号模式。如果选择 CTCS2 级,ATP 设备将根据不同的条件进入不同的工作模式。

【音量亮度】:用于选择调节 DMI 屏幕亮度、音量大小。

【查询】:用于查询各种参数值,比如车次号或司机号等。

【0】～【9】数字键：数字键包括【0】～【9】共十个数字键，用于输入数字。

【字母】：用于切换数字键输入数字或字母。按压【字母】键后，按键【2】～【9】分别具有字母输入功能。各按键与字母输入的对应关系如表4–4所示。

表4–4　按键与字母输入对应关系表

序号	键　　名	对应输入的字母
1	【2】	A、B、C
2	【3】	D、E、F
3	【4】	G、H、I
4	【5】	J、K、L
5	【6】	M、N、O
6	【7】	P、Q、R、S
7	【8】	T、U、V
8	【9】	W、X、Y、Z

按下一次【字母】键，按键【2】～【9】只具有字母输入功能，输入的字母内容按照表4–4中规定的按键与字母输入的对应关系依次循环。

再次按下【字母】键，按键【2】～【9】同时具有字母、数字输入功能，输入的内容为该按键本身的数字值与表4–4中所规定的按键与字母输入对应关系中的字母。

再次按下【字母】键，按键【2】～【9】只具有数字输入功能。

【↑】、【↓】方向键：用于查询E区所显示的文本信息时进行上、下翻页操作。

【确定】：用于对输入及提示进行确认。

【取消】：用于输入过程中退出参数或操作命令输入状态，放弃已输入数据或已选择的操作命令。

【删除】：数据输入状态时，用于清除输入内容。

【返回】：返回上级界面。

【F1】～【F8】可扩展功能键：可扩展功能键真正的键名显示在DMI屏幕右侧F区，软件根据设备运行情况对可扩展功能键的功能进行定义和更新。

4.3.4　语音及声音

1. 语音

如表4–5所示，DMI输出五种语音。

表4–5　DMI语音种类

序号	语音内容	代　　码
1	允许缓解	A0
2	级间切换	A1

序号	语音内容	代　码
3	前方限速	A2
4	减速	A3
5	目视行车	A4

1）语音 A0——允许缓解

列车运行速度从超速状态降到缓解速度以下时，ATP 设备将根据超速后实施的制动状态发出"允许缓解"语音提示。当列车运行速度超过最大常用制动限速曲线时，ATP 设备将触发最大常用制动。当列车运行速度降到允许缓解速度以下时，ATP 设备将输出一遍语音"允许缓解"。当列车运行速度超过紧急制动限速曲线时，ATP 设备将触发紧急制动。当列车停车后，ATP 设备将输出一遍语音"允许缓解"。

2）语音 A1——级间切换

列车在进行 CTCS 等级切换时，当列车越过级间切换预告应答器后，ATP 触发并输出语音"级间切换"两遍；当列车越过切换应答器后，ATP 触发并输出声音 S4 提示司机进行确认。

3）语音 A2——前方限速

列车运行在 CSM 区，当距离 TSM 区 500 m 时，ATP 设备将触发输出一遍语音"前方限速"，告知司机列车即将进入降速区段，请司机做好必要的准备。

4）语音 A3——减速

当列车运行于 TSM 区时，如果列车运行速度超过了报警速度，ATP 设备将触发输出两遍语音"减速"。

5）语音 A4——目视行车

司机按下【目视】键后，ATP 设备进入目视行车模式。当列车运行 150 m 或 50 s 时，ATP 设备输出语音"目视行车"，该语音将持续到司机按下【警惕】键或列车触发制动（200 m 或 60 s）。当司机再次按下【警惕】键后，重复上述过程。

2. 声音

DMI 可以通过不同音调的声音给司机提供信息，具体的声音种类如表 4-6 所示。

➢ 声音 S2：制动预警提示音

当列车运行速度超过报警速度后，ATP 设备将输出声音 S2。当列车运行速度低于报警速度并持续 2 s 后，ATP 设备解除声音 S2 的输出。

➢ 声音 S3：制动结束提示音

在人控优先的情况下，当来自 ATP 设备的制动指令取消时，启动一次该声音的输出。在机控优先的情况下，不触发该声音。

表 4-6　DMI 声音种类

序号	声音名称	使用场合	备　注
1	S0	目标速度点变化 S5	

序号	声音名称	使用场合	备　注
1	S0	故障发生提示音 S6	
		新的文字信息提示 S7	
2	S2	制动预警时的声音	
3	S3	设备制动结束	
4	S4	需要司机应答	当需要司机进行应答时
5	S8	按键音	当显示器的按键备按下时
6	S9	司机介入提示音	当提示司机应当介入时

➢ 声音 S4：司机应答提示音

当 ATP 设备处于引导模式时，司机应当在 200 m 或 60 s 内按压【警惕】键，否则 ATP 设备将触发制动，为此需要在 200 m 或 60 s 之内提示司机按压【警惕】键。在这种情况下，当列车运行 150 m 或 50 s 时，ATP 设备输出声音 S4 提示司机进行相应操作。在进行级间切换时，需要司机在切换完成后按压【警惕】键进行回应，为此 ATP 设备在级间切换点触发声音 S4，提醒司机按压【警惕】键。

➢ 声音 S0（S5）：目标速度点变化提示音

当列车运行前方最近处的目标速度点发生变化时，ATP 设备将输出一遍该声音。

➢ 声音 S0（S6）：故障发生提示音

当 DMI 检测到自身故障，或者接收到 ATP 设备发送至 DMI 的故障信息时，触发一遍该声音。

➢ 声音 S0（S7）：文字信息提示音

当有新的文本信息到来时，触发一遍该声音。

➢ 声音 S8：按键音

当 DMI 面板上的按键被按下时，触发一遍该声音。

➢ 声音 S9：司机介入提示音

在机控优先的情况下，当列车进入侧线停车 ATP 允许司机介入时，启动该声音提示司机介入，该声音将一直持续到列车停车。

3. 语音声音输出优先级

由于 DMI 只有一个语音通道，为避免同时输出两种或两种以上的声音或语音，建议使用以下的优先级定义：

➢ 语音的优先级大于声音的优先级，两者不同时发出；

➢ 声音的优先级排列顺序：S0（S5）>S0（S7）>S3>S9>S4>S2>S0（S6）>S8。

4.3.5　故障表示

在设备出现故障后，DMI 将向司机给出一定的提示，具体的故障提示方法如下。

1. 按键失效表示

当 DMI 通过检验判断出按键粘连或失效后，为了尽量减少对设备正常工作的干扰，DMI 在文本显示区给出相应的故障提示文本："显示器故障"。

2. 通信故障表示

1）一路通信故障

当 DMI 判断出与 ATP 主机 VC 的某一系通信故障后，则在文本显示区显示相应的故障提示："与安全计算机#系通信故障"（#代表系别，由 DMI 根据通信地址判断）。

如果发生故障的是主系，则在文本显示区显示相应的故障提示并切换至另一备用系，保持正常显示。如果发生故障的是备用系，则只在文本显示区显示相应的故障提示。

2）两路通信故障

如果 DMI 在通信过程中判断出与 ATP 主机 VC 的两路通信完全中断，为防止对司机产生误导，DMI 将黑屏，同时在屏幕中央显示"与安全计算机双系通信故障"。

3. ATP 车载设备故障表示

1）VC 故障

在通信的过程中，DMI 接收到"VC 故障"的信息，根据通信地址判断出是某一系 VC 后，DMI 将在文本显示区显示相应的提示文本："安全计算机#系故障"（#代表系别，由 DMI 根据通信地址判断）。

如果上报故障的是主系，则 DMI 除了显示相应的文本外，还将切换到备用系。如果上报故障的只是备用系，则 DMI 只在文本提示区给出相应的提示。如果两路 VC 均上报故障，DMI 将黑屏，同时在屏幕中央显示文本"安全计算机双系故障"。

2）STM 故障

在通信的过程中，DMI 接收到"STM 故障"的信息，根据通信地址判断出是某一系 STM 后，DMI 将在文本显示区显示相应的提示文本："STM#系故障"（#代表系别，由 DMI 根据通信地址判断）。

如果上报故障的是主系，则 DMI 除了显示相应的文本外，还将切换到备用系。如果上报故障的只是备用系，则 DMI 只在文本提示区给出相应的提示。如果两路 VC 均上报 STM 故障，DMI 将黑屏，同时在屏幕中央显示文本"STM 双系故障"。

3）BTM 故障

在通信的过程中，DMI 接收到"BTM 故障"的信息后，如果上报故障的是主系，则 DMI 不显示任何文本，并切换到备用系。如果上报故障的只是备用系，则 DMI 无任何提示。如果两路 VC 均上报 BTM 故障，DMI 将黑屏，同时在屏幕中央显示文本"BTM 故障"。

4）交叉故障

如果在通信的过程中，DMI 接收到两系上报故障不同，DMI 将黑屏，同时在屏幕中央显示文本"ATP 设备故障"。

5）其他故障

对于 ATP 车载设备上报的其他故障，DMI 将在获得故障代码后在文本显示区显示相应的故障提示。

4.4 CTCS₂-200H 型列控车载设备的操作

4.4.1 DMI 操作

1. DMI 上电工作

DMI 上电后处于待机状态，准备好接收并显示 ATP 车载设备数据，DMI 待机界面如图 4–29 所示。

2. 基础数据输入

用户在 DMI 主界面按压功能键 F1【数据】键，进入基础数据输入界面，如图 4–30 所示。

图 4–29　DMI 待机界面

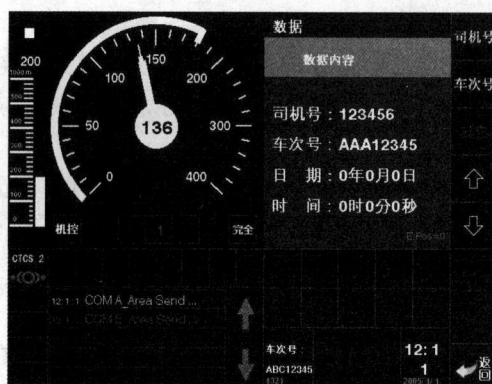

图 4–30　基础数据输入界面

此时，按压功能键 F1【司机号】键，进入如图 4–31 所示的司机号编辑界面；按压功能键 F2【车次号】键，进入如图 4–32 所示的车次号编辑界面；按压功能键 F8【返回】键，返回到 DMI 主界面。

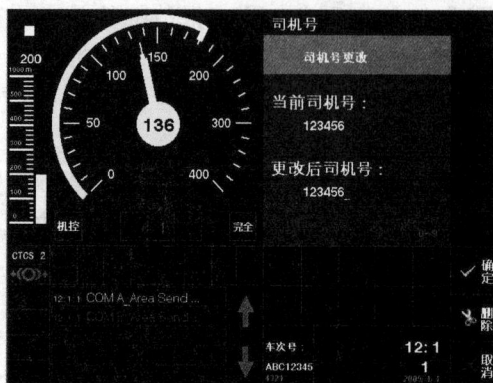

图 4–31　司机号编辑界面

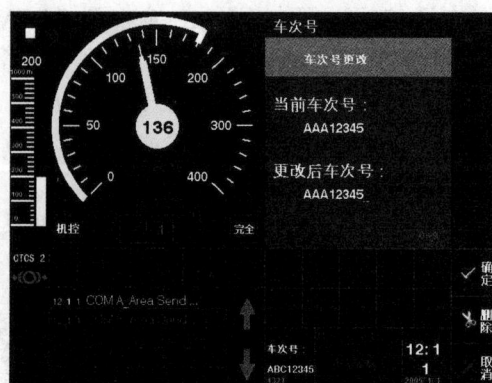

图 4–32　车次号编辑界面

3. 调车模式切换

进入调车模式切换界面有两种方法：

（1）在主界面按压功能键 F2【模式】键，进入如图 4–33 所示的模式选择界面。在模式选择界面下按压功能键 F1【调车】键，进入如图 4–34 所示的调车模式切换界面。

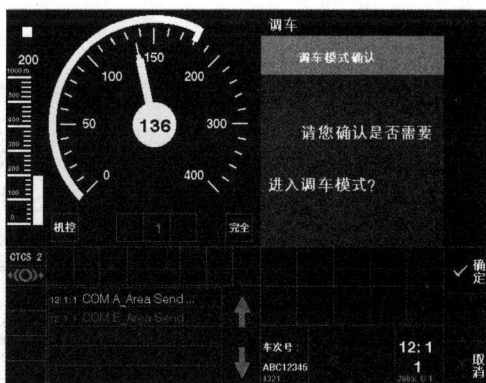

（2）在主界面下直接按压屏幕下方的【调车】键，进入如图 4–34 所示的调车模式切换界面。

在调车模式切换界面下，按压功能键 F6【确定】键，切换到调车模式并返回主界面。如果按压功能键 F8【取消】键，则放弃切换操作，返回主界面。

退出调车模式的操作方法与进入调车模式的操作方法相同，DMI 及 ATP 车载设备会根据实际情况判断出司机当前的操作是进入还是退出调车模式，并据此显示相应的提示对话框。

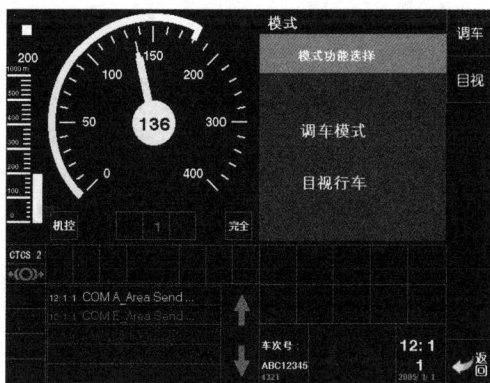

图 4–33 模式选择界面   图 4–34 调车模式切换界面

4. 目视行车模式切换

进入目视行车模式切换界面有以下两种方法。

（1）在主界面按压功能键 F2【模式】键，进入如图 4–33 所示的模式选择界面。在模式选择界面下按压功能键 F2【目视】键，进入如图 4–35 所示的目视行车模式切换界面。

（2）在主界面下直接按压屏幕下方的【目视】键，进入如图 4–35 所示的目视行车模式切换界面。

在目视行车模式切换界面下，按压功能键 F6【确定】键，切换到目视行车模式并返回主界面。如果按压功能键 F8【取消】键，则放弃切换操作，返回主界面。

退出目视行车模式是根据地面轨道电路情况及应答器信息接收情况自动完成的，不需要司机特别的操作。

5. 载频切换

在 ATP 车载设备工作过程中，司机可以通过 DMI 切换上、下行载频。

在主界面下按压功能键 F3【载频】键，进入如图 4–36 所示的载频选择界面。

在载频选择界面下，按压功能键 F1【上行】键，进入如图 4–37 所示的上行载频切换界面；按压功能键 F2【下行】键，进入如图 4–38 所示的下行载频切换界面。

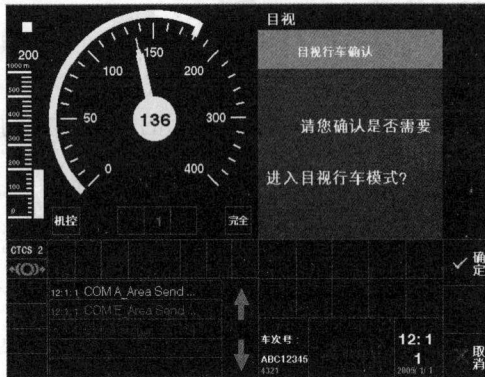

图 4-35　目视行车模式切换界面

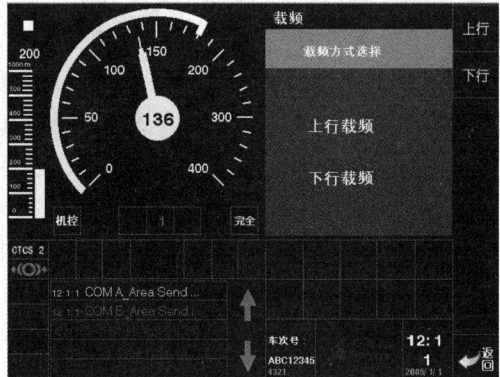

图 4-36　载频选择界面

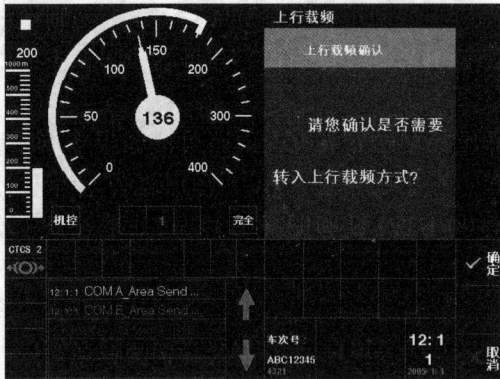

图 4-37　上行载频切换界面

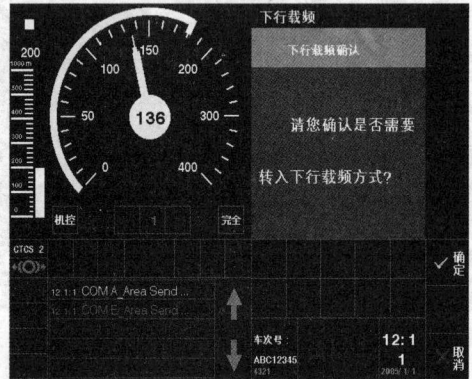

图 4-38　下行载频切换界面

在上述载频切换界面下，按压功能键 F6【确定】键，切换到选择的载频并返回主界面。如果按压功能键 F8【取消】键，则放弃切换操作，返回主界面。

6. 运行等级切换

在 ATP 车载设备工作过程中，司机可以通过 DMI 选择 CTCS 等级。

在主界面下按压功能键 F4【等级】键，进入如图 4-39 所示的运行等级选择界面。

在运行等级选择界面下，按压功能键 F1【CTCS0】键，进入如图 4-40 所示的 CTCS0 等级切换界面；按压功能键 F2【CTCS2】键，进入如图 4-41 所示的 CTCS2 等级切换界面。

在上述等级切换界面下，按压功能键 F6【确定】键，ATP 车载设备将切换到相应的运行等级并返回主界面。如果此时按压功能键 F8【取消】键，则放弃切换操作，返回主界面。

7. 缓解制动

在设备触发常用制动后，当列车运行速度低于缓解速度时，司机通过缓解制动操作缓解常用制动；在设备触发紧急制动停车后，司机通过缓解制动操作缓解紧急制动。在主界面下按压功能键 F7【缓解】键，或者按压屏幕下方的【缓解】键，进入如图 4-42 所示的缓解制动界面。

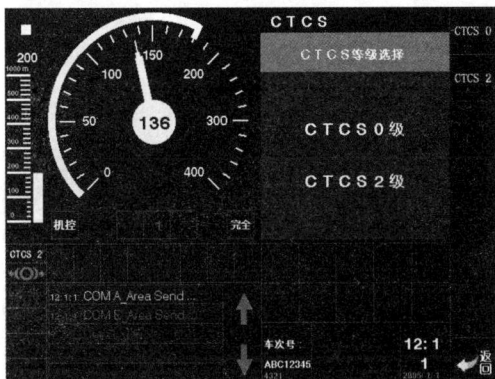

图 4-39 运行等级选择界面

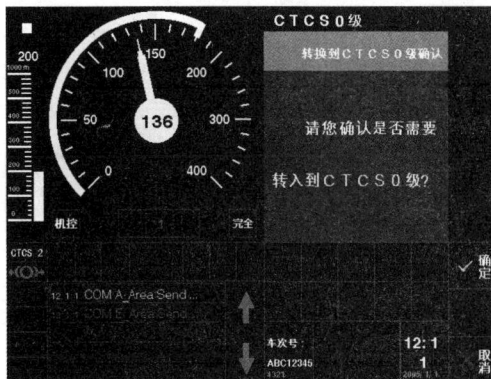

图 4-40 CTCS0 等级切换界面

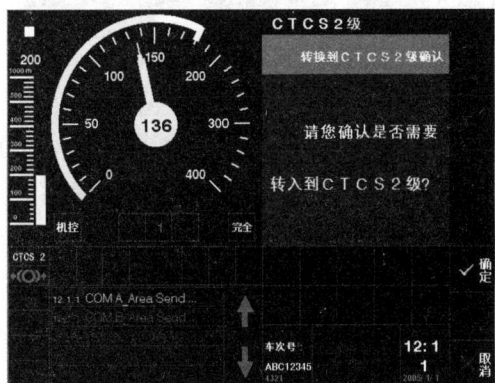

图 4-41 CTCS2 等级切换界面

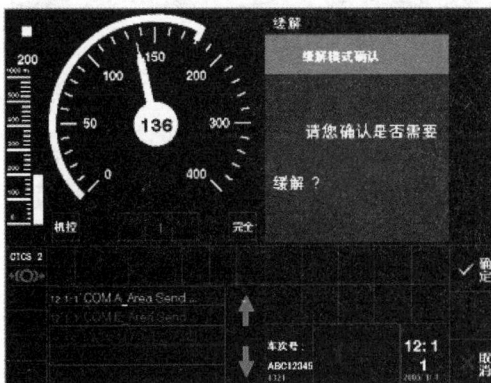

图 4-42 缓解制动界面

在缓解制动界面下，按压功能键 F6【确定】键，执行缓解制动操作并返回主界面。如果按压功能键 F8【取消】键，则放弃缓解制动操作，返回主界面。

8. 启动

如果 ATP 车载设备处在待机模式，在主界面下按压功能键 F6【启动】键，或者按压屏幕下方的【启动】键，进入如图 4-43 所示的"启动"确认界面。

在"启动"确认界面下，按压功能键 F6【确定】键，进入部分监控模式。如果按压功能键 F8【取消】键，将放弃操作，返回原来状态。

如果 ATP 设备处在待机模式以外的模式，按压【启动】键无效。

9. 音量、亮度调节

在主界面下按压功能键 F5【音量亮度】键，进入如图 4-44 所示的音量、亮度调节界面。

在音量、亮度调节界面下，按压功能键 F2【减小】键可减小音量，按压功能键 F3【增大】键可增大音量。界面中绿色喇叭图标右下角的数字表示音量的等级，最大为 25（MAX），最小为 0（NOT）。按压功能键 F4【暗淡】键可减小显示亮度，按压功能键 F5【明亮】键可增大显示亮度。界面中亮度表示图标右下角的数字表示亮度调节的等级，最大为 31（MAX），最小为 0（MIN）。

调节结束后，按压功能键 F8【返回】键，返回主界面。

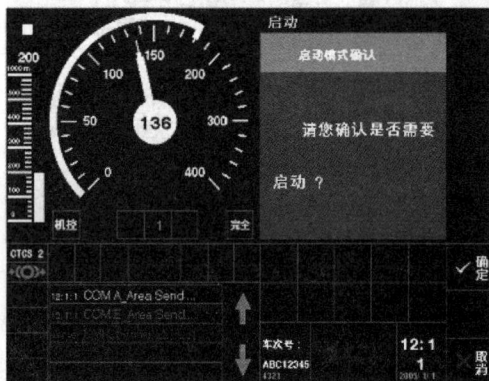

图 4-43 "启动"确认界面   图 4-44 音量、亮度调节界面

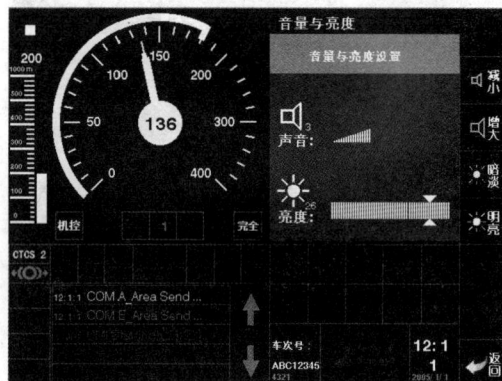

10. 警惕

在车载设备处于目视行车模式或引导模式下，司机需每隔一定时间或距离（60 s 或者 200 m 以内）按压【警惕】键，以表明司机了解当前车载设备处于目视行车模式或引导模式下。车载设备在进行级间切换后，会输出声音提示，司机需要按压【警惕】键来停止声音提示的输出。

按压【警惕】键有两种方式：在主界面下按压功能键 F8【警惕】键，或者按压屏幕下方的【警惕】键。

4.4.2 ATP 车载设备的上电操作

1. 接通电源

接通电源分为车库内电源接通、站内股道电源接通、站内正线电源接通三种情况。

1）车库内电源接通

（1）司机接通列车的电源，将钥匙插入制动设定器手柄，并将手柄从"拔出"位置旋转到"运行"位置。这样，MCR 被激活，接通 ATP 车载设备的电源。如果接通电源时的初始设定为"CTCS2"，接通电源后，ATP 车载设备就会自动转为待机模式。若接通电源时的初始设定为"CTCS0"，则会转为机车信号模式。此处假定默认 CTCS 等级设定为"CTCS2"。

（2）通常车库内不敷设 ZPW2000 轨道电路，司机需操作【调车】键，将 ATP 车载设备转为调车监控模式。

（3）在调车监控模式下，司机以 40 km/h 以下的速度移动列车，运行到铺设了 ZPW2000

轨道电路的场所，并在规定的位置停下。

（4）司机操作【调车】键退出调车监控模式，ATP 车载设备转为待机模式。司机通过 DMI 选择"上行"或"下行"。当轨道电路发送允许信号时，司机操作【启动】键，ATP 车载设备转为部分监控模式。

（5）列车发车，在通过应答器确定位置后，ATP 车载设备转为完全监控模式。

2）站内股道电源接通

（1）司机接通列车的电源，使受电弓上升，将钥匙插入制动设定器手柄，并将手柄从"拔出"位置旋转至"运行"位置。这样，MCR 被激活，接通 ATP 车载设备的电源。接通电源后，ATP 车载设备就会自动转为待机模式。

（2）因为站内敷设 ZPW2000 轨道电路，所以司机操作【启动】键，ATP 车载设备就会转为部分监控模式。

（3）在从股道出发的情况下，轨道电路会发送 UU 码或 UUS 码，因为未接收 TSR 信息，ATP 车载设备产生 45 km/h 的限速控制列车运行。

（4）列车在通过应答器确定位置后，ATP 车载设备转为完全监控模式。

3）站内正线电源接通

（1）司机接通列车的电源，使受电弓上升，将钥匙插入制动设定器手柄，并将手柄从"拔出"位置旋转至"运行"位置。这样，MCR 被激活，接通 ATP 车载设备的电源。接通电源后，ATP 车载设备就会自动转为待机模式。

（2）因为站内敷设 ZPW2000 轨道电路，所以司机操作【启动】键，ATP 车载设备就会转为部分监控模式。

（3）ATP 车载设备会按照部分监控模式中各信息码和速度的对应定义，生成制动模式曲线，控制列车运行。

（4）列车在通过应答器确定位置后，ATP 车载设备转为完全监控模式。

2. 切断电源

当司机结束运行后，要将制动设定器从"运行"位置转为"拔出"位置。在这一时点，MCR 变为无加压状态，ATP 车载设备的电源即被切断。司机将钥匙拔出，在切断车体方的其他电源后离开驾驶台。

4.4.3　ATP 车载设备的运用操作

1. 运行准备

车辆整体上电后，应先按照车辆制造厂家的操作说明书进行操作准备。准备完成后，根据下列顺序进行 ATP 车载设备的操作准备。

（1）隔离开关置于"正常"位置；

（2）ATP 车载设备各电源开关置于"ON"位置，动车组受电；

（3）动车组上电 1 min 后，按压 DMI 上的【载频】键，选取"上行"或"下行"；

（4）按压 DMI 上的【启动】键，如果 DMI 上给出"允许缓解"的提示，按压 DMI 上的【缓解】键。

2. 各种模式下的运行

1）待机模式

运行准备结束后，此模式已自动转换为其他模式。

2）完全监控模式

（1）车体【方向】键置于"前"位置；

（2）车体司机手柄置于相应"牵引"档位；

（3）动车组按监控曲线运行；

（4）超速后，当 DMI 上给出"允许缓解"的提示，按压 DMI 上的【缓解】键。

3）部分监控模式

（1）车体【方向】键置于"前"位置；

（2）车体司机手柄置于相应"牵引"档位；

（3）动车组按监控曲线运行；

（4）超速后，当 DMI 上给出"允许缓解"的提示，按压 DMI 上的【缓解】键。

4）引导模式

（1）车体【方向】键置于"前"位置；

（2）车体司机手柄置于相应"牵引"档位；

（3）动车组按监控曲线运行；

（4）根据 DMI 的声音提示，需每隔一定时间或距离（60 s 或 200 m 以内）按压 DMI 上的【警惕】键；

（5）超速后，当 DMI 上给出"允许缓解"的提示，按压 DMI 上的【缓解】键。

5）目视行车模式

（1）停车等待 2 min 后，按压 DMI 上的【模式】键，选取"目视"模式；

（2）车体【方向】键置于"前"位置；

（3）车体司机手柄置于相应"牵引"档位；

（4）动车组按监控曲线运行；

（5）根据 DMI 的语音提示，需每隔一定时间或距离（60 s 或 200 m 以内）按压 DMI 上的【警惕】键；

（6）超速后，当 DMI 上给出"允许缓解"的提示，按压 DMI 上的【缓解】键。

6）调车监控模式

（1）按压 DMI 上的【模式】键，选取"调车"模式；

（2）车体【方向】键置于"前"位置；

（3）车体司机手柄置于相应"牵引"档位；

（4）动车组按监控曲线运行；

（5）超速后，当 DMI 上给出"允许缓解"的提示，按压 DMI 上的【缓解】键。

7）隔离模式

（1）隔离开关置于"隔离"位置；

（2）车体【方向】键置于"前"位置；

（3）车体司机手柄置于相应"牵引"档位；

（4）动车组按《铁路技术管理规程》的要求运行。

8）机车信号模式

（1）按压 DMI 上的【等级】键，选取"CTCS0"；

（2）动车组按《铁路技术管理规程》的要求运行。

3. 运行结束

将司机手柄放置规定位置，ATP 车载设备电源被切断。

4. 操作注意事项

1）不允许 DMI 液晶屏受打击力；

2）徒手或套上柔软的手套操作 DMI 的按键；

3）在通电状态下，不允许插拔 ATP 车载设备中的连接器、印刷板和模块；

4）在运用状态下，不允许更改 ATP 车载设备主机柜面板上及主机内的开关及按键；

5）单系故障时，在 DMI 上会有显示，不需司机进行额外的特殊操作。

4.4.4 ATP 车载设备故障的应急处理

1. STM 故障

在 STM 发生故障时，应在已有的行车许可范围内适当位置触发常用制动或紧急制动，确保列车在行车许可范围的末端前停车。通过司机操作，将 ATP 车载设备转为隔离模式，由司机根据调度命令行车。

2. BTM 故障

在 BTM 发生故障时，由于车载设备（VC）和 BTM 之间的通信异常，车载设备（VC）也为故障状态，在 VC 双系都发生故障的时间点，车载设备（VC）输出紧急制动。如果继续走行的话，通过司机操作，将 ATP 车载设备转为隔离模式，遵照司机的指令来运行。

3. ATP 整机故障

在列车运行过程中，ATP 车载设备发生故障并触发制动停车后，司机立即向列车调度员报告，通知随车机械师将系统断电 30 s 后重新启动。若断电重新启动两次均失败，则根据调度命令等待救援，并将 ATP 车载设备转为隔离模式。断电重新启动后，若 ATP 车载设备未完全恢复，但 DMI 或 LKJ 的机车信号显示功能正常，则 ATP 车载设备转为隔离模式，由 LKJ 控车。

4. ATP 车载设备触发异常制动，司机不能判定故障原因

ATP 车载设备触发异常常用制动或紧急制动，司机不能判定故障原因时，司机应立即通知随车机械师协同查找故障原因，同时将情况报告给列车调度员和车站值班员，对地面设备情况进行确认，待故障原因确定后按调度命令运行。

复习参考题

1. CTCS$_2$-200H 型列控车载设备的基本功能包括哪几个方面？

2. CTCS$_2$-200H 型列控车载设备由哪些单元构成？各单元的功能是什么？

3. CTCS$_2$-200H 型列控车载设备有哪几种工作模式？

4. DMI 主界面六大区域的显示内容各是什么？

5. DMI 各按键、各语音及声音的功能是什么？

6. DMI 如何操作？

第5章

CTCS-3 级列控系统

【本章内容概要】

本章主要介绍了 CTCS-3 级列控系统的地面设备及车载设备。

【本章学习重点与难点】

学习重点：包括 CTCS-3 级列控系统的结构；地面设备的构成、功能及接口；车载设备的构成、功能、工作模式及接口；车载安全计算机中 CTCS-3 级控制单元和 CTCS-2 级控制单元的控制功能及相互关系。

学习难点：车载安全计算机中 CTCS-3 级控制单元和 CTCS-2 级控制单元的控制功能及相互关系。

CTCS-3 级列控系统是基于 GSM-R 无线通信实现车地信息双向传输，采用轨道电路等方式检查列车占用，由无线闭塞中心（RBC）生成行车许可，应答器实现列车定位，同时具备 CTCS-2 级功能的列车运行控制系统。

CTCS-3 级列控系统面向提速干线、高速新线或特殊线路，基于无线通信的固定闭塞或虚拟自动闭塞。CTCS-3 级列控系统适用于各种限速区段，地面可不设通过信号机，机车乘务员凭车载信号行车。

5.1   CTCS-3 级列控系统技术原则与基本功能

5.1.1   主要技术原则

CTCS-3 级列控系统主要技术原则如下。

（1）CTCS-3 级列控系统满足运营速度 350 km/h、最小追踪间隔 3 min 的要求。

（2）CTCS-3 级列控系统满足正向按自动闭塞追踪运行，反向按自动站间闭塞运行的要求。

（3）CTCS-3 级列控系统满足跨线运行的运营要求。

（4）CTCS-3 级列控系统车载设备采用目标距离连续速度控制模式、设备制动优先的方式监控列车安全运行。

（5）CTCS-2 级作为 CTCS-3 级的后备系统。无线闭塞中心或无线通信故障时，CTCS-2 级列控系统控制列车运行。

（6）全线无线闭塞中心（RBC）设备集中设置。

（7）GSM-R 无线通信覆盖包括大站在内的全线所有车站。

（8）动车段及联络线采用 CTCS-2 级列控系统。

（9）300 km/h 及以上动车组不装设列车运行监控装置（LKJ）。

（10）在 300 km/h 及以上线路，CTCS-3 级列控系统车载设备速度容限规定为超速 2 km/h 报警、超速 5 km/h 触发常用制动、超速 15 km/h 触发紧急制动。

（11）RBC 向装备 CTCS-3 级车载设备的列车发送分相区信息；应答器向装备 CTCS-2 级车载设备的列车发送分相区信息，实现自动过分相。

（12）CTCS-3 级列控系统统一接口标准，涉及安全的信息采用满足 IEC 62280 标准要求的安全通信协议。

（13）CTCS-3 级列控系统安全性、可靠性、可用性、可维护性满足 IEC 62278 等相关标准的要求，关键设备冗余配置。

5.1.2　基本功能

（1）CTCS-3 级列控系统能向司机提供安全驾驶列车的必要信息。

（2）CTCS-3 级列控系统能监控列车及调车运行。

（3）受 RBC 控制的列车，只有得到 RBC 的授权才能在该 RBC 控制的区域内运行。

（4）CTCS-3 级列控系统满足运营速度 350 km/h 及以上、最小追踪间隔 3 min 的要求。

（5）CTCS-3 级列控系统满足跨线运行的运营要求。

（6）CTCS-3 级列控系统具有轨道占用检查功能。

（7）CTCS-3 级列控系统采用固定自动闭塞，以目标距离连续速度控制模式监控列车运行。

（8）CTCS-3 级车载设备具有设备制动优先和司机制动优先两种控制方式，一般情况下可采用设备制动优先控制模式。

（9）CTCS-3 级车载设备具有常用制动和紧急制动监控列车速度的功能。

（10）CTCS-3 级地面设备具有设置临时限速，并向车载设备发送临时限速信息的功能。

（11）CTCS-3 级列控系统具备 CTCS-2 级功能。

CTCS-3 级列控系统除基本功能外，还具有行车功能、与地面设备有关的功能、车载设备功能、特殊行车功能、事故或其他系统（CTCS 以外）故障时所具有的功能、防护功能、与调度集中控制中心有关的功能、附加功能及与 RBC 有关的功能。

行车功能包括车载设备的自检、列车参数和司机参数的输入功能；在调车状态下、部分监控状态下、完全监控状态下、隔离状态下及机车信号状态下的行车功能。

与地面设备有关的功能包括基础数据采集功能、行车许可功能、引导状态下驶入可能有车占用区段的监控、轨道占用检查及临时限速的功能。

车载设备功能包括静态速度曲线的计算、动态速度曲线的计算、开口速度计算、列车定位、速度计算和显示、DMI 显示、行车许可和速度限制的监控、溜逸和退行防护、车载设备信息记录的功能。

特殊行车功能包括使用重联控制装置的多机牵引控制、无重联控制装置的多机牵引控制及列车退行控制功能。

事故或其他系统（CTCS 以外）故障时的功能包括目视行车状态下控制列车按照行车规则要求限速通过停车信号功能。

防护功能包括紧急停车功能、进路适合性防护功能、列车冒进防护功能。

与调度集中控制中心有关的功能包括列车识别和列车地理位置信息获取的功能。

附加功能包括自动过分相控制、气密控制、纯文本与固定文本消息的传送与显示、特殊制动的管理、无线列调频点切换功能。

与 RBC 有关的功能包括列车完整性、RBC 区域调车、RBC 区域的行车许可、发送给 RBC 的列车参数、行车许可的缩短/撤销、退行、RBC 切换功能。

5.2　CTCS-3级列控系统结构

CTCS-3 级列控系统包括地面设备、车载设备、GSM-R 无线通信网络及信号数据传输网络四个部分。

地面设备由无线闭塞中心（RBC）、无线通信（GSM-R）地面设备、点式设备、列控中心及轨道电路构成，如图 5–1 所示。

RBC 根据轨道电路、联锁进路等信息生成行车许可，通过 GSM-R 无线通信系统将行车许可、线路参数、临时限速传输给车载设备；同时通过 GSM-R 无线通信系统接收车载设备发送的列车位置和列车数据等信息。GSM-R 无线通信系统完成地–车间大容量的信息交换。点式设备主要提供列车定位信息和等级转换信息；同时向车载设备传送线路参数和临时限速等信息，以满足后备系统需要。轨道电路主要用于列车占用检测及列车完整性检查。列控中心接收轨道电路的信息，通过联锁系统传送给 RBC；同时具有轨道电路编码、应答器报文存储和调用、站间安全信息传输、临时限速功能以满足后备系统需要。

车载设备由车载安全计算机（VC）、GSM-R 无线通信单元（RTU）、轨道电路信息接收单元（TCR）、应答器信息传输模块（BTM）、人机界面（DMI）、测速测距单元（SDU）、列车接口单元（TIU）、司法记录器（JRU）及设备维护记录单元等构成，如图 5–2 所示。

车载安全计算机根据地面设备提供的行车许可、线路参数、临时限速等信息和列车数据，对列车运行控制信息进行综合处理，按照目标距离连续速度控制模式生成动态速度曲线，控制列车安全运行。GSM-R 无线通信车载设备完成车–地间大容量的信息交换。应答器信息传输模块完成点式信息的接收与处理。运行管理记录单元规范机车乘务员驾驶，记录与运行管理相关的数据。人机界面完成车载设备与机车乘务员的交互。测速测距单元实时检测列车运行速度并计算列车走行距离。设备维护记录单元对接收信息、系统状态和控制动作进行记录。

GSM-R 网络完成车–地间大容量的双向信息交换，RBC 通过 ISDN 服务器，利用 PRI 接口接入 GSM-R 网络，车载设备利用 RS422 接口通过 MT 接入 GSM-R 网络，实现车地双向无线通信。地面 GSM-R 网络基站采用"单网交织冗余覆盖"的方式，在单基站故障的情况下，可以确保网络通信的服务质量指标，如图 5–3 所示。

CTCS-3 级列控系统与 GSM-R 网络之间的接口为 I_{GSM-R} 接口、I_{FIX} 接口，如图 5–4 所示。

信号数据传输网络由 RBC/联锁安全数据通信以太网、TCC/联锁安全数据通信局域网、CTC 数据通信以太网、信号监测数据通信以太网构成，实现无线闭塞中心（RBC）、调度集中（CTC）、联锁系统、列控中心（TCC）、监测系统间的安全数据通信和非安全数据通信。接入客运专线信号安全数据网的设备包括：列控中心（TCC）、计算机联锁（CBI）、临时限速服务器（TSRS）、无线闭塞中心（RBC）等。

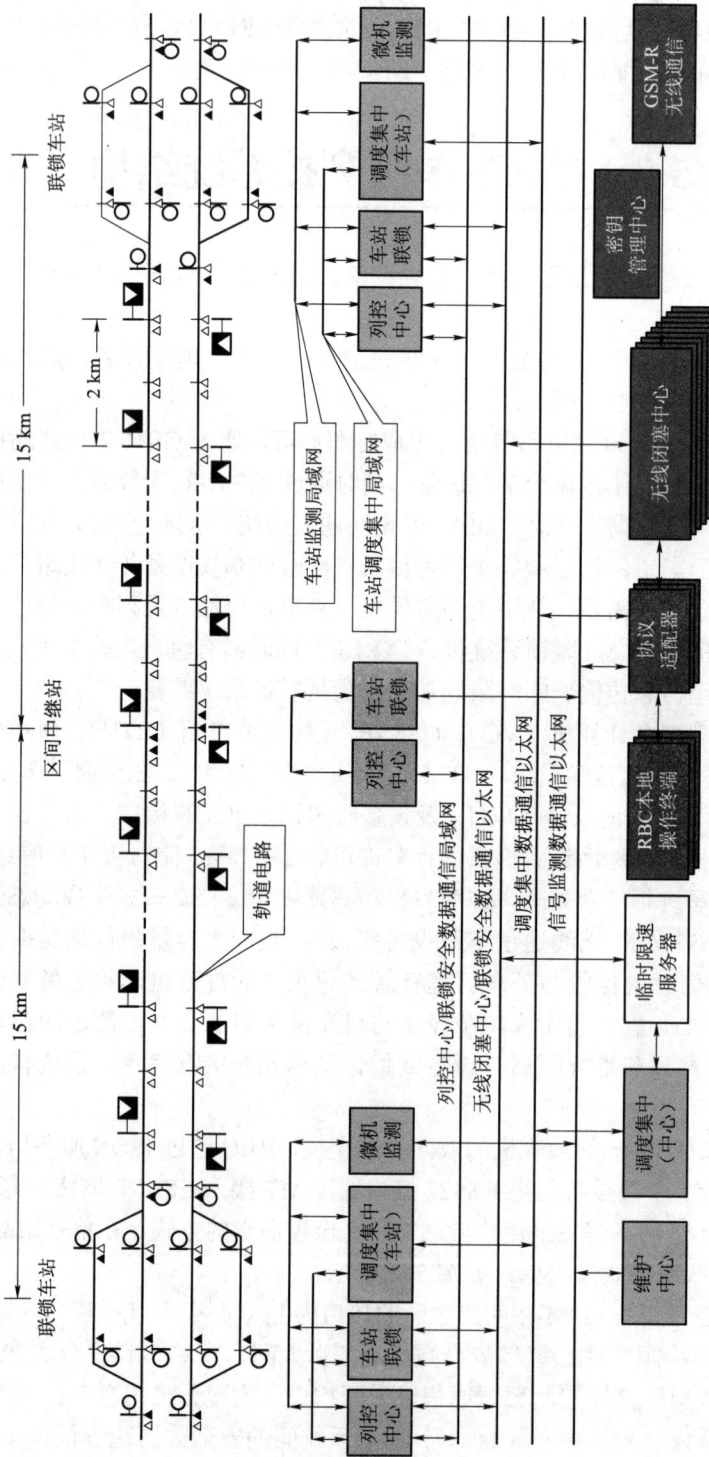

图 5-1 CTCS-3 级列控系统地面设备总体结构图

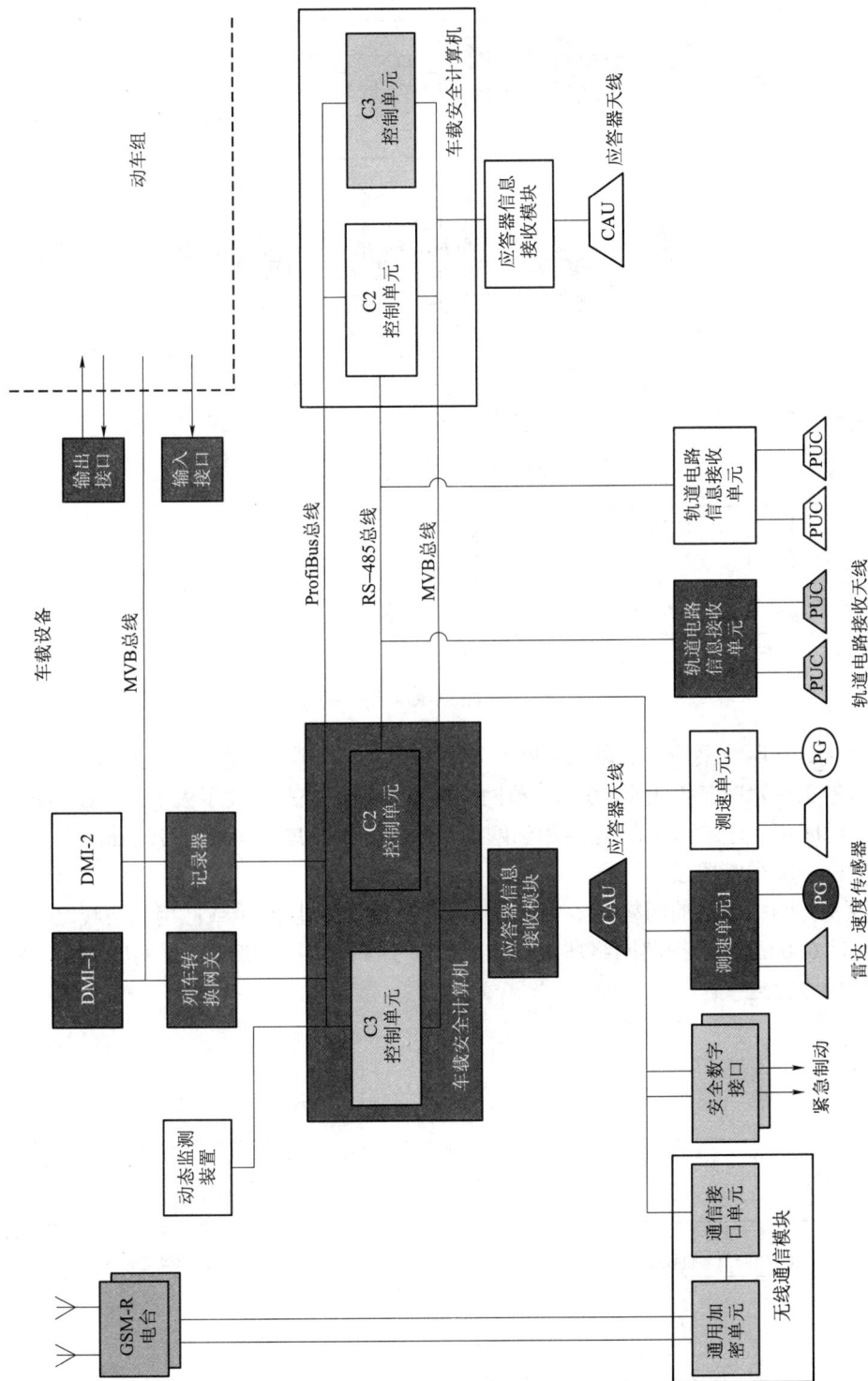

图 5 - 2 CTCS-3 级列控系统车载设备总体结构图

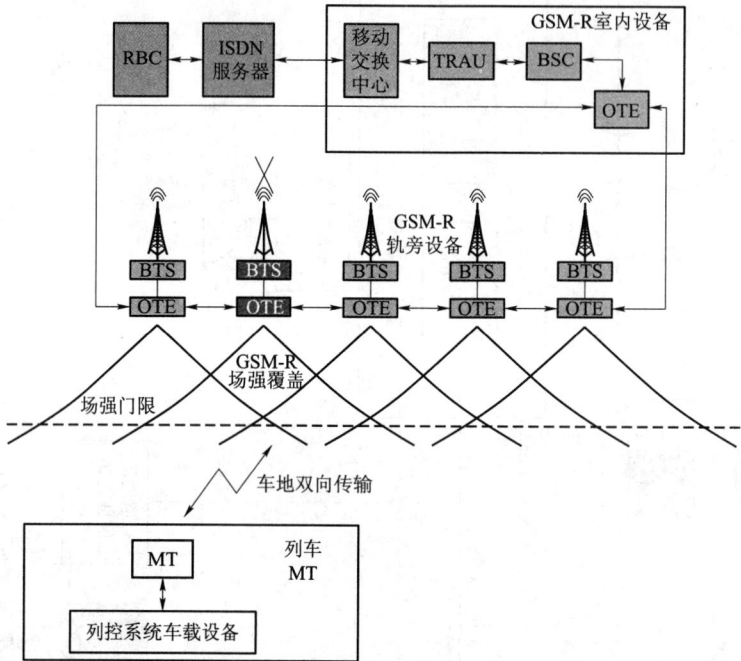

图 5-3 GSM-R 网络

信号安全数据网络采用工业以太网网络设备（工业级交换机）构成冗余双环网，网络设备中单节点信息传输时延不大于 50 μs，单网络内数据通信自愈时间不大于 50 ms，网络间数据通信自愈时间不大于 500 ms。连接相邻网络设备的光纤长度应不超过 70 km，光纤长度不满足要求时应增加中继器设备。

每一独立环网中接入的网络设备（交换机、中继器）超过 40 个或应用网络线路（铁路线路）长度超过 600 km 时，应将网络环路分割成不同子环网。各相邻子环网间应采用三层工业以太网交换机进行连接。

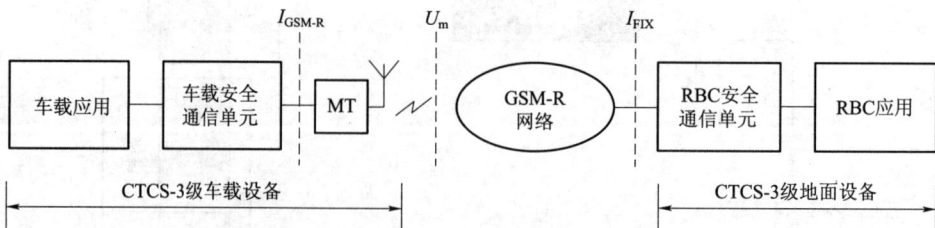

图 5-4 CTCS-3 级列控系统与 GSM-R 网络接口示意图

5.3　CTCS-3 级列控系统地面设备

地面设备由无线闭塞中心（RBC）、无线通信（GSM-R）地面设备、点式设备、列控中心及轨道电路构成。

5.3.1　RBC

RBC 设备包括无线闭塞单元（RBU）、协议适配器（VIA）、RBC 维护终端、司法记录器（WJRU）、ISDN 服务器和交换机等设备，如图 5-5 所示。

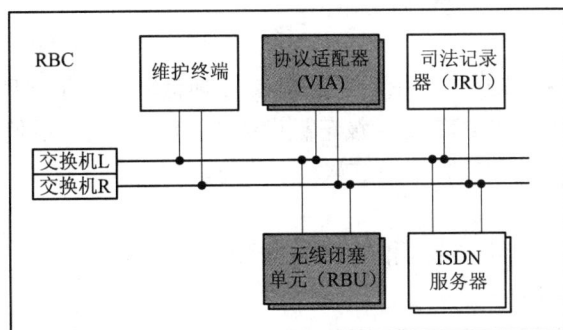

图 5-5　RBC 硬件结构图

1. RBC 配置原则

RBC 的配置原则重点考虑控制能力、接口能力及维护适应性三大因素。RBC 及其他关键设备应采用冗余配置。

每台 RBC 的控制能力包括：同时登录的列车数量、同时设定的进路数量、同时激活的临时限速数量、同时激活的紧急区域数量、同时激活的临时调车区域数量。

综合考虑各种限制条件和运行调试、维修维护的便利性，RBC 主机宜集中设置。

2. RBC 设备配置

RBC 硬件采用冗余安全结构，设备包括：无线闭塞单元（RBU）、协议适配器（VIA）、RBC 维护终端、司法记录器（WJRU）、ISDN 服务器、操作控制终端和交换机等设备。

3. 安全技术平台

RBC 采用安全计算机平台，遵循安全性原则。安全平台由不同的故障安全处理单元和操作系统构成。

应用软件采用 N 版本冗余技术，对运算和表决采用不同的策略。

4. 操作控制终端

RBC 操作控制终端由服务器和工作站组成，主要可完成站场图形显示、进路及列车运行情况显示、列车的登记与注销、紧急操作及 RBC 系统的维护与诊断等功能。

5. 本地维护终端

每台 RBC 设有一个维护终端，主要为维护工程师及其他技术人员提供与 RBU 的接口。主要完成以下功能。

（1）监视系统及通信状态。监视 RBU 处于工作状态，还可以通过它切换 RBU 工作状态。

（2）告警提示。所有与 RBU 有关的报警发生时，都会在一个窗口里显示出来。

（3）读取由 RBU 存储的诊断数据（包括来自安全传输单元的数据）

（4）下载系统日志。

（5）设定时间和日期。

6. 司法记录器

司法记录器将 RBC 所有状态及列车报告的数据和状态均记录下来，以备分析检查。

7. ISDN 服务器

通过 ISDN 服务器为 RBC 提供通话路由。

8. 密钥管理中心

CTCS-3 级车载设备与 RBC 之间使用 GSM-R 交换信息，为了保证通信安全（对发送端/接收端及数据完整性的认证），CTCS-3 级车载设备与 RBC 之间需要使用密钥。

在通信开始时，发送端和接收端通过认证（自动识别和认证程序），交换的数据通过使用消息认证码受到保护。

密钥管理中心（KMC）负责密钥的生成和分配。

9. RBC 设备内部接口

RBC 设备内部接口包括：RBC 与 RBC 间的接口、RBC 与 ISDN 间的接口、RBC 与 VIA 和 RBC 操作控制终端接口、RBC 与 RBC 本地维护终端接口、RBC 与司法记录器接口。

10. RBC 设备外部接口

RBC 设备外部接口包括：RBC 与车站联锁设备接口、RBC 与 CTC 设备接口、RBC 与临时限速操作服务器接口、RBC 与信号集中监测设备接口、RBC 与 GSM-R 网络之间的接口。

1）RBC 与车站联锁设备接口

RBC 与车站联锁系统通过冗余配置的 TCP/IP 信号专用安全通信网连接，采用安全通信协议，实现信息安全传输。

RBC 与联锁系统将站间线路划分为若干个信号授权 SA 区段，并以此为基本单位进行信息交互，它以对象的方式传递信息，对象包括列车状态、信号授权和紧急停车区。

RBC 通过列车状态对象向联锁系统发送列车相关信息，包括列车信息、行车许可信息、列车位置信息、列车长度信息、列车速度信息。

联锁系统通过信号授权对象向 RBC 发送进路状态相关信息，包括进路类型、进路状态、降级状态、SA 区段的 ID 号、危险点信息、列车溜入检测标志、开口速度。

联锁中可设置紧急停车区，其状态可通过紧急区对象传递给 RBC。如果紧急停车区被激活，那么 RBC 将向该区域内及要进入该区域的列车发送无条件或有条件紧急停车消息，并在撤销该紧急停车区前不会对该区域发送新的行车许可。

2）RBC 与 CTC 设备接口

在 CTC 系统调度中心设置 CTC/RBC 接口服务器，CTC/RBC 接口服务器通过以太网端口一端接入 RBC 网络，另一端接入 CTC 调度中心局域网。CTC 系统通过协议转换器（VIA）设备和 RBC 系统进行数据交换。CTC-RBC 接口服务器为双套配置，同时和多套 VIA 连接。

接口信息内容包括登录及注销、设置和撤销紧急停车命令、时间同步、列车状态、RBC 工作状态、报警信息、文本信息和操作反馈信息。

3）RBC 与临时限速操作服务器接口

RBC 通过信号专用安全数据通信网直接与临时限速操作服务器连接，传输临时限速相关信息。临时限速信息包括临时限速命令和临时限速状态。临时限速操作服务器与 RBC 间交换的所有数据均采用安全通讯协议，保证数据交换的安全。

4）RBC 与信号集中监测设备接口

在控制中心设置信号监测终端系统，终端计算机一端接入 RBC 的非安全局域网，一端接入监测局域网。RBC 的本地终端将所有 RBC 的维护、诊断信息汇总、处理，并按照规定的应用通信协议，将 RBC 的监测信息发送给信号集中监测的终端计算机，通过信号集中监测网络，将 RBC 监测信息发送给各级维修中心。

RBC 向集中监测站机传送的主要信息包括 RBC 设备的运行状态信息和维护诊断信息等。

5）RBC 与 GSM-R 网络之间的接口

RBC 通过 ISDN PRI 接口与 GSM-R 网络移动交换机（MSC）连接。

一个 RBC 与 MSC 的 PRI 接口冗余配置，MSC 为这些接口分配统一的 ISDN 呼入号码，并按照负荷分担的原则将车载台对某个 RBC 的呼叫路由到一个可用的 PRI 接口上。

5.3.2　GSM-R 通信网络

1. GSM-R 核心网节点设计

GSM-R 核心网包括移动交换子系统、GPRS 子系统、智能网子系统，应按照全路核心网建设规划建设，各条客运专线接入相关节点。

2. GSM-R 无线网络

采用交织冗余覆盖方案，排序为奇数（1，3，5，……）或偶数（2，4，6，……）的基站达到的覆盖都分别能够满足系统规定的 QoS 指标，如图 5-3 所示。这种覆盖结构允许在单点（单个基站或单个直放站远端机）故障的情况下仍然能够满足系统规定的 QoS 指标。

基站频率配置应满足各类业务正常应用的需求，在两个 RBC 交界区域，还应考虑从一个 RBC 向另一个 RBC 切换时每列车双移动终端使用的容量需求。

列控系统每列车需要占用 1 个无线信道（RBC 间切换时占用 2 个），对于大型车站，由于停靠、通过的列车数量较多，需要占用大量的无线信道资源。

5.3.3　车站列控中心 TCC

TCC 是 CTCS-2 级列控系统地面子系统的核心部分。根据轨道区段占用信息、联锁进路信息、线路限速信息等，产生列车行车许可命令，并通过轨道电路和有源应答器，传输给车载系统，保证其管辖内的所有列车的运行安全。TCC 采用 2×2 取 2 安全计算机平台，具有技术成熟、可靠等特点。

CTCS-3 级列控系统各车站、线路所及中继站均设置一套 TCC，中继站距离一般不超过

15 km，特殊困难地段不能超过 20 km。

TCC 之间通过安全局域网进行连接，实现 TCC 之间，与车站联锁之间安全信息传输。

5.3.4   轨道电路

1. 区间轨道电路

区间采用计算机编码控制的 ZPW-2000（UM）系列无绝缘轨道电路，轨道电路的传输长度满足相关技术条件的要求。轨道电路的正常码序为：L5-L4-L3-L2-L-LU-U-HU，满足 CTCS-2 级 300 km/h 列车安全运行的要求。

2. 站内轨道电路

复杂大站的正线及股道区段采用计算机编码控制的 ZPW-2000（UM）系列有绝缘轨道电路，其他区段采用 25 Hz 轨道电路。一般车站，全站采用与区间同制式的、由计算机编码控制的 ZPW-2000（UM 系列）有绝缘轨道电路。

为避免邻线轨道电路的干扰，当站内横向相邻同方向载频的轨道电路长度超过 650 m（线间距不小于 5 m）时，应对轨道电路进行分割。

5.3.5   应答器与 LEU

应答器用于向 CTCS-3 级列控系统车载设备提供位置、等级转换、建立无线通信等信息，同时对 CTCS-2 级列控系统车载设备提供线路速度、线路坡度、轨道电路、临时限速等线路参数信息。应答器设置满足 CTCS-3 级系统、兼容 CTCS-2 级系统的要求。

无源应答器存储固定信息，当列车经过无源应答器上方时，无源应答器接收到车载天线发射的电磁能量后，将其转换为电能，使地面应答器中的电子电路工作，把存储在地面应答器中的数据循环发送出去，直至电能消失。

有源应答器通过专门电缆与 LEU 连接，可实时发送 LEU 传送的数据报文。当列车经过有源应答器上方时，有源应答器接收到车载天线发射的电磁能量后，将其转换为电能，使地面应答器中的发射电路工作，将 LEU 传输给有源应答器的数据循环发送出去，直至电能消失。当与 LEU 通信故障时，有源应答器变为无源应答器工作模式，发送存储的固定信息（默认报文）。

应答器的设置原则如下。

（1）进站信号机处、反向进站信号机处、出站信号机处、区间线路应答器的设置原则同 CTCS-2 级。

（2）中继站处，上下行线各设置由 1 个有源应答器和 1 个无源应答器组成的应答器组，用于发送临时限速信息，两组应答器之间的距离为 100 m±5 m。

（3）为保证调车作业不危及正线运行列车的安全，可根据需要设置由 1 个有源应答器和 1 个无源应答器组成的应答器组，用于提供调车危险信息。

（4）等级转换分界处，设置预告点和转换点用于提供等级转换信息。在进入 CTCS-3 级区域时，在预告点前方适当距离根据需要设置无线连接点。无线连接点、预告点和转换点设置由 2 个及以上无源应答器组成的应答器组。

（5）在两个相邻的 RBC 的边界处设置 2 个无源应答器组成的应答器组，用于提供 RBC

切换命令、接收 RBC 的 ID 及电话号码。

（6）利用牵引供电换相点前一定距离设置 2 个无源应答器组成的应答器组，提供过分相信息。

（7）在 18 号（不含）以上道岔前第二个闭塞分区入口处应设置由 1 个有源应答器和 1 个无源应答器组成的应答器组，根据道岔区段及列车运行前方轨道区段空闲条件，向后备系统提供道岔侧向允许列车运行的速度。

（8）当用于定位的应答器组间隔超过 1 500 m 时，中间应增设无源应答器用于列车定位。

LEU 通过串行通信接口与 TCC 设备连接，将来自 TCC 的报文连续向有源应答器发送；当 LEU 与 TCC 通信故障或接收的数据无效时，LEU 向有源应答器发送默认报文。

5.4　CTCS-3 级列控系统车载设备

车载设备采用分布式结构。设备由车载安全计算机（VC）、GSM-R 无线通信单元（RTU）、轨道电路信息接收单元（TCR）、应答器信息传输模块（BTM）、运行管理记录单元、人机界面（DMI）、测速测距单元（SDU）、列车接口单元（TIU）、司法记录器（JRU）及设备维护记录单元等构成。

CTCS-3 级列控系统车载设备中 VC、TCR、BTM、SDU 等关键设备均采用冗余配置。车载设备与列车接口采用继电器或 MVB 方式。

车载安全计算机中的 CTCS-3 级控制单元和 CTCS-2 级控制单元独立设置，CTCS-3 级控制单元负责在 CTCS-3 级线路正常运行时的核心控制功能，CTCS-2 级控制单元负责后备系统的核心控制功能。

5.4.1　设备功能

CTCS-3 级列控车载设备负责接收地面数据命令信息，生成速度模式曲线，监控列车运行，保证列车运行安全，具有以下基本功能。

1. 自检功能

车载设备启动时首先进行系统自检以确认设备是否有效，自检包括：测试常用制动、紧急制动命令能否正确输出，测试 TCR、DMI 显示等。车载设备的自检完成后能在 DMI 上显示自检结果。

2. 数据的输入和存储

车载设备能记录外部输入的列车参数及发生变化的时间，记录存储的列车参数包括：

（1）车次号，由司机手动输入并存储；

（2）司机 ID 号，由司机手动输入并存储；

（3）列车长度，由司机手动输入并存储；

（4）列车类型，司机通过菜单选择并存储，未选择时采用默认值；

（5）列车最大允许速度（结构速度），司机通过菜单选择并存储，未选择时采用默认值；

（6）列车装载限界，司机通过菜单选择并存储，未选择时采用默认值；

（7）列车轴重，司机通过菜单选择并存储，未选择时采用默认值；

（8）列车供电类型，司机通过菜单选择并存储，未选择时采用默认值；

（9）应答器天线 1 距离车头的距离，司机手动输入并存储，未选择时采用默认值；

（10）应答器天线 2 距离车头的距离，司机手动输入并存储，未选择时采用默认值。

3. 界面显示

列控车载设备提供显示和操作界面 DMI，为司机提供驾驶过程中的参考信息。DMI 显示满足 CTCS-3 级系统显示、兼容 CTCS-2 级系统显示的要求。显示内容包括以下几部分。

（1）警示信息显示：预警时间、目标距离、目标速度等信息。

（2）速度信息显示：列车当前速度、控制模式、实际运行状态、缓解速度等信息。

（3）设备状态信息显示：设备运行状态、列控车载设备制动、工作模式等信息。

（4）距离信息显示：距离坐标，开始实施制动的地理位置，命令和通告，坡度曲线，与速度曲线有关的信息，最限制速度曲线，起模点，列车位置及地理位置等信息。

（5）报警信息显示：车次号和司机号，日期和时间，文本信息，列车制动标识，司机活动监督，GSM-R 状态监视等信息。

4. 信息接收及发送

在 CTCS-3 级模式下，车载设备通过 GSM-R 向 RBC 发送司机选择输入和确认的数据（如车次号、列车长度），列车固有性质数据（列车类型、列车最大允许速度、牵引类型等），车载设备在 RBC 的注册、注销信息；定期向 RBC 报告列车位置、列车速度、列车状态（正常时）和车载设备故障类型（非正常时）信息，列车限制性信息及文本信息等。

同时，车载设备接收 RBC 发送的行车许可（包括车载设备识别号、目标距离、目标速度及可能包括的延时解锁相关信息、防护区相关信息、危险点相关信息）、紧急停车（无条件紧急停车和有条件紧急停车）、临时限速、外部报警信息及文本信息等。车载设备通过应答器获取列车的位置信息。

在 CTCS-2 级模式下，BTM 接收无源应答器的列车定位信息和一定范围内的线路参数，以及有源应答器的进路线路参数信息和临时限速信息。车载设备的轨道电路信息接收单元具有接收多个载频的功能，并从中解调出低频信息。

5. 静态曲线比较

车载设备根据列车数据和线路数据生成静态列车速度曲线。静态列车速度曲线考虑线路速度等级、线路允许速度、列车的限制速度等计算得到线路所有位置的列车允许速度。

6. 动态曲线计算

车载设备考虑列车运行的各种限制生成动态列车制动模式曲线。动态列车制动模式曲线包括常用全制动曲线和紧急制动曲线。计算动态列车制动模式曲线的公式和参数经过评估，在保证安全的前提下尽量优化制动曲线，减少制动距离。

7. 列车定位

车载设备具有确定列车位置的功能，该功能是依据地面应答器收到的信息并以此为基准点通过测速单元等设备测量列车运行距离来获得列车位置。计算列车位置时要考虑测速设备的误差。车载设备定时向 RBC 报告列车位置。

8. 速度的测量及显示

车载设备通过安装在车轮上的速度传感器和安装在车体的雷达能够实时检测列车的运行

速度，测速单元对速度传感器和雷达的输入进行检测和逻辑运算，得到列车的运行速度，并把列车运行速度送主机模块，同时通过 DMI 向司机显示。

9. 行车许可和限速命令显示

车载设备根据得到的行车许可和限速命令通过 DMI 向司机显示目标距离、允许速度，还可以运用声音提示等方式向司机进行报警，为司机提供足够的显示信息，方便司机驾驶。

10. 行车许可和限制速度的监督

车载设备允许司机以最大安全速度行驶，保证列车在静态列车速度曲线和动态列车制动模式曲线监督下安全运行。当列车速度超过报警速度值时向司机报警，报警持续到实际速度低于允许速度为止；列车速度超过常用制动速度值时，车载设备实施常用制动直到实际速度低于缓解速度，此后可以由设备或司机选择缓解常用制动；如果常用全制动失效，列车速度超过紧急制动速度值，车载设备实施紧急制动，列车停稳后司机才能缓解紧急制动。

11. 司机操作的监督

车载设备在某些情况下要求司机在一定间隔（时间或距离）内应答。如果在规定的时间间隔内未接收到司机的应答信息，则以声音形式向司机报警，如果司机在报警后的一定时间内未做出响应，车载设备实施紧急制动，直到列车停稳后方可缓解紧急制动。当列车在完全监控模式下，该监督功能可以取消。

12. 溜逸防护

为防止列车溜逸，车载设备监视列车的运行方向和当前运行状态。当列车发生溜逸时，车载设备实施紧急制动，该制动只能在列车停车后才能由司机缓解。

13. 信息记录

车载设备对输入的数据、接收的数据和计算的数据进行信息记录，所有记录的数据与统一时钟和位置参考点对应；记录数据可以通过标准输出接口转储到其他介质上以便分析。

14. 自动过分相

车载设备能根据地面设备提供的数据提供前方过分相信息。

15. 站名和公里标显示

车载设备能根据地面提供信息提供当前车站站名显示和固定点公里标信息。

16. 在非 CTCS-2 级/CTCS-3 级区段运行功能

在没有装备 CTCS-2 级/CTCS-3 级地面设备而具有 ZPW-2000 轨道电路的区段，列控车载设备支持以机车信号模式（CS）行车。

17. 特殊行车功能

车载设备支持重联等特殊行车功能。车载设备支持使用有重联控制装置的多机牵引。使用多机牵引时，不必隔离正在工作的牵引单元上的车载设备，但该牵引单元的列车冒进防护功能被禁止，车载设备所接收的信息不影响正在工作的牵引单元操作；用于全体乘务人员、维护人员的信息，可在本务机车司机室外的其他司机室 DMI 上显示。

18. 其他防护功能

1）紧急停车

遇到紧急情况时，司机将紧急消息通过无线网络发送给 RBC，RBC 自动将该消息发送给正接近报警地点的列车。列车司机在 5 s 内确认收到的紧急报警信息并决定安全停车的地点，否则设备将实施紧急制动。

2）施工防护

列车收到地面施工信息后可执行施工防护。施工信息包括施工地段的位置、长度、速度限制等基础数据。列车通过施工地段的速度受到监督，在列车全部通过施工地段前，列车速度不能超过限制速度。

3）进路适应性防护

车载设备能将列车实际数据与为列车建立进路的基础数据比较，以确定列车能否在该进路运行。只有符合进路要求的列车才能在该进路上运行，否则在禁止运行的进路外方停车。

5.4.2 集成功能

CTCS-3 级列控系统车载设备既包括 CTCS-3 级控制单元，也包括 CTCS-2 级控制单元，二者同时运行。

CTCS-3 级控制单元负责在 CTCS-3 级模式下的核心控制逻辑计算功能；CTCS-2 级控制单元负责在 CTCS-2 级模式下的核心控制逻辑计算功能；两控制单元共用 DMI、TIU、测速测距模块、BTM、速度传感器及雷达速度传感器。CTCS-3 级控制单元连接 GSM-R 单元，并负责系统总线管理及统一对外输出。CTCS-2 级车载控制单元连接 TCR，从 TCR 获得行车许可信息。

当 CTCS-2 级控制单元控车的时候，CTCS-2 级控制单元根据接收到的轨道电路信息和应答器信息计算限速曲线，对列车的速度进行监督控制，并把相关信息通过 DMI 进行显示。CTCS-2 级控制单元监督控制功能的实现需要 CTCS-3 级控制单元的辅助和监管，这时 CTCS-3 级控制单元的作用是：监视整个系统包括 CTCS-2 级设备的状态是否安全；控制系统的启动包括自检（CTCS2 级控制单元设备自检，当 CTCS-3 级控制单元授权之后 CTCS-2 级控制单元也可以检查列车接口）；提供访问列车接口通道；提供制动的控制；提供对速度传感器数据的访问通道。

当 CTCS-3 级控制单元控车时，CTCS-2 级设备仍正常接收轨道电路信息和应答器信息，并根据接收到的地面信息计算限速曲线，根据列车实际运行速度和限速曲线进行比较，但计算和比较结果不作为控制列车的依据，也不通过 DMI 进行显示，仅作为 CTCS-3 级控制单元的备用，在 CTCS3 级转换到 CTCS-2 级时能马上投入控车和通过 DMI 进行显示。

CTCS-3 级和 CTCS-2 级之间的转换分为正常转换和故障转换，正常转换通过转换点地面设置的应答器实现不停车转换；在 GSM-R 通信中断时，当列车运行速度降至后备系统可控的允许速度后车载设备自动转为 CTCS-2 级设备控车（需司机确认）。

CTCS-2 级控制单元和 TCR 故障不影响 CTCS-3 级的正常运行；CTCS-3 级专用模块（如 GSM-R 模块）故障不影响 CTCS-2 级的正常运行。

5.4.3 工作模式

CTCS-3 级列控系统车载设备（含 CTCS-2 级功能）有 9 种工作模式，包括完全监控模式、目视行车模式、引导模式、调车模式、隔离模式、待机模式、休眠模式、部分监控模式和机车信号模式。

1. 完全监控模式（FS）

当车载设备具备列控所需的全部基本数据（包括列车数据、行车许可和线路数据等）时，列控车载设备生成目标距离连续速度控制模式曲线，并通过人机界面（DMI）显示列车运行速度、允许速度、目标速度和目标距离等信息，监控列车安全运行。

2. 目视行车模式（OS）

当地面设备故障、列控车载设备显示禁止信号且列车停车后需继续运行时，根据行车管理办法，经司机操作，列控车载设备按固定限制速度 40 km/h 监控列车运行，列车每运行一定距离（300 m）或一定时间（60 s）司机需确认一次。

3. 引导模式（CO）

当开放引导信号或出站信号机开放且列车前端距离出站信号机较远（大于 250 m）时，列控车载设备生成目标距离连续速度控制模式曲线，并通过 DMI 显示列车运行速度、允许速度、目标速度和目标距离等，车载设备按固定限制速度 40 km/h 监控列车运行，司机负责在列车运行时检查轨道占用情况。

4. 调车模式（SH）

当进行调车作业时，司机按压调车按钮，列控车载设备按固定限制速度 40 km/h（顶棚）监控调车车列前进或折返运行。

当工作在 CTCS-3 级时，经 RBC 同意，列控车载设备转入调车模式后与 RBC 断开连接，退出调车模式后再重新与 RBC 连接。

5. 隔离模式（IS）

当列控车载设备停用时，需在停车情况下，经操作隔离列控车载设备的制动功能。在该模式下，车载设备不具备安全监控功能。列控车载设备应能够监测隔离开关状态。

6. 待机模式（SB）

当列控车载设备上电时，执行自检和外部设备测试正确后自动处于待机模式，车载设备禁止列车移动。当司机开启驾驶台后，列控车载设备中的 DMI 投入正常工作。

7. 休眠模式（SL）

该模式用于非本务端列控车载设备。在该模式下，列控车载设备仍执行列车定位、测速测距、记录等级转换及 RBC 切换信息等功能。

列车立折，非本务端升为本务端后，车载设备可自动进入正常工作状态。

8. 部分监控模式（PS）

该模式仅用于 CTCS-2 级控车。在 CTCS-2 级，当车载设备接收到轨道电路允许行车信息，而缺少应答器提供的线路数据时，列控车载设备产生一定范围内的固定限制速度，监控列车运行。

9. 机车信号模式（CS）

该模式仅用于 CTCS-2 级控车。当列车运行到地面设备配置未装备 CTCS-3 级/CTCS-2 级列控系统的区段时，根据行车管理办法（含调度命令），经司机操作后，列控车载设备按固定限制速度 80 km/h 监控列车运行，并显示机车信号。当列车越过禁止信号时触发紧急制动。

在 CTCS-3 级或 CTCS-2 级控车时，满足一定条件可进行工作模式转换。

5.4.4 安全技术平台

CTCS-3 级列控车载设备采用分布式模块结构，各模块之间通信采用了高安全高可靠的车辆总线 Profibus 和 MVB 双总线方式，对列车紧急制动输出采用专用的安全输出。

安全平台由两套硬件软件完全一致的车载安全计算机组成，两套车载计算机互为备用。

5.4.5 车载设备接口

车载设备内部接口包含：人机界面接口、速度传感器接口、雷达接口、运行记录单元接口、轨道电路信息接收单元接口、应答器信息接收模块接口、GSM-R 无线通信单元接口等。

车载设备外部接口包含：动车组接口、GSM-R 接口、动态检测接口、应答器接口、轨道电路接口、司法记录器下载接口、电源接口等。

5.5　信号数据传输网络

信号数据传输网络由 RBC/联锁安全数据通信以太网、TCC/联锁安全数据通信局域网、CTC 数据通信以太网、信号监测数据通信以太网构成，实现无线闭塞中心（RBC）、调度集中（CTC）、联锁系统、列控中心（TCC）、监测系统间的安全数据通信和非安全数据通信。

RBC/联锁安全数据通信以太网是由专用光缆构成的、满足信号安全信息传输要求的冗余工业以太网，用于实现 RBC 与车站联锁设备、RBC 与邻线 RBC 之间的信息交换，如图 5–6 所示。

TCC/联锁安全数据通信局域网是由专用光缆构成的信号安全信息传输专网，用于实现车站联锁设备与 TCC 之间、车站联锁设备之间、TCC 之间的信息交换，如图 5–7 所示。

CTC 数据通信以太网，分别采用通信数据网提供的站间光纤和 2M 专用数字通道，用于 CTC 调度中心与车站分机之间的信息传输，如图 5–8 所示。

信号监测数据通信以太网采用通信数据网提供的 2M 专用数字通道，用于微机监测系统的信息传输，如图 5–9 所示。

复习参考题

1. 什么是 CTCS-3 级列控系统？
2. 简述 CTCS-3 级列控系统的功能。
3. 简述 CTCS-3 级列控系统的构成。
4. 简述 CTCS-3 级列控系统地面设备的构成。
5. 简述 CTCS-3 级列控系统车载设备的构成。
6. 简述 CTCS-3 级列控系统的 GSM-R 网络的功能。
7. 简述 CTCS-3 级列控系统的信号数据传输网络的构成及功能。

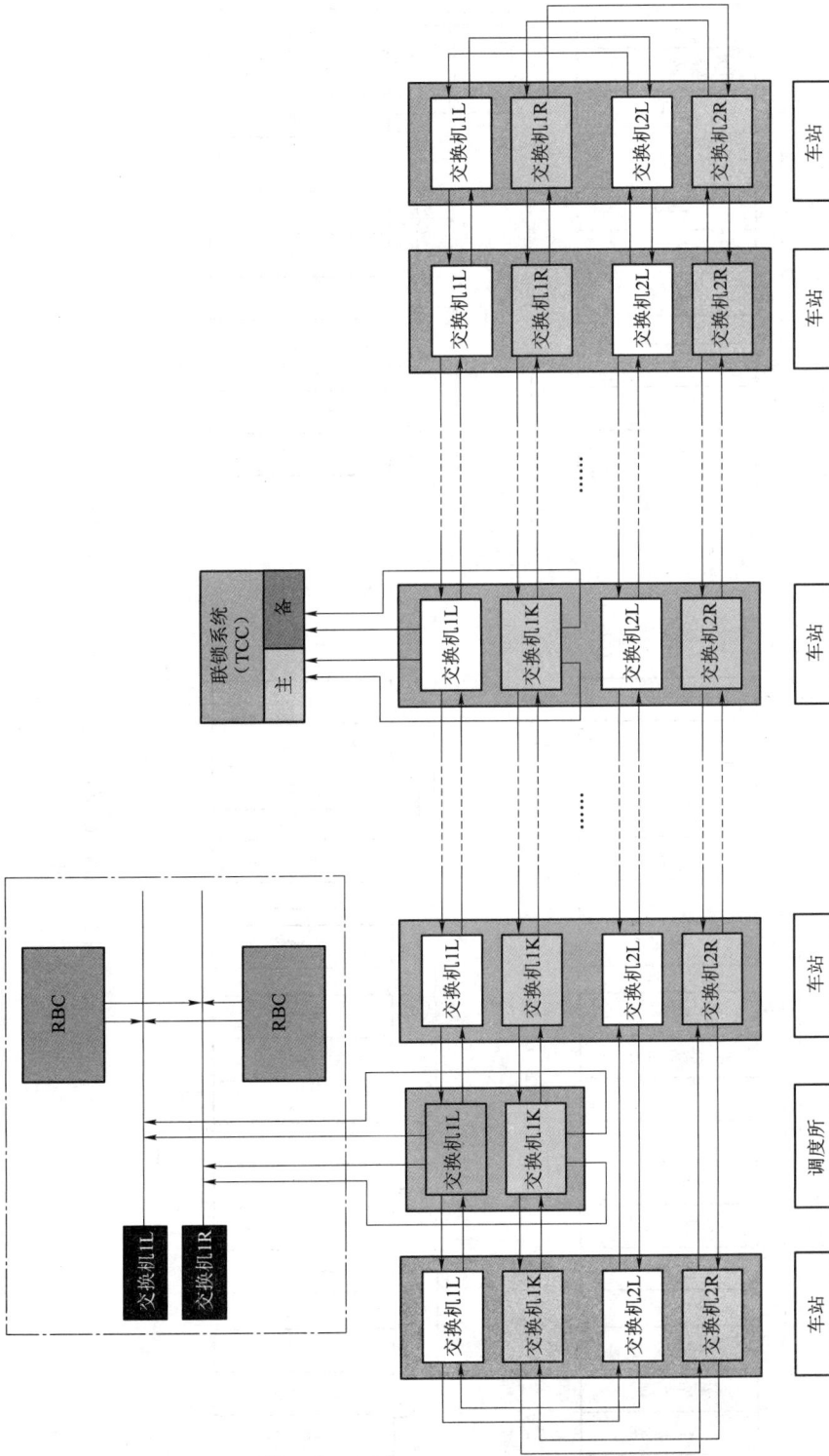

图 5-6 RBC/联锁安全数据通信以太网结构

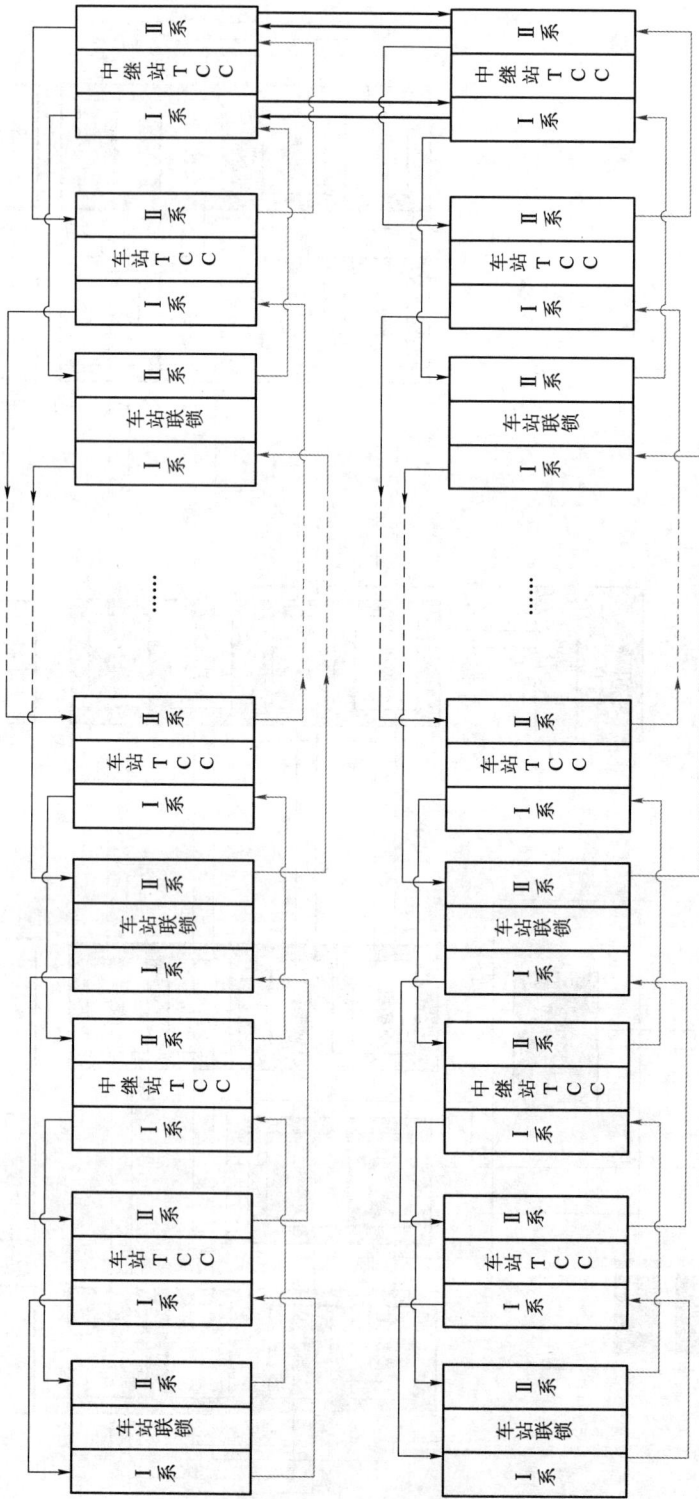

图 5 - 7 TCC/联锁安全数据通信局域网结构

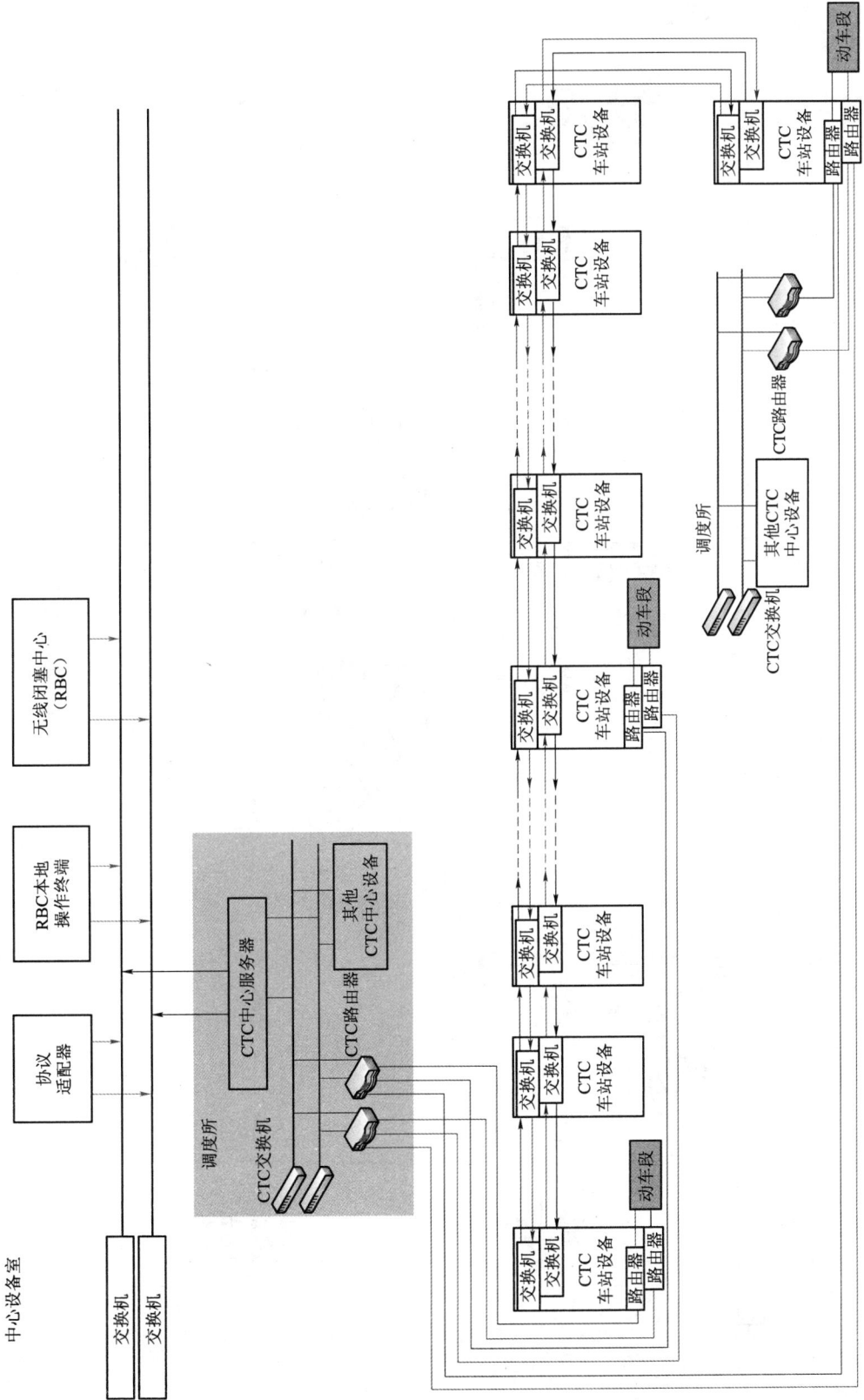

图 5-8 CTC数据通信以太网结构

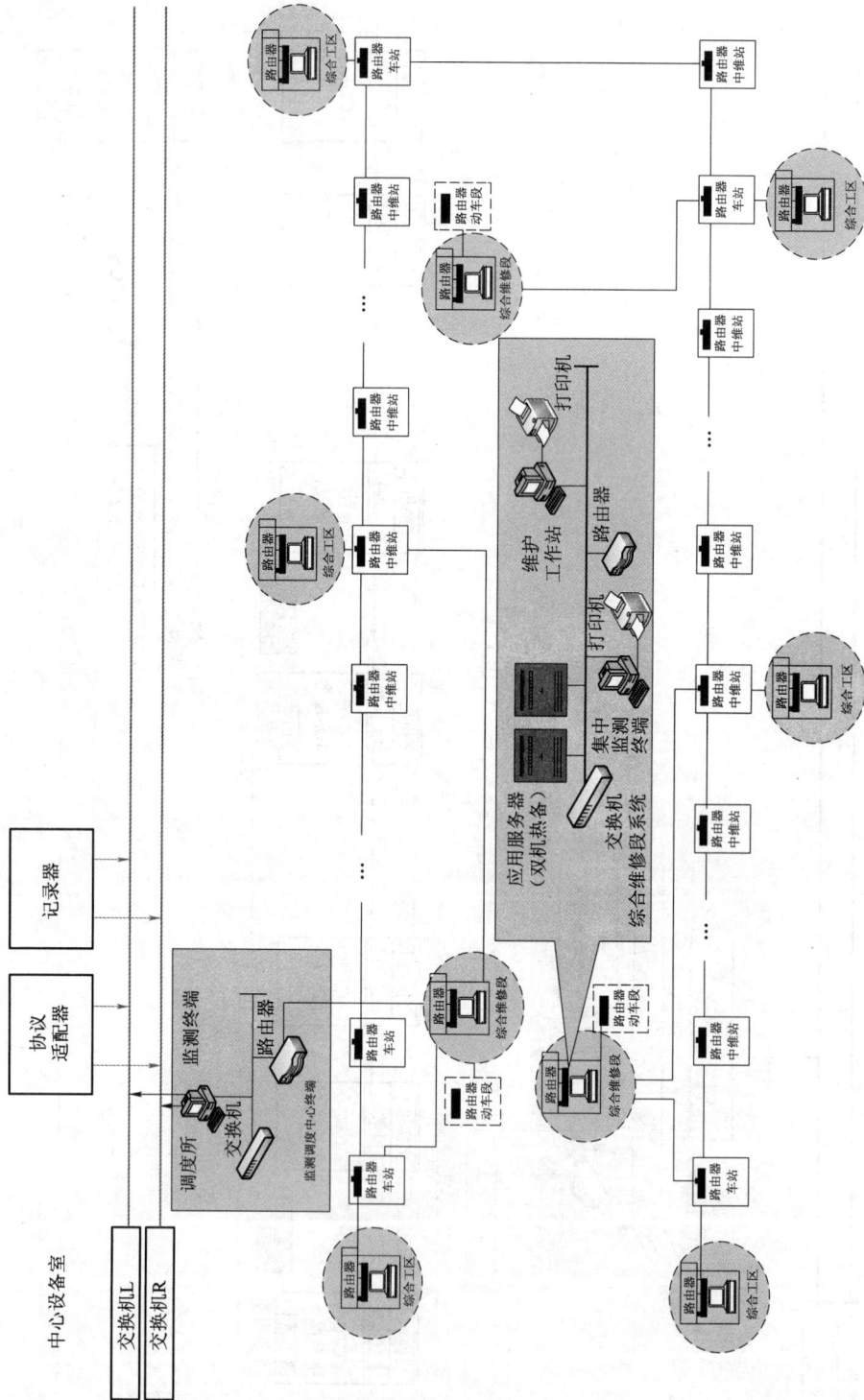

图 5 - 9 信号监测数据通信以太网结构

第6章

LKJ2000 型列车运行监控记录装置

【本章内容概要】

列车运行监控记录装置简称监控装置，是以保障列车运行安全为主要目的的列车速度控制装置。该装置在实现安全速度控制的同时，采集并记录与列车安全运行有关的各种机车运行状态信息，促进了机车运行管理的自动化。监控装置以普遍使用的轨道电路及机车信号设备作为列车运行指令信息源，以线路数据预置于主机的独特方式获取运行线路参数信息，采用计算机智能处理对列车运行速度进行安全监控，实现超速防护功能。

本章主要介绍了监控装置的功能、组成、特点及工作原理，对屏幕显示器的显示内容和按键操作做了进一步的描述，分别阐述了监控装置的控制模式和乘务员的基本操作，同时也介绍了 TAX2 型机车安全信息综合监测装置功能和特点。

【本章学习重点与难点】

学习重点：包括掌握监控装置功能及组成；理解监控装置的工作原理；了解监控装置的基本操作。

学习难点：监控装置的工作原理。

6.1 监控装置的功能及组成

6.1.1 监控装置的主要功能

LKJ2000 型监控装置具有如下功能。

1. 监控功能

（1）防止列车越过关闭的信号机；

（2）防止列车超过线路（或道岔）允许速度及机车、车辆的构造速度；

（3）防止机车高于规定的限制速度调车作业；

（4）在列车停车情况下，防止列车溜逸；

（5）可按临时增加的运行要求控制列车不超过临时限速；

（6）在自动闭塞区段，列车在显示停车的通过信号机前停车 2 min 后又继续向此关闭信号机防护的分区运行时，保证在该信号机防护的分区内运行速度不超过规定的限制速度；

（7）列车通过显示黄色、双黄色、双黄闪的进站信号机进入站内无码的股道时，装置按前方信号机关闭进行控制。经正、副司机同时确认操作后，装置允许列车以低于规定的限制速度通过该信号机。

2. 记录功能

1）一次性记录项目

（1）开机记录：日期、时间、机型、机车号、装置编号、机车轮径。

（2）输入参数记录：车次、司机号、副司机号、区段代号、车站代号、客货车别、本务补机别、牵引总重、载重、计长、辆数、支线号、侧线股道号、出入段时间。

2）运行参数记录项目

（1）时间；

（2）线路公里标；

（3）距前方信号机距离；

（4）前方信号机种类及编号；

（5）机车信号显示状态（绿、绿/黄、黄、黄2、双黄、红、白等）；

（6）地面传输信息；

（7）运行实际速度；

（8）限制速度；

（9）列车管压力、机车制动缸压力；

（10）机车工况（牵引制动别、零位、运行前后方向别）；

（11）柴油机转速、原边牵引电流；

（12）装置控制指令输出状况（动力切除、常用制动、紧急制动、允许缓解等）；

（13）装置报警；

（14）司机操作装置状况（开车、调车、解锁、警惕键、坐标调整、IC 卡操作、事件打点记录等）；

（15）装置异常状况；

（16）平面调车灯显装置信息变化。

3）记录条件

（1）运行记录。

当满足下列条件之一时，产生一次参数记录：

① 实际速度变化 2 km/h；

② 限制速度变化 2 km/h

③ 列车管压力或机车制动缸压力变化 20 kPa；

④ 柴油机转速变化 100 r/min；

⑤ 机车信号显示及平面调车灯显信息变化；

⑥ 机车工况变化；

⑦ 机车过闭塞分区（轨道绝缘节）；

⑧ 装置控制指令输出；

⑨ 司机操作装置；

⑩ 地面传输信息变化；

⑪ 装置报警；

⑫ 装置异常。

（2）运行事故状态记录。

机车走行距离每变化5 m将上述"运行参数记录项目"内容记录一次。

3. 人机交互功能

人机交互功能由监控装置的显示器实现。LKJ2000型监控装置系统允许配置数码型显示器或屏幕型显示器。

1）数码显示器

（1）显示实际运行速度、限制速度/目标速度。

（2）显示机车信号色灯信息。

（3）具备如下选择显示功能。

① 装置原始设定的参数：日期、时间、机型、机车号、装置编号、机车轮径。

② 乘务员输入信息：车次、司机号、副司机号、区段号、客货车别、本务补机别、牵引总重、载重、计长、辆数、支线号等。

③ 运行参数：车站号、公里标、信号机编号、机车工况、列车管压力、机车制动缸压力、柴油机转速、过闭塞分区信息等。

④ 显示地面传输信息。

⑤ 装置故障信息：故障类别。

（4）声音提示内容。

① 机车信号灯状况；

② 前方信号机处限速值变化；

③ 乘务员输入有关信息；

④ 临时限速地点及限速值；

⑤ 装置实施动力切除、常用或紧急制动；

⑥ 装置允许缓解；

⑦ 车机联控作业；

⑧ 进入侧线股道或支线地点；

⑨ 装置报警；

⑩ 装置状况；

⑪ 事故状态记录器状况。

2）屏幕显示器

屏幕显示具有信息量大、显示方式灵活的特点，运行显示的内容可充分发挥图形、符号、曲线的优势。屏幕形式器主要分两类显示界面形式。

（1）综合信息显示。

① 运行已经过的1 km路程至当前所处地点的实际运行速度值轨迹曲线；

② 显示运行前方3 km路程内线路允许速度、机车车辆构造限速或临时限制速度三者的较低速度值曲线；

③ 显示运行前方3 km路程内线路控制模式限制速度曲线；

④ 以曲线、图形、符号和文字形式，沿线路里程的延展显示运行已经过1 km路程至运行前方3 km路程内的线路平面曲线、桥梁、隧道、坡道、信号机、平交道口、电气化断电标、车机联控作业地点及车站的布置情况；

⑤ 显示运行前方 3 km 路程内机车优化操纵运行速度曲线和手柄级位或牵引电流曲线；显示站间运行图规定运行时间；

⑥ 以图形或数字方式显示实际运行速度、控制模式限制速度、距前方信号机距离、时钟等。

（2）单项信息显示。

与数码显示器中选择显示功能内容相对应的各种显示内容均以单项信息方式显示，每种显示依其功能性质采取了适宜的图形、表格等界面形式。

6.1.2　LKJ2000 型监控装置的特点

1. 车载存储线路参数

LKJ2000 型监控装置继承了各型监控装置获取线路参数的成熟技术，将列车运行全部线路设施资料预先存储于主机中，不用在地面增设附加设备。既节省设备投资，又节省维护管理费用。大量线路资料载于车上，不需要复杂的地面至车上的传输环节，稳定可靠。对于地点特征、特殊要求信息，LKJ2000 型监控装置设计了接收地面传输信息的接口。

2. 采用连续平滑速度模式曲线控制

与各型监控装置相同，将线路设施固定限速、闭塞指令限速等各种控制要求的控制值沿运行里程形成连续平滑速度模式曲线，最大限度地适应司机正常操纵和运行效率的提高，提高了控制精度。连续平滑曲线控制模式符合当今国际 ATP 控制方式发展方向。

3. 实时计算取得速度控制值

LKJ2000 型监控装置每一速度控制值均针对限速目标，按验证成熟的数学模型计算取得，并采用了先进的 32 位 CPU 作为系统主机，比前代装置具有更高的运行速度、控制精度和更强的数据处理能力。实时计算中考虑了本列车设备类别和状况、本地线路参数、本地特殊控制要求等随机变化因素，最大限度地使控制符合运行实际。

4. 装置主要控制过程全部采用计算机实现

做到了全国铁路采用统一的硬件和统一的基本控制软件，对各运行区域的不同线路条件和不同行车要求，通过写入不同的线路资料和控制条件予以适应，因此适应性强，便于规范管理。

5. 提高可靠性设计

LKJ2000 型监控装置系统采用模块级主从机热备冗余。当工作机发生故障，便自动切换到热备机工作；当任何一个单元或通道出现故障，便自动启动备用单元和备用通道。采用控制器局域网（CAN）作系统内部通信方式进行数据交换，具有高强的检错与纠错能力，传输可靠性大为提高。系统设计除满足机车振动、温度等环境的国家标准要求外，其电磁兼容性满足 IEC61000 标准的三级要求。

6. 提高安全性设计

LKJ2000 型监控装置的故障安全措施较前代做了很大加强。在双机数据处理方面，在速度信号故障、轨道绝缘节识别故障、通信故障等的检测、判断和处理方面均进行了专门设计。

7. 采用了图形化屏幕显示器

LKJ2000 型监控装置采用 10 英寸 TFT 高亮度彩色液晶显示器，以动态图形方式预示运行前方线路的弯道、坡道、桥梁、隧道、道岔及信号机布置情况，随列车运行滚动显示监控装置控制模式限速曲线。图形化屏幕显示器显示直观，认读性好，司机操作的交互性好。

6.1.3　系统组成

LKJ2000型列车运行监控记录装置基本组成结构主要由主机箱、显示器、事故状态记录器、速度传感器、压力传感器及双针速度表等组成，其中显示器分数码显示器与屏幕显示器两种。

速度信息来自安装在机车轮对上的TQG15型或DF16型光电式速度传感器，速度信号的基本配置为二通道（可扩充至三通道），如果二通道速度信号相位相差90°，则可以满足装置相位防溜功能的需要。在无相位防溜功能的情况下，二通道速度信号可分别取自两个速度传感器。机车信号信息可取自JT1-A（SJ93）、JT1-B（SJ94）型通用式机车信号装置的点灯条件，也可通过RS485/RS422串行通信方式获取。压力信息除了检测列车管压力外，还检测机车均衡风缸压力及制动缸压力。均衡风缸压力信号用于反馈控制以提高常用制动减压量控制精度；制动缸压力信号主要在机车单机运行时作为状态记录依据。指针式速度指示可采用ZL型或EGZ3/8型双针速度表，双针速度表实际速度与限制速度指针依靠装置主机驱动，驱动信号为0～20 mA的电流信号。在装置关机情况下，实际速度指针可由数/模转换盒驱动。I端双针速度表的里程计指示可由监控装置驱动，在安装了数/模转换盒的情况下，也可由数/模转换盒驱动。双针速度表照明电源采用机车照明电源。LKJ2000型监控装置系统结构框图如图6-1所示。

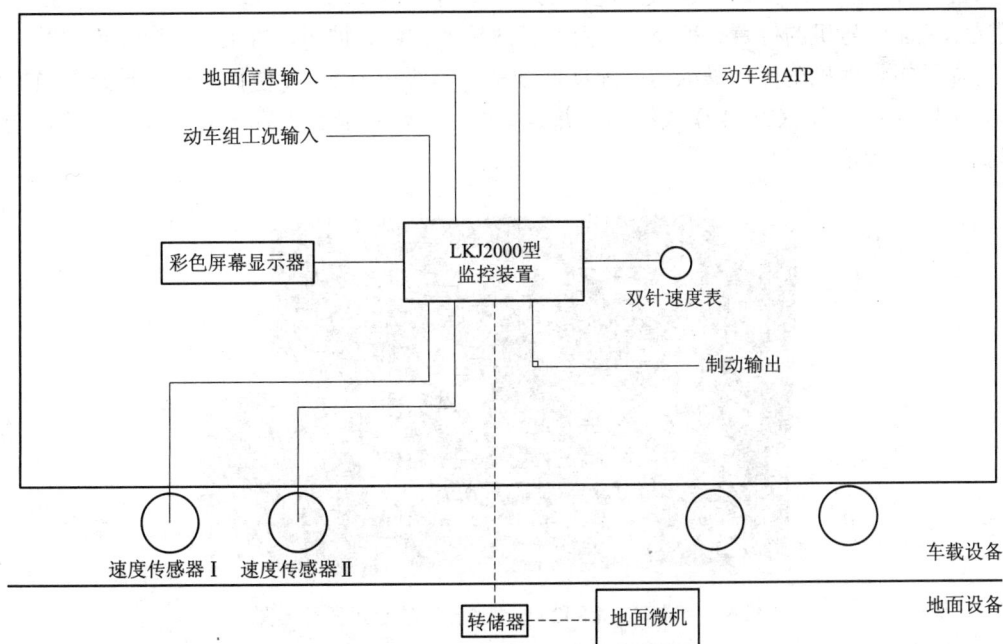

图6-1　LKJ2000型监控装置系统结构框图

主机箱安装在司机室内，背面装有电源开关、保险，外形如图6-2所示。

图 6-2　动车组 LKJ2000 型监控装置主机箱外形图

1）主机箱

主机箱采用 6U×160 mm 标准机箱结构，其宽度尺寸为 84R。主机箱为系统控制中心，其内部由 A、B 二组完全相同的控制单元组成，每组有 8 个插件位置（包括一个预留位置），各插件位置以机箱中心线为基准对称排列，从中心线开始往左、右，各插件排列顺序依次为：监控记录、地面信息、通信、模拟量输入/出、预留、数字量输入、数字量输入/出、电源。各插件之间采用 VME 标准总线母板连接。机箱采用背板对外出线方式，所有输入输出信号均通过机箱背部连接器引出。

2）屏幕显示器

作为人—机界面的显示器，采用 10 英寸 TFT 高亮度彩色液晶显示屏，以屏幕滚动方式显示实际运行速度轨迹曲线及模式限制速度（或线路允许速度）曲线，以图形、符号和文字形式显示地面信号机的位置、种类，以及运行线路的曲线、坡道、桥梁、隧道和道口等信息，同时可显示指导性机车优化操纵运行速度曲线和手柄级位曲线，以便提示或引导乘务员操作。屏幕显示器内部采用 PC/104 模块结构，并具备语音提示功能及大容量 IC 卡数据读写功能。外形如图 6-3 所示。

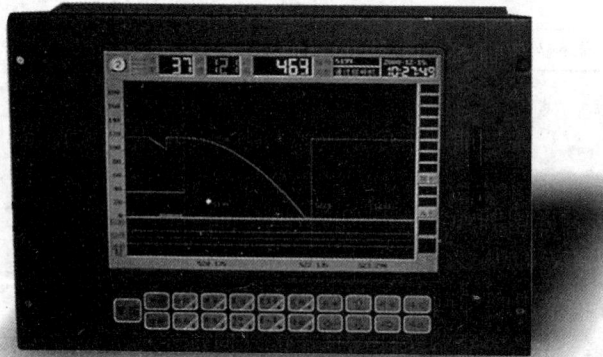

图 6-3　动车组 LKJ2000 型监控装置显示器外形图

3）事故状态记录器

列车事故状态记录器（黑匣子）将记录 30 min 以内的最新列车运行状态数据（事故发生后将自动停止记录），并且其记录密度大大高于监控主机数据记录密度，列车走行距离超过

5 m 时，将产生一次相关参数记录。因此，在发生严重事故后可提供详细、准确的列车运行状态数据。事故状态记录器具备抗冲击性能。

4）转储器

转储器可将车载记录数据转录至地面微机系统供分析处理。其内部数据存储器采用大容量非易失性数据存储器。转储器与车载主机的数据传输及与地面微机的数据转录均采用 RS-232 标准通信方式，通信具备数据校验功能。转储器能自动识别不同设备类型及记录数据格式。

6.1.4　各插件的主要功能

1. 监控记录插件

监控记录插件作为主机模块，是系统的核心部件。模块以 32 位微处理器 MC68332 为 CPU，主要完成地面线路数据的存储与调用、运行状态数据的记录与同步、控制模式曲线的计算、实时时钟的产生，并通过双路 CAN 串行总线或 VME 并行总线实现对系统其他模块的控制与管理。其他模块中带 CPU 的模块通过 CAN 网络与主机模块交换数据，而不带 CPU 的模块通过 VME 并行总线与主机模块连接。工作主机与热备主机之间的数据交换是通过同步通信实现的。记录用数据存储器与实时时钟器件采用非易失性存储器，因而在无外部电池情况下可实现数据的长期可靠保存。记录数据的转储通过 RS-232 通信接口完成。

2. 地面信息处理插件

地面信息处理插件的功能实际上就相当于 LKJ-93 型监控装置上的绝缘节检测插件，主要是完成地面轨道电路绝缘节点的识别，为监控记录插件提供用以校正距前方信号机的距离绝缘节信号。此外插件还留有对轨道电路叠加信息处理电路的接口，完成对轨道叠加信息的利用。

LKJ-93 型监控装置的绝缘节检测插件对机车地面感应器信号采用模拟电路进行滤波，而我国铁路信号的制式相对比较复杂，有交流计数 25 Hz、50 Hz、75 Hz，移频、极频、UM-71 等，每一种制式又必须有与之相对应的滤波电路，因此造成电路相对复杂，且不能完全兼顾。为解决上述模拟滤波带来的诸多不便，在 LKJ2000 型监控装置中，采用数字信号处理（DSP）技术以数字滤波器完全取代了原来的模拟滤波器。在与监控主机的通信上采用 CAN 通信总线。

3. 通信插件

通信插件主要完成监控装置与其他设备之间的通信管理，以使不同通信格式、不同通信接口和速率的设备可以和监控主机交换数据。通信插件设置的通信接口有：

（1）两路半双工 RS-485 通信接口，可分别与 TAX2 综合监测装置和列车总线连接；

（2）一路 HDLC 全双工/半双工通信接口，可与地面点式信息等设备连接；

（3）两路独立 CAN 通信接口，与主机内其他挂在 CAN 总线上的模块通信。

4. 模拟量输入/出插件

模拟量输入/出插件是速度传感器、柴油机转速传感器、列车管压力传感器、电力机车原边电流互感器、双针速度表与监控记录插件之间的接口。把速度传感器、转速传感器输入的信号进行调整处理后送到监控主机插件，对压力传感器（三路）、原边电流/电压互感器、加速度传感器输入的信号进行调整处理、模数转换后送到监控记录插件，同时根据监控记录插件指令电流信号驱动双针速度表，送出脉冲信号驱动里程计。

5. 数字量输入插件

数字量输入插件完成对机车信号的采集，并将转换后的电子送到数据总线，供监控记录插件采样。插件共有 16 路开关量输入通道，由机车信号输入通道和机车信号自检电路两部分组成。

6. 数字量输入/出插件

数字量输入/出插件实现对机车工况等 110 V 信号进行隔离和电平转换后送数据总线，并且各通道具有自检功能；输出隔离的开关量控制信号，对机车常用制动阀和紧急制动阀等进行控制，输出通道也具有自检功能；将系统工作正常时监控板送来的"系统正常"脉冲转换成"系统故障信号"，系统故障时使系统交权。

7. 电源插件

将 110 V 输入电源转换成系统所需的多路电源。考虑到电源生产、调试和维修的方便，同时考虑到可靠性问题，采用了模块化电路设计，不仅输出与输入隔离，并且输出的各路之间也各自隔离、互不干扰、互不影响，提高了各路精度、抗电磁干扰能力。

6.2 监控装置的工作原理

监控装置的主要作用，一是防止列车运行越过关闭的地面信号机，二是防止列车在任何区段运行中超过机车车辆的构造速度、线路允许的最高运行速度和对应于不同规格的道岔的限制速度。要实现这样的目标，监控装置需获得三个方面的信息，即行车指令要求、运行线路状况和列车自身状况。

行车指令要求主要指是否允许列车运行及允许运行的速度。目前，监控装置是通过机车信号获得行车指令要求的。

运行线路状况指线路的坡道、曲线、隧道情况，以及各种运输设施（车站、道岔、信号机）布置等情况。目前，监控装置是通过将机车担当的运行区段的线路和设施等有关参数预先存储于监控装置的主机中获得的。

列车自身状况指编组辆数、实际运行速度、列车所处线路的位置等。目前，列车编组辆数参数是通过司机用键盘输入的；运行速度由机车轴端速度传感器得到；列车位置信息根据列车运行速度计算走行里程得到，并通过轨道电路校准。

监控装置以获得的上述各种信息作为依据，按照运行规章的要求进行一系列的计算、判断和控制，完成速度监控功能。

6.2.1 速度监控基本原理

监控装置工作的主要过程包括采集列车和线路状态参数，获取运行指令并确定指令目标处的速度控制值，对照指令目标处的速度值计算出列车运行当前必须限定的速度值（限速值），将采集的实际运行速度与限速值进行比较判断，对实际运行速度达到限速值的情况发出报警、切除牵引或制动等控制指令进行速度控制。监控装置工作过程的核心环节是计算取得当前限速值。计算的数学模型必须符合列车牵引计算规程，且要考虑到系统状态参数采集可能存在的误差和列车控制系统结构性能的离散性而包含安全余量。

沿列车运行线路里程坐标将在各处运行时计算的所得限速值连接，可以形成连续曲线。通常，把监控装置计算所得的限速值称为监控装置控制模式限速值（简称模式限速值、计算限速值）；把沿线路里程坐标连成的监控装置计算所得的限速值曲线称为监控装置控制模式限速曲线（简称模式曲线）。模式曲线分为两类，一类是依据线路设施条件和机车车辆构造条件确定的限速值形成的模式曲线，其在一定区域内是固定不变的，如图 6–4 中机车所处的机车信号显示 L 的区域，称为固定模式曲线；另一类是根据前方指令目标处的速度控制值的要求，模式限速值沿线路里程坐标形成渐变下降的曲线，如图 6–4 中机车所处的机车信号显示 U 或 H/U 的区域，称为降速模式曲线。

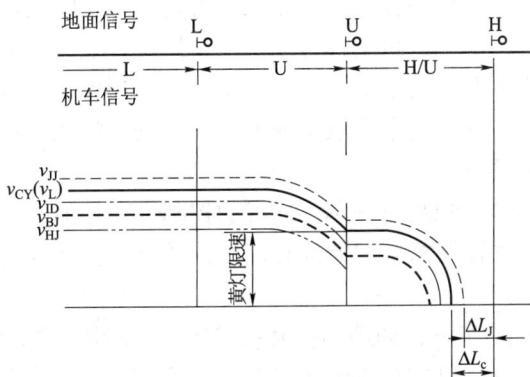

图 6–4　监控模式曲线示意图

v_{BJ}—报警速度整定值；$v \geqslant v_{BJ}$ 语音报警；v_{ID}—卸载整定值；$v \geqslant v_{ID}$ 机车卸载；v_{CY}—启动常用制动模式曲线；
$v \geqslant v_{CY}$ 常用制动动作；v_{JJ}—启动紧急制动模式曲线；$v \geqslant v_{JJ}$ 紧急制动动作；v_{HJ}—缓解模式曲线；
$v \leqslant v_{HJ}$ 语允许人工缓解，装置启动的常用制动在 H/U 灯区域，一般均设定停车后才能进行人工缓解；
ΔL_J—紧急制动预留安全距离；ΔL_C—常用制动预留安全距离；v—机车实际速度。

6.2.2　速度监控模式设计

模式限速值和模式曲线是监控装置各控制指令速度值形成的基础。

对于固定模式曲线，监控装置依据线路的曲线和坡道、桥梁、隧道、道岔等的固定限速要求及机车车辆的构造限速要求，直接形成模式曲线。

对于降速模式曲线，监控装置每个瞬间总是根据前方指令目标处的速度控制值的要求，分别按照常用制动作用方式数学模型和紧急制动作用方式数学模型计算取得两个限速值。一般把按照常用制动作用方式数学模型计算取得的限速值形成的限速曲线作为模式曲线，而对于机车没有电控常用制动机构的，则把按照紧急制动作用方式数学模型计算取得的限速值形成的限速曲线作为模式曲线。不论哪种作为模式曲线，监控装置的常用制动控制指令速度值和紧急制动控制指令速度值均分别直接取自按常用制动数学模型计算的限速值和按紧急制动数学模型计算的限速值。

除了常用制动和紧急制动两种监控功能的执行手段外，监控装置还设置了报警和切除牵引（俗称卸载）控制指令输出信号，以便在常用制动或紧急制动执行之前，提醒乘务员操纵减速或通过切除机车动力实施惰性运行减速，减少制动排风。此外，在监控装置实施常用制动并达到了减速要求后，设有允许缓解的提示功能。

监控模式设计包括两个方面，一是基本控制功能的设置和相关的制动计算方法；二是为适应不同运行区段的不同控制要求设置控制参数的赋值方法。

1. 各种信号状态基本控制功能设计

（1）当机车信号为绿灯条件时，允许列车按线路最高允许速度或机车、车辆的最大构造速度运行，监控装置的报警、切除牵引、常用制动（及其允许缓解速度值）、紧急制动速度值均以线路最高允许速度或机车、车辆的最大构造速度为基准进行设置，如图6–4所示。

（2）当机车信号为黄灯（或绿/黄灯、黄2灯）条件时，监控装置将按保证列车在通过显示黄灯（或绿/黄灯、黄2灯）的信号机时降为其规定的限制速度的要求，根据《牵规》规定的常用制动及紧急制动计算公式进行实时计算取得控制指令速度值。

（3）列车将要进车站的侧线，机车信号显示双黄灯时，装置根据已存入装置内的进站信号机到相应道岔岔尖的距离及道岔的限制速度，以道岔岔尖为指令目标地点，实时计算出列车在各点允许运行的速度，将其设置为限制速度值。并且，将在岔尖处的限制速度值一直保持，直至列车尾部通过出站道岔。

（4）对局部线路限速的控制与对进车站侧线的控制道理相似，只是将指令目标地点道岔的限速要求改为局部线路限速要求的起始地点而已，并且，同样地将限制速度值一直保持至列车尾部通过终止限速地点。

（5）当机车信号显示红/黄灯，即地面信号机关闭时，监控装置将根据《牵规》实时进行制动计算，按保证在关闭信号机前可靠停车设置各点的限制速度。在此信号机前，模式限制速度将变为零。

2. 安全余量设计

考虑到各种参数采集可能存在的误差和制动机构性能离散会引起实际制动距离与计算距离发生误差，为了确保安全，不管常用制动还是紧急制动，监控装置均设有一个制动距离安全余量（ΔL），该值按下式计算：

$$\Delta L = S_0 + K v_0 \text{（m）}$$

式中　S_0、K——常数，其限值参见以下有关内容；

　　　v_0——制动初速度。

假设列车从绿灯进入黄灯再接近红灯区间，即机车信号依次显示绿灯（L）→黄灯（U）→红/黄（H/U），监控装置速度控制模式曲线示意图如图6–4所示。

3. 监控模式计算

1）各指令值的形成

监控装置首先按照一定的控制要求根据规定的数学模型计算确定出限速模式值，再通过与限速模式值的差值关系形成常用制动、紧急制动、报警、切除牵引等实施输出指令值，而仅在降速模式区域，监控装置的常用制动控制指令速度值和紧急制动控制指令速度值均分别直接取自按常用制动数学模型计算的限速值和按紧急制动数学模型计算的限速值。各差值可通过控制参数赋值法进行设置。

速度差值是指实施指令的整定值与监控装置实时计算确定限制速度值 v_L 之间的差值。通常 v_L 直接作为显示器的模式速度值显示。

（1）报警开始速度差 Δv_{BJ}。

计算限制速度 v_L 与报警速度值 v_{BJ} 之间的差值，即

$$\Delta v_{BJ}=v_{BJ}-v_L$$

Δv_{BJ} 一般设为小于零，表示当运行速度低于计算限制速度值时监控装置开始报警。

（2）切除牵引（卸载）速度差Δv_{ID}。

计算限制速度 v_L 与要求情行速度 v_{ID} 的差值，即

$$\Delta v_{ID}=v_{ID}-v_L$$

Δv_{ID} 一般设为小于或等于零，即当实际运行速度（简称实速）接近常用制动速度时，在常用制动实施前卸载，或与常用制动同时卸载动作。

（3）常用制动速度差Δv_{CY}。

计算限制速度 v_L 与常用制动速度 v_{CY} 的差值，即

$$\Delta v_{CY}=v_{CY}-v_L$$

Δv_{CY} 一般设为等于或大于零，即等于或大于模式限速值时装置实施常用制动。

（4）紧急制动速度差Δv_{JJ}。

计算限制速度 v_L 与紧急制动速度 v_{JJ} 的差值，即

$$\Delta v_{JJ}=v_{JJ}-v_L$$

Δv_{JJ} 一般设为等于或大于零。并且，因为紧急制动一般发生在常用制动之后，为了避开常用及紧急两条制动曲线相交，一般设置$\Delta v_{JJ}>\Delta v_{CY}$。

（5）允许缓解速度差Δv_{HJ}。

计算限制速度 v_L 与允许缓解速度 v_{HJ} 的差值，即

$$\Delta v_{HJ}=v_{HJ}-v_L$$

Δv_{HJ} 值一般小于或等于零，即实施常用制动后，当实际运行速度低于限制速度一定值或速度为零时才允许人工缓解。

以上各种速度差值（Δv_{BJ}、Δv_{ID}、Δv_{CY}、Δv_{JJ}、Δv_{HJ}）在降级控制方式、调车方式和固定模式区、降速模式区、停车模式区可以分别设置不同的值，以适应各种控制的需要。具体数值由使用部门根据线路实际情况或乘务员操作方法来设置。

2）各种限速要求取值

（1）一般线路限速：由固定的线路允许速度或列车构造速度决定，在地面数据中客货车可以分别取值，一般取线路限速或列车构造限速的最小值。

（2）局部线路限速：由于长期施工慢行或桥梁、隧道等形成的对某区段的特殊限制速度，在地面数据中按始末公里标决定限速地段并按要求取值。

（3）进/出站道岔限速：按各股道的进/出站道岔限制速度要求取值。

（4）站内黄灯限速：按进站信号机处的黄灯限制速度值决定取值。

（5）区间黄灯限速：由各路局根据需要规定。

（6）调车限速：按各路局对调车限速的规定设置，一般取 40 m/h。

（7）引导进站限速值：按《技规》规定取 20 m/h。

（8）《技规》251 条限速值：按《技规》规定取 20 m/h。

3）解锁速度、距离

对监控装置解除模式控制（俗称解锁）时的运行速度限制及距前方信号机距离限制，由使用部门根据各种解锁要求、线路条件、乘务员操作方法等情况规定。

6.3 屏幕显示器

6.3.1 显示器主界面

  LKJ2000 型彩色液晶显示器是新一代列车运行监控记录装置的一种显示操纵设备。除了常规数码显示器的输入、查询等功能外，由于使用了大屏幕彩色图形显示，在显示速度、限速、距离等常规的监控内容的同时，还可以实时显示当前位置、前方限速、线路纵断面、信号机和车站等信息，直观、全面地提供了列车运行情况。显示器的主界面如图 6–5 所示。

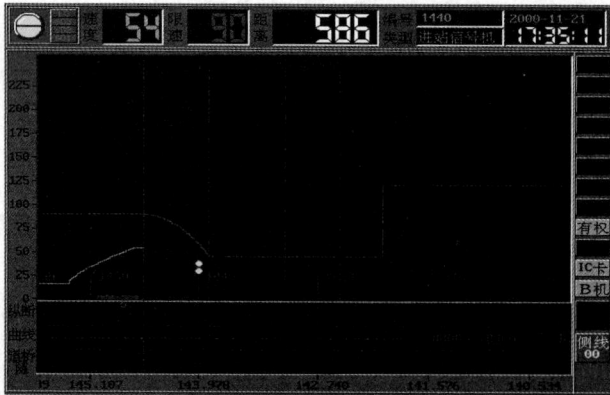

图 6–5　显示器主界面

6.3.2 屏幕显示内容

1. 屏幕最上方的数据窗口

  信号灯状态显示窗口：显示列车当前的信号状态，有绿灯、绿/黄灯、黄灯、红灯、半黄红半灯、双黄灯、黄 2 灯、白灯八种显示。

  速度等级显示窗口：从上至下有 LC、SD3、SD2、SD1 四种速度等级标志，亮的部分表示当前所处的速度等级状态。其中 LC 亮表示绿灯信号状态下的最高速度等级。SD1、SD2、SD3 分别表示速度等级 1、速度等级 2、速度等级 3。

  速度窗口：显示列车当前的实际运行速度（蓝色数字）。

  限速窗口：显示列车当前运行位置的模式限制速度（红色数字）。

  距离窗口：显示列车当前运行位置距前方信号机的距离（黄色数字）。

  编号窗口：显示前方信号机的编号和类型。运行中过绝缘节校正时显示背景为绿色，过绝缘节不校正时显示背景为红色。

  公里窗口：显示列车当前运行位置所对应的公里标。

  日期和时间窗口：显示当前的系统日期及时间。

2. 屏幕右边的状态窗口

  状态窗口指示系统状态，自上到下依次显示以下内容。

故障：当CAN总线故障时，指示灯点亮。显示"CANA"时表示CAN总线A路有故障；显示"CANB"时表示CAN总线B路有故障；显示"故障"时表示CANA和CANB均故障，显示器不能与监控主机进行正常通信。

降级：装置处于降级工作状态时，指示灯点亮。

快速制动：装置施行快速制动时，指示灯点亮。

147：装置施行1、4或7级常用制动时，相应的指示灯点亮。

卸载：装置施行卸载动作时，指示灯点亮。

解锁：解锁成功后，指示灯点亮，4秒后指示灯自动熄灭。

开车：参数有效设定完毕指示灯点亮，按压【开车】键进入监控状态后指示灯熄灭。

调车：装置处于"调车"状态时指示灯点亮，退出"调车"状态时指示灯熄灭。

控制权：指示本端显示器是否有操作权，显示"有权"表示有操作权，显示"无权"表示无操作权。

巡检：按压【巡检】键有效后，指示灯点亮，4秒后指示灯自动熄灭。

IC卡：插入IC卡时指示灯点亮，无IC卡时指示灯熄灭。

A/B机：指示当前工作主机是A机还是B机，显示A表示A机是工作机，B机为备机；显示B表示B机是工作机，A机为备机。

支线：列车运行中，当允许支线输入操作时，指示灯点亮，支线输入有效后，显示所输入的支线号。

侧线：列车运行中，当允许侧线输入操作时，指示灯点亮，侧线输入有效后，显示所输入的侧线号。

入库：进入入库状态显示"入库"，进入出库状态显示"出库"，退出出入库状态时指示灯熄灭。

隔离：其他ATP控制或手动隔离监控装置时，隔离指示灯点亮。

3. 速度、限速窗口

屏幕中间的窗口为主窗口，显示范围为5公里。靠左侧1/5处的竖直线将窗口分为两部分，左侧显示列车已经运行过的1公里范围内的运行信息，右侧显示列车运行前方4公里范围内的监控模式允许速度、信号机信息、道岔、供电分相及线路纵断面状态等信息，如图6-6所示。

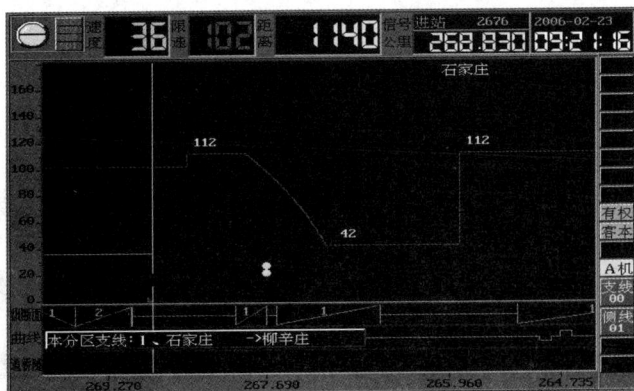

图6-6　屏幕显示

限制速度：以（红色）曲线方式显示当前区段的限制速度和前方 4 000 m 内的限制速度情况。

实际速度：以（绿色）曲线方式显示列车当前运行速度和刚走行的速度曲线情况。

信号机位置、编号、状态：以坐标的方式显示前方 4 000 m 以内的信号机位置、信号机编号，前方一架信号机的信号状态。

站中心及站名：以坐标（垂直线）的方式显示前方 4 000 m 以内所有站的站中心位置，并用汉字标注对应车站的名称。

列车位置：在整个曲线显示的约 1/5 处有一条垂直分隔线（黄色线），表示此处为当前列车位置，下部显示一个列车图标，图标的长度与输入的列车换长成正比。

道岔：以坐标（垂直线加进岔、出岔标记）形式显示进、出站的道岔位置。

线路纵断面、线路曲线、道桥隧：在整个屏幕的下方三个窗口显示运行前方线路纵断面、线路曲线、桥梁、隧道的情况，指导乘务员操纵。

监控数据中在本分区有支线时，在曲线窗口中以文字方式显示各支线号及走行方向。

公里标：屏幕的最下方显示信号机的公里标。

优化操纵曲线：预留有优化操纵曲线显示的功能，指导司机操作。

6.3.3　操作按键

显示器面板下部为功能按键区，面板操作按键示意图见图 6–7。

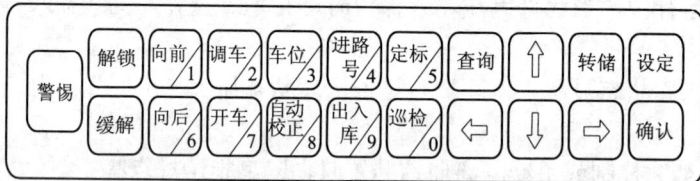

图 6–7　面板操作按键示意图

操作按键为带背光薄膜按键，在光线变暗时，按键上的字可自动透光。

按键共 21 个，0～9 共 10 个键为复合键，其他为单功能键。

键上带有数字的键，在监控状态作为功能键用，在参数修改状态作为数字键用。各功能键定义如下。

【警惕】键：降级 ZTL 报警时起暂停报警作用；防溜报警及防溜动作后的解除，终止当前语音报警。

【解锁】键：进站（进路）信号机普通引导或特殊站靠标开口操作；与其他键组合进行某些特定操作。

【向前】键：运行过程中，先按压【车位】键 3 秒内再按压【向前】键，调整滞后误差。

【调车】键：按压【调车】键，进入或退出"调车"工作状态。

【车位】键：该键为组合键，调整距离误差时先按压【车位】键，3 秒内再按压【向前】或【向后】键进行车位调整。

【进路号】键：运行中，当支线号或侧线号选择允许灯点亮而支线或侧线输入窗口消失时，按压【进路号】键可进入支线号或侧线号输入操作状态。

【定标】键：线路坐标打点记录或者进站确认解除报警。

【缓解】键：按压该键，进行常用制动后的"缓解"操作。

【向后】键：运行过程中，先按压【车位】键 3 秒内再按压【向后】键，调整超前误差。

【开车】键：按压【开车】键，执行对标开车操作。特定引导时和【解锁】键作为组合键使用。

【自动校正】键：运行过程中，按压【自动校正】键，自动调整滞后或超前误差。

【出入库】键：按压该键，进入或退出出入库状态。

【巡检】键：动车组不进行巡检操作。

【查询】键：按压该键，进入信息查询操作状态。

【转储】键：按压该键，进入文件转储操作状态。运行中此键与 1～5 数字键组合使用，可解除前发调度命令。

【设定】键：进入或退出参数设定操作。

【确认】键：按压该键，参数设定或修改有效，保存退出；与其他键组合使用进行某些特定操作。

【←】【↑】【→】【↓】键：在参数设定或查询状态，按压这些键，可以改变光标的位置。

在输入数字时，【←】键为退格键；

需要弹出"非正常行车窗口"时按压【↑】键两秒以上可弹出非正常行车窗口；

其他状态下按压【←】键或【→】键可以调整语音大小，按压 【↑】键或【↓】键可以调整显示器亮度。

6.4　控 制 模 式

6.4.1　正常监控模式

司机进行有效参数设定后，按压【开车】键后监控装置进入正常监控模式。

正常监控模式下，监控装置采用车载主机预先存储地面线路数据顺序调用的方式，结合信号显示状态（或前方临时限速），并根据列车运行速度、距前方信号机距离（或前方临时限速位置）实时计算控制模式曲线。当列车速度超过控制模式限速时，监控装置实施报警、卸载、147 级常用制动及快速制动控制，防止列车越过关闭的信号机或超过设置的各项允许速度。

（1）列车在固定模式限速下运行，监控装置语音提示、解除牵引力和实施制动的控制时机设置：

常用模式限速值-实际速度值≤2 km/h 时，语音提示报警；

常用模式限速值-实际速度值≤1 km/h 时，解除动车组牵引力；

常用模式限速值-实际速度值≤4 km/h 时，实施 1 级常用制动控制；

常用模式限速值-实际速度值≤2 km/h 时，实施 4 级常用制动控制；

常用模式限速值-实际速度值≤0 km/h 时，实施 7 级常用制动控制；

紧急模式限速值-实际速度值≤0 km/h 时，实施紧急制动控制。

（2）列车在减速信号或减速地点前，常用制动距离计算计入空走距离；紧急距离计算不计入空走距离。监控装置语音提示、解除动车组牵引力和实施制动的控制时机设置：

常用模式限速值–实际速度值≤5 km/h 时，语音提示报警；

常用模式限速值–实际速度值≤1 km/h 时，解除动车组牵引力；

常用模式限速值–实际速度值≤4 km/h 时，实施 1 级常用制动控制；

常用模式限速值–实际速度值≤2 km/h 时，实施 4 级常用制动控制；

常用模式限速值–实际速度值≤0 km/h 时，实施 7 级常用制动控制；

紧急模式限速值–实际速度值≤0 km/h 时，实施紧急制动控制。

（3）列车在停车的制动模式曲线下，常用和紧急两种制动距离计算均计入空走距离。监控装置语音提示、解除动车组牵引力和实施制动的控制时机设置：

常用模式限速值–实际速度值≤10 km/h 时，语音提示报警；

常用模式限速值–实际速度值≤1 km/h 时，解除动车组牵引力；

常用模式限速值–实际速度值≤4 km/h 时，实施 1 级常用制动控制；

常用模式限速值–实际速度值≤2 km/h 时，实施 4 级常用制动控制；

常用模式限速值–实际速度值≤0 km/h 时，实施 7 级常用制动控制；

紧急模式限速值–实际速度值≤0 km/h 时，实施紧急制动控制。

6.4.2 降级控制模式

1. 进入时机

在下列情况下，监控装置进入降级控制模式：

（1）开机后（或关机时间超过 1 分钟）自动进入降级状态；

（2）设定完成未按压【开车】键前；

（3）监控数据终止时；

（4）读监控数据错误时；

（5）退出"信号故障"模式时。

2. 控制方式

1）进行信号

运行中信号为进行信号、装置转入降级时，模式按延迟 2 000 m 后限速 60 km/h 控制。

2 000 米延迟距离未走完时，运行速度达到 60 km/h 时实施周期报警，报警方式为 4 s 间隔，7 秒连续报警。按压【警惕】键应答解除报警。

2 000 米延迟距离走完后，限速按 60 km/h 控制。

2）关闭信号

运行中信号为关闭信号（含白灯）、装置转入降级时，模式按延迟 800 m 后限速 20 km/h 控制。

800 m 延迟距离未走完时，运行速度超过 5 km/h 时实施周期报警，报警方式为 4 s 间隔，7 s 连续报警。按压【警惕】键应答解除报警。

800 m 延迟距离走完后，限速按 20 km/h 控制。

3）降级状态下报警

降级状态（非调车、出入库）下，如信号显示停车信号（含白灯），运行速度超过 5 km/h

时，监控装置实施周期报警，报警方式为 4 s 间隔，7 s 连续报警，司机在 7 s 内未按压【警惕】键进行应答操作时，监控装置实施紧急制动。

3. 降级状态下监控装置语音提示、解除牵引力和实施制动的控制时机设置

限制速度值−实际速度值≤2 km/h 时，语音提示报警；

限制速度值−实际速度值≤1 km/h 时，解除动车组牵引力；

限速速度值−实际速度值≤0 km/h 时，实施 7 级常用制动控制；

限制速度值−实际速度值≤−3 km/h 时，实施紧急制动控制。

6.4.3　调车控制模式

按压【调车】键、输入专调车次或在平面调车状态时监控装置自动转入调车监控模式。

控制模式最高限制速度为 40 km/h。

限制速度值−实际速度值≤0 km/h 时，语音提示报警；

限制速度值−实际速度值≤−1 km/h 时，解除动车组牵引力；

限速速度值−实际速度值≤0 km/h 时，实施 7 级常用制动控制；

限制速度值−实际速度值≤−5 km/h 时，实施紧急制动控制。

6.4.4　非正常行车模式

1. 走停走控制模式

自动闭塞区段，在分区信号机前动车组自动显示停车信号（模式曲线在信号机前限速为 0）时，列车在该信号机前停车 2 min 后监控装置自动解除停车控制模式。列车起动后，监控列车以最高不超过 20 km/h 的速度运行到次一信号机，按其显示要求监控列车运行。

2. 路票行车模式

路票行车模式下，监控装置解除对列车所在线路的出站（发车进路）信号机和下一站间所有分区通过信号机的停车控制功能，运行至接车站进站信号机前，按其对应的信号显示要求监控列车运行。

路票行车模式，监控装置按该次列车交路最高允许速度的 80% 自动调整最高限制速度监控列车运行。

3. 绿色许可证行车模式

绿色许可证行车模式下，监控装置解除列车在本架信号机的停车控制功能，监控列车最高以不超过 45 km/h 速度运行通过出站道岔。

4. 引导行车模式

1）自动引导

在进站（接车进路）信号机前，信号显示半黄半红闪灯信号，监控装置 SD1、SD3 指示灯闪烁时，监控列车以不超过 20 km/h 的速度通过该信号机。

2）普通引导

在进站（接车进路）信号机前，信号显示半黄半红灯或白（红）灯，当列车运行速度低于 20 km/h 时，允许司机按压【解锁】键解除停车控制模式；监控列车以不超过 20 km/h 的速度越过进站（接车进路）信号机。

3）特定引导

特定引导的进站（接车进路）信号机前，列车运行速度低于 60 km/h 时，允许司机顺序按压【开车】键、【解锁】键解除对该信号机的停车控制功能；监控列车以不超过 60 km/h 的速度通过该进站（接车进路）信号机。

5. 地面信号确认

司机确认地面信号机显示绿灯、绿黄灯，动车组信号显示双黄灯时，进行相应操作后，监控装置解除自列车接近的信号机和次一信号机前的信号掉白（红）灯的停车控制；列车信号接收到次一信号机的显示后，按其显示要求监控列车运行。

6. 列车信号故障模式

列车信号故障模式运行时，显示屏显示"信号故障"字样，监控装置不再按信号显示监控列车运行，列车按该次列车交路最高允许速度的 80%监控列车运行。

6.4.5　其他控制模式

1. 补机模式

动车组无补机状态。

2. 故障交权模式

当监控主机中 A、B 机同时故障时，故障指示灯点亮，显示器发出故障报警，要求司机在 3 min 内关断主机电源，否则实施快速制动。

3. 防溜控制模式

监控装置设有手柄防溜控制模式，防溜控制模式只在监控状态下有效，调车和降级模式下取消防溜控制功能。

当动车组未加载时由停车状态动车，速度≥3 km/h 或者移动距离≥10 m 时，装置连续语音提示"注意防溜"。如未按键应答或加载时，10 s 后实施快速制动控制。

6.5　乘务员基本操作

6.5.1　开机和设定操作

1. 开机

打开监控装置主机背面的电源开关后，监控装置执行自检功能，主机各面板指示灯进行相应的闪烁，屏幕显示器在刚开机时进入 DOS 启动状态，大约 30 s 后进入正常的显示状态。

监控装置启动完毕后，自动转入降级运行状态，收到相应的色灯后进行相应的语音提示。

正常启动完毕后，如动车组信号显示为关闭信号（如半黄半红灯、红或白灯），在速度高于 5 km/h 时，装置将进行 ZTL 报警。

2. 参数设定

设定操作在列车运行或停车状态下均可进行，但出现 ZTL 报警、限速报警、防溜报警时禁止参数设定操作。

设定操作分为手动输入和 IC 卡输入两种。

1）手动输入操作

（1）按压【设定】键，进入参数设定状态，如图6-8所示。

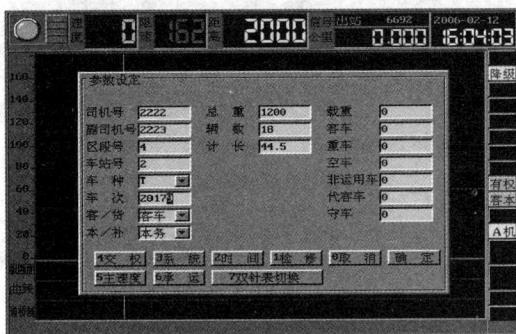

图6-8 设定窗口界面

（2）通过【↑】【↓】【←】【→】键，移动光标到相应位置，按压数字键输入各项参数，按压【确认】键确认输入内容。

（3）对于带有下拉菜单的输入项，按压【↓】键，调出下拉菜单选项，通过【↑】、【↓】键选择所需要的类型，按压【确认】键选定。

（4）所有参数输入、修改完毕后，将光标移到"确定"项，按压【确认】键或直接按压【设定】键，确认修改有效并退出参数设置状态。

（5）各项参数正确输入完成后，如输入参数有效，装置"开车"指示灯点亮，并在屏幕上显示始发站的名称和设定信息。

2）IC卡输入操作

（1）将写有参数的IC卡，正确插入屏幕显示器IC卡座内，显示屏右侧状态窗口的"IC卡"指示灯点亮，如图6-9所示。

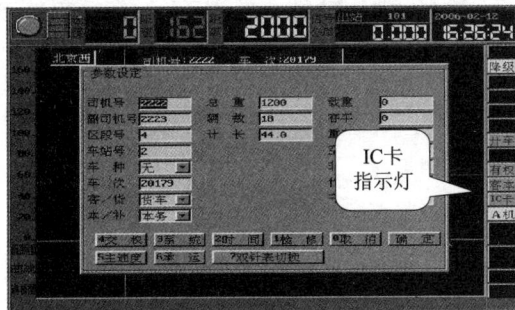

图6-9 IC卡设定

（2）在速度为0的情况下按压【设定】键，装置自动读出卡内的设定参数，弹出参数设定对话框，其中的参数为IC卡中预先写入的参数。如卡内信息与运行信息不符，可按照上面的手动"参数设定"更改不正确项，确认无误后将光标移到"确定"项，按压【确认】键确认。

（3）设定完毕后，IC卡通过显示器向监控主机发送揭示信息，弹出信息窗口如图6-10所示，显示输入的揭示条数。

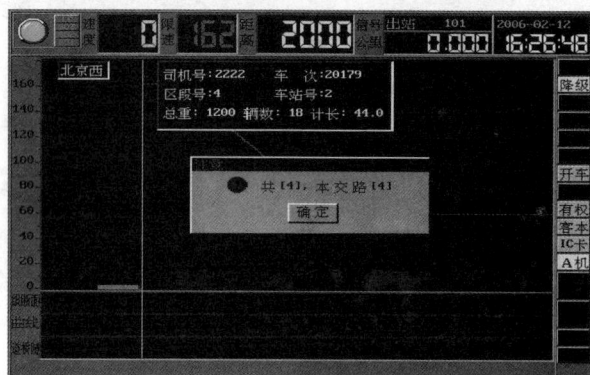

图6-10　揭示输入条数提示

按压【确认】键后，显示器弹出窗口如图 6-11，提示"请查询揭示"。按压【确认】键后，自动调出揭示查询窗口。检查确认正确后，按压【0】号键退出查询界面。

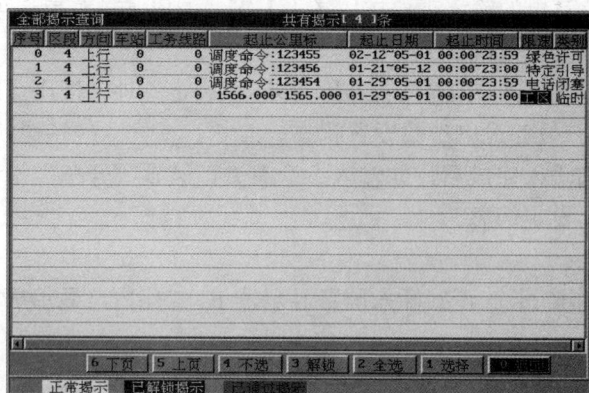

图6-11　输入揭示查询提示

（4）若 IC 卡内无揭示信息时，则显示空白卡，此时可按压【确认】键进入手动设定状态。

6.5.2　运行中的操作

1. 操作权选择（动车组不进行夺权操作）

夺权操作：

（1）在无权端的显示器上按压【设定】键，进入参数的设定状态。

（2）在参数设定窗口，移动光标到"夺权"项上（或直接按压相应的数字【4】），按压【确认】键，显示器提示是否进行夺权如图6-12所示，将光标移到"确定"项，按压【确认】键，本端的操作权指示由"无权"变为"有权"。

2. 查询操作

1）查询显示

按压【查询】键，弹出查询选择窗口，可进行信息查询，如图6-13所示。

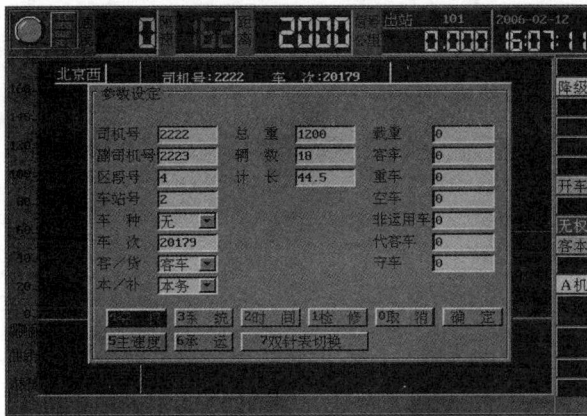

图 6-12　夺权指示

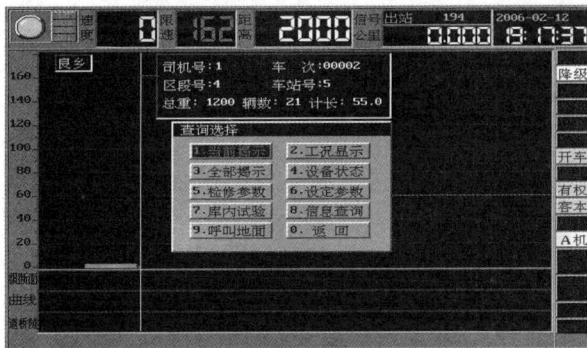

图 6-13　查询窗口

2）设定参数查询

在"查询选择"窗口里，用方向键（或直接按数字 6）选定"设定参数"项，按【确认】键，显示装置当前设定参数，包括司机号、区段号、车站号、车次、总重、计长（3 位）、辆数及编组信息等，按【确认】键返回。

3）调度命令及揭示信息查询

在"查询选择"窗口里，用方向键（或直接按数字 3）选定"全部揭示"项，按【确认】键，显示全部揭示信息，按【确认】键返回。

若无调度命令及揭示信息，屏幕将显示"禁止查询"，按【确认】键返回。

4）当前揭示查询

在"查询选择"窗口里，用方向键（或直接按数字 1）选定"当前揭示"项，按【确认】键，可查询列车运行前方 4 000 m 内的揭示信息，按【确认】键返回。

5）工况查询显示

在"查询选择"窗口里，用方向键（或直接按数字 2）选定"工况显示"项，按【确认】键，在屏幕右上角出现动车组工况显示。内容包括工况、过机校正和当前公里标信息。按压【确认】键可消除"工况显示"窗口。

6）常用制动和快速制动试验

在"查询选择"窗口里，用方向键（或直接按数字 7）选定"库内试验"项，按【确认】

键，在屏幕右上角出现动车组工况显示，即可进行常用制动和快速制动试验，如图6-14所示。

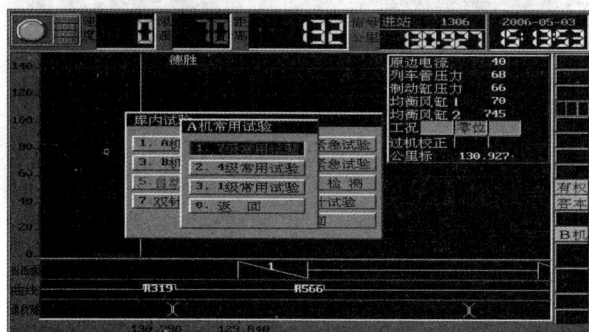

图6-14　常用试验

3. 开车对标操作

开车操作完成出发对标，使装置内存储的监控数据与地面基准点同步。

在显示器"开车"指示灯点亮的前提下，当列车运行至规定的"开车"对标基准点时，按压【开车】键，监控装置进入正常监控状态，显示屏数据窗口显示实际速度、限制速度、距离等相应的数据。

"开车"对标点一般为正线出站（发车进路）信号机处或规定地点处。

4. 调车操作

司机在操作端按压【调车】键，进入调车状态，显示器的调车指示灯点亮。再次按压调车键退出调车状态，指示灯熄灭。

5. 过机误差校正操作

信号机之间的距离是监控控制的重要依据。

列车运行中，显示器上的"距离"显示区以不断递减的数值显示列车当前位置距前方信号机的距离。列车越过地面信号机时瞬间显示的距离与列车实际位置的误差称为"过机误差"。过机误差有以下两种。

滞后误差：列车越过信号机时距离显示仍有余值，经过一段距离后才显示0。这种零显示出现在信号机位置之后的过机误差称为滞后误差。

超前误差：列车距信号机还有一段距离，但距离显示值提前进入零显示。这种零显示出现在信号机之前的过机误差称为超前误差。

1）滞后误差的手动调整

方法一：在地面信号机前按压【车位】键，运行至信号机处按压【向前】键，显示距离余值清零，调出下一架信号机的距离。

方法二：在地面信号机前按压【车位】键，运行至信号机处按压【自动校正】键，显示距离余值清零，调出下一架信号机的距离。

2）超前误差的手动调整

方法一：在地面信号机前按压【车位】键，运行至信号机处按压【向后】键，显示距离余值清零，调出下一架信号机的距离。

方法二：在地面信号机前按压【车位】键，运行至信号机处按压【自动校正】键，显示距离余值清零，调出下一架信号机的距离。

3）监控自动校正

在过信号机处，监控装置根据收到的轨道电路信息判断过绝缘节，进行距离自动校正，校正范围为 100 m。如果自动校正有效，在显示器的"信号机编号"栏亮绿灯（无效亮红灯或黄灯），如图6-15所示。

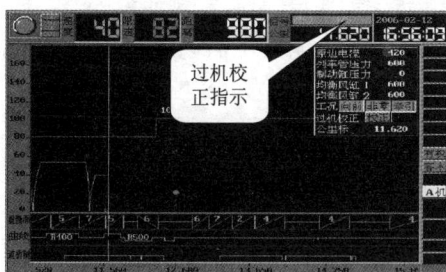

图6-15　过机自动校正

4）下列状态下进行车位调整无效

（1）监控装置控制模式起动时。

（2）运行速度接近限速报警时。

（3）动车组信号双黄灯或黄灯。

（4）限速模式时。

6. 侧线操作、支线操作

1）侧线选择操作

（1）要求输入侧线号时，"侧线"提示灯点亮，并语音提示"请输入侧线股道号"，同时自动弹出侧线输入窗口，如图6-16所示：

（2）司机依据车机联控告知的接车股道。

利用数字键，输入侧线股道号后，按压【确认】键，输入的股道号码在屏幕右侧"侧线"信息中显示。

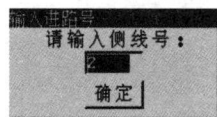

图6-16　侧线输入窗口

（3）如输入窗口消失或需修改"侧线"信息时，在本架信号机距离未走完时，可按压【进路号】键进行再次输入。

2）支线选择操作

（1）要求输入"支线"号时，"支线"提示灯点亮，并语音提示"请输入支线号"，同时自动弹出支线输入窗口，如图6-17所示。

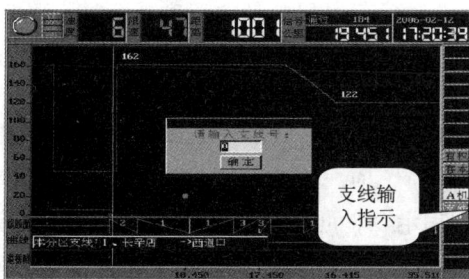

图6-17　支线输入

（2）根据列车运行经路，如需转入支线运行时，利用数字键输入支线号，按压【确认】键，输入的支线号在屏幕右侧"支线"信息中显示。

（3）如输入窗口消失或需修改"支线"信息时，在本架信号机距离未走完时，可按压【进路号】键进行再次输入。

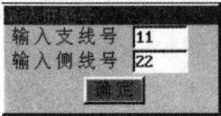

输入支线号	11
输入侧线号	22
	确定

图 6–18　支线、侧线
同时输入界面

3）支线、侧线同时有效的输入

（1）在同一地点，需同时输入支线、侧线时，可按压【进路号】键进入侧线、支线输入状态，显示默认的支线、侧线号，如图 6–18 所示。

（2）利用数字键，分别输入支线号、侧线股道号，按压【确认】键即可。

（3）如输入窗口消失或需修改"支线"、"侧线"信息时，在本架信号机距离未走完时，可按压【进路号】键进行再次输入。

7. 揭示解除操作

列车运行中司机接到调度命令需取消慢行揭示、非正常行车揭示控制时，有两种解除方式。

1）方式一

列车运行中，对于在揭示提示窗口显示的揭示（如图 6–19 所示），在满足解除条件时，5 秒内顺序按压【转储】键、相应序号，弹出解除揭示输入调度命令号窗口，如图 6–20 所示。

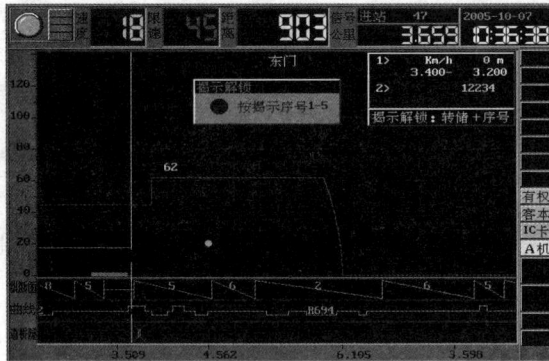

图 6–19　揭示提示界面

输入取消慢行揭示、非正常行车揭示控制的调度命令号，确定后该条揭示被解除，按正常限速、正常模式控制。

2）方式二

停车状态下时，可通过揭示查询界面解除揭示控制。进入揭示查询界面如图 6–21 所示，选中要解除的揭示，选择"解锁"项，按【确认】键后弹出解除揭示输入调度命令窗口，如图 6–22 所示，输入取消慢行揭示、非正常行车揭示控制的调度命令号，确定后该条揭示被解除如图 6–23 所示。

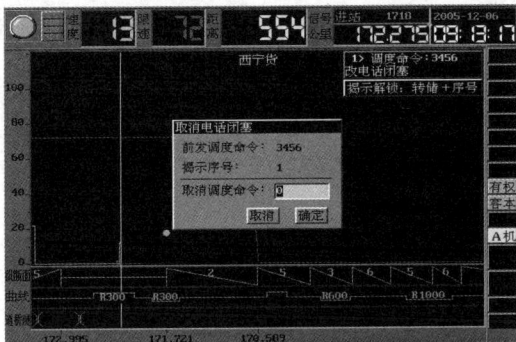

图6-20　解除前发调度命令

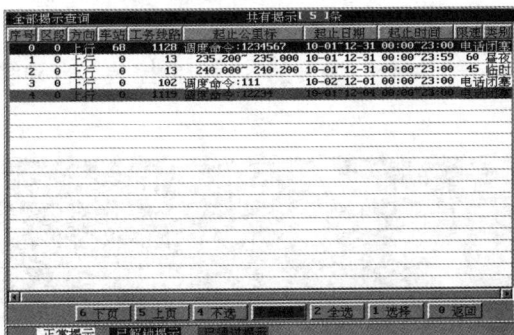

图6-21　揭示查询界面

图6-22　取消调度命令输入界面

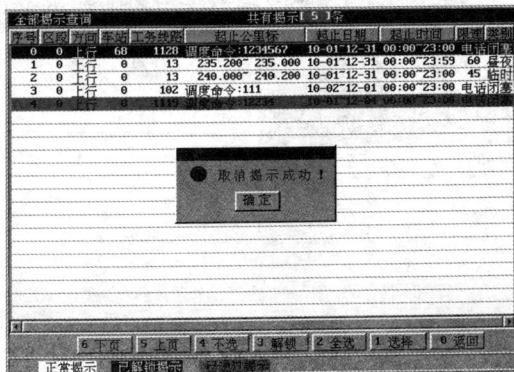

图6-23　揭示解锁界面

8. 亮度、音量调整

在正常监控状态下，可以用【↑】、【↓】方向键调整屏幕亮度，按压【↑】键增加亮度，按压【↓】键减小亮度，共设有 5 级亮度调整。

按压【←】、【→】键可调整音量大小，按压【←】键减小音量；按压【→】键增大音量。

9. 常用制动和卸载

1）常用制动取消

（1）长大下坡道、停车模式（出口限速为零）。

（2）监控数据中设为特殊站时。

2）常用制动和卸载缓解及快速制动后操作

列车运行中因某种原因监控装置实施"常用制动"或"卸载"后，当满足缓解条件时，"缓解"指示灯点灯，司机可以根据实际情况，按压【缓解】键，完成常用制动缓解操作。快速制动后，司机不需要进行任何操作，速度为零后，监控装置自动缓解。操作界面如图 6-24 所示。

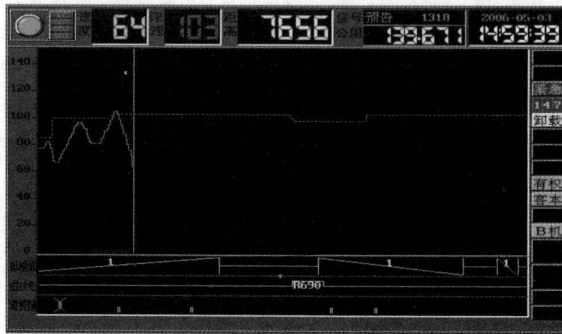

图 6-24　常用制动卸载和快速制动界面

10. 文件转储

利用 IC 卡进行文件转储操作时，根据转储的范围或多少可以分为选择转储、全部转储、转储所有未转文件三种情况。

1）选择转储

（1）在速度为 0 的情况下按压【转储】键后，屏幕进入文件选择状态，如图 6-25 所示。

图 6-25　文件转储选择界面

（2）用【↑】、【↓】方向键移动光标到"选择文件"选项，按压【确认】键。使光标到文件目录区。

（3）用【←】【↑】【→】【↓】方向键移动光标条到需转储文件，按压【确认】键选中该文件。选中后光标条自动移到下一个文件，同时选中的文件变成蓝色。如果想取消已经选中的文件，只需将光标条移到所选文件，再次按压【确认】键即可取消对该文件的选择。

（4）文件选择完毕，用【←】【↑】【→】【↓】方向键移动光标到"开始转储"选项，按压【确认】键，进行文件转储操作。

（5）在转储过程中，会弹出一个指示转储情况的窗口如图 6-26 所示。上面是当前正在转储的文件序号，下面的两个进度条分别指示整个转储的进度、当前文件进度。按压【确认】键返回文件选择窗口，此时可以选择退出或继续进行下次转储。

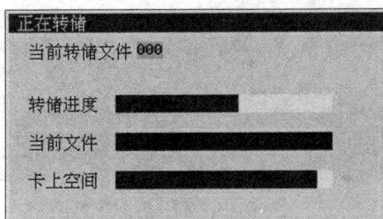

图 6-26　转储情况显示窗口

转储结束后，如果转储成功，自动弹出一窗口，提示"转储成功"，否则提示"转储失败"如图 6-27 所示。

图 6-27　转储成功提示界面

2）全部转储

（1）在速度为 0 的情况下，按压【转储】键后屏幕进入文件选择状态。

（2）用【↑】、【↓】方向键移动光标到"全部选择"项，按压【确认】键，选中全部文件，所有文件目录变成蓝色。

（3）用【←】【↑】【→】【↓】方向键移动光标到"开始转储"项，按压【确认】键，进行文件转储操作。转储过程同"选择转储"的第（5）项说明。

3）转储未转文件

（1）在速度为 0 的情况下按压【转储】键后屏幕进入文件选择状态。

（2）按压【转储】键，自动开始转储未转文件。转储过程同"选择转储"的第（5）

项说明。

11. 防溜操作

正常监控模式下，满足下列条件时，防溜功能启动：

当动车组未加载由停车状态动车，速度≥3 km/h 或者移动距离≥10 m 时，连续语音提示"注意防溜"。如未按键应答或加载时，10 秒后实施紧急制动控制，如图 6–28 所示。

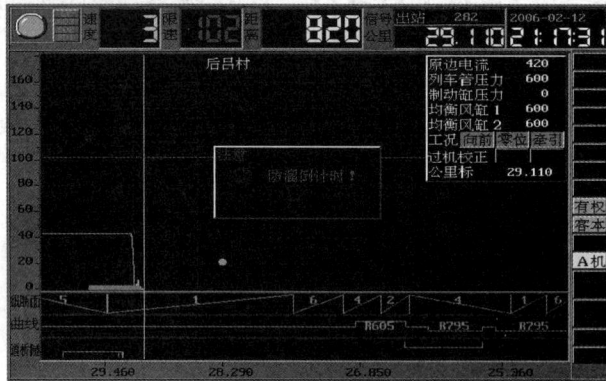

图 6–28 防溜报警界面

12. 降级控制操作

（1）列车运行中禁止人为将监控装置置于"降级"状态。

（2）司机输入"车次、车站号、客/货种类"等参数时，监控装置将转入"降级"控制状态。

（3）遇下列情况，输入无效：

① 装置已处于报警状态，动车组信号半黄半红灯、速度不为零时；

② 动车组信号为红灯、灭灯，或由黄灯、双黄灯转白灯，速度不低于 20 km/h 时。

（4）遇下列情况之一，监控装置将处于"降级"控制状态：

① 监控装置关机 60 秒以上再开机；

② 未按【开车】键；

③ 未输入参数数据或交路数据走完；

④ 无监控数据；

⑤ 自闭区段连续 120 架、半自闭区段连续 36 架信号机未过机校正。

（5）装置在"降级"状态（"降级"指示灯点亮）下工作时，如果动车组信号为关闭信号（单红灯、半黄半红灯、双黄转白灯、黄转白灯），并且动车组运行速度超过 5 km/h 时，装置发出音响报警。

在报警开始 7 秒内按压【警惕】键应答，报警暂停，未及时按压【警惕】键时，装置实施紧急制动。

13. 系统故障

运行中当系统 A、B 机都发生故障时，装置将转入故障报警状态，如图 6–29 所示。司机确认监控装置系统故障（显示屏故障标识灯点亮），"蜂鸣器"持续报警，必须在 3 分钟内切除监控装置电源或将主机开关切换到隔离状态，如图 6–30 所示，否则装置实施快速制动。

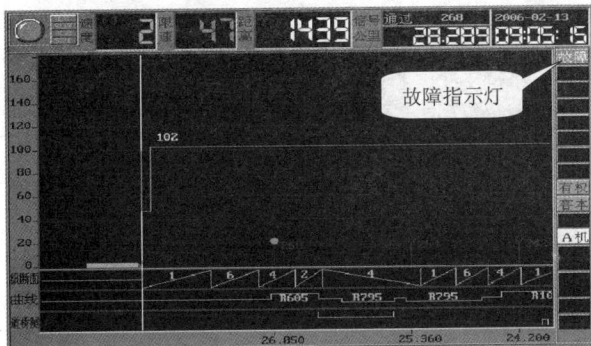

图 6-29 系统故障界面

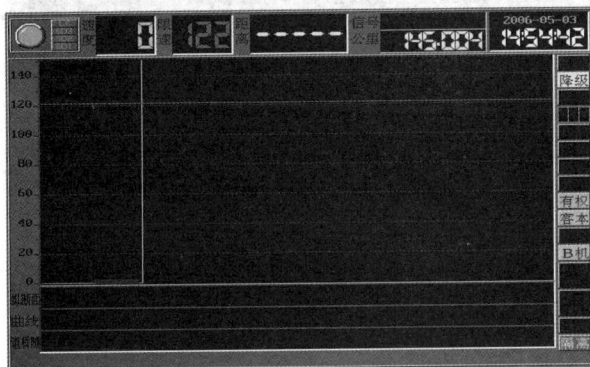

图 6-30 故障隔离界面

6.6 非正常行车操作

6.6.1 自动闭塞区间行车

1. 普通走停走模式

在分区通过信号机前动车组信号显示半黄半红灯（黄转白灯、单红灯，绿转白）时，监控模式将控制列车在分区信号机前停车，停车两分钟后自动解除停车控制模式，自停车地点处限速 20 km/h。列车起动后，监控列车以最高不超过 20 km/h 的速度运行到次一信号机，按其显示要求监控列车运行如图 6-31 所示。

2. 特殊走停走模式

考虑到重载货车在特殊区段（如上坡道）停车后启动困难等因素，设有特殊走停走控制模式。

满足下列条件时，按特殊走停走控制：

（1）输入牵引总重超过模式缺省设定总重；

（2）输入牵引辆数超过模式缺省设定辆数；

（3）监控数据中设置为特殊走停走的信号机。

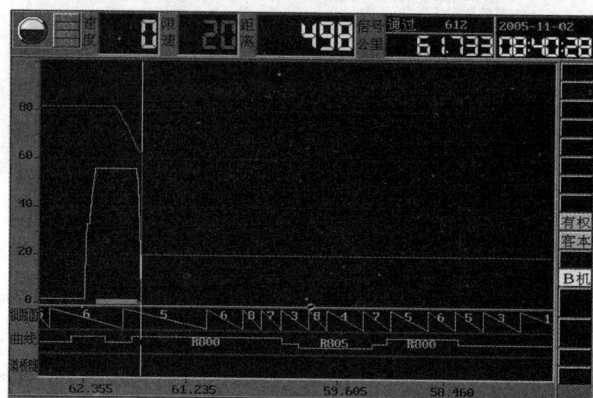

图 6-31　走停走控制

特殊走停走控制时，停车 2 分后，自停车地点处限速 45 km/h。列车起动后，监控列车以最高不超过 45 km/h 的速度运行到次一信号机，按其显示要求监控列车运行。

6.6.2　路票模式行车

1. 有计划电话闭塞行车

有计划电话闭塞行车控制前提条件：

（1）司机出乘时 IC 卡内已写入某区间改用电话闭塞的调度命令；

（2）IC 卡内调度命令内容（改电话闭塞行车的车站 TMIS 站号、调度命令号、有效时段等）已正确输入监控装置。

1）正常监控状态

（1）列车运行越过改电话闭塞行车站的第一接近信号机后，显示器以与普通揭示相同的方式在揭示窗口进行显示，如图 6-32 所示。

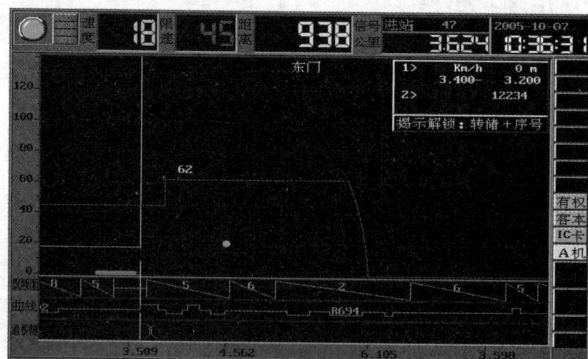

图 6-32　有计划电话闭塞行车揭示

（2）列车越过预告信号机后，在预告信号机至出站信号机之间，当运行速度低于 60 km/h，显示器自动弹出确认改"电话闭塞行车"窗口，如图 6-33 所示。

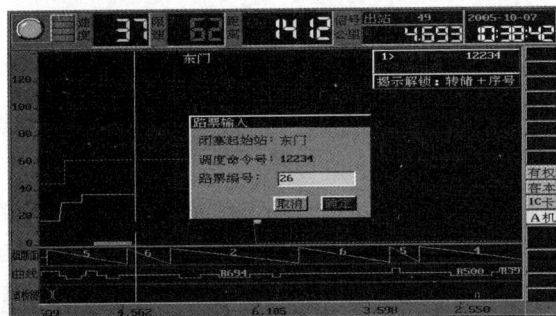

图 6-33 输入电话记录号界面

（3）自动弹出确认改电话闭塞行车窗口后：司机需确认调度命令号，将车机联控通知的"电话记录号"（最大为两位数字）输入到路票编号窗口中，按压【确认】键。

正确地输入电话记录号后，在显示器的中间有"请进行凭证确认操作！"提示，如图 6-34所示。

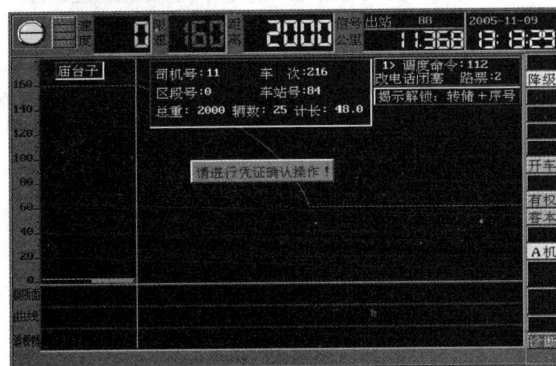

图 6-34 凭证确认提示界面

（4）列车越过进站信号机后，司机确认通过手信号开放后，5 秒内顺序按压【解锁】、【确认】键，解除出站关闭控制和下一站间所有分区信号机的停车控制模式。

（5）"电话闭塞行车"模式中，监控限速设置如下：客运列车取本交路模式最高限速的80%（如交路最高允许速度 162 km/h，取 80%后为 129 km/h）与区段限速、临时限速的低值监控列车运行，如图 6-35 所示。

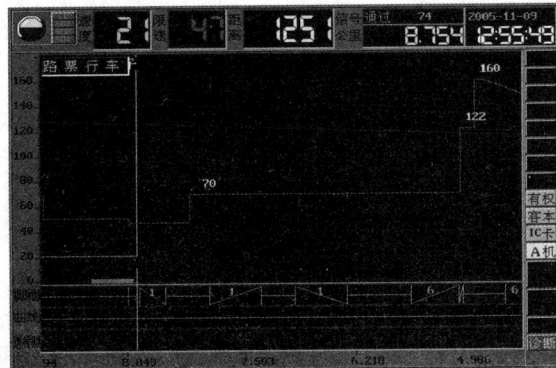

图 6-35 电话闭塞行车

2）降级状态

输入有效的设定参数【开车】灯亮时，若设定的车站即为有计划的电话闭塞的起始车站，则显示器将与普通揭示相同方式在揭示窗口进行显示，同时弹出确认改"电话闭塞行车"窗口，如图6-36所示。

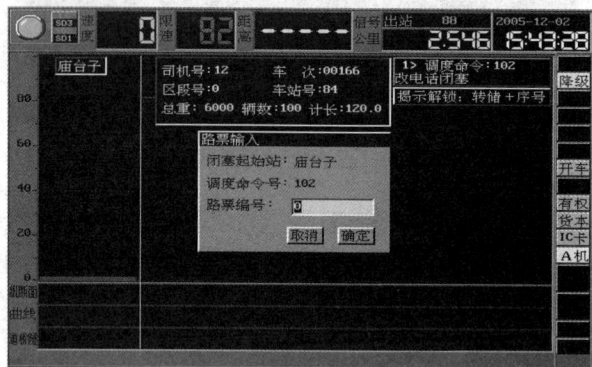

图6-36　始发站降级状态下的有计划的路票确认

司机需确认调度命令号，输入通知的"电话记录号"（最大为两位数字），按压【确认】键。

弹出确认修改"电话闭塞行车"的窗口保持15 s延时显示，若15 s内未做任何操作，则路票输入窗口自动消失。

窗口自动关闭后，可手动按压【↑】键两秒钟以上，调出"非正常行车确认"窗口，选择路票（项目3）进入路票确认窗口，输入"电话记录号"。

正确的输入电话记录号后，5 s内顺序按压【解锁】、【确认】键办理电话闭塞行车。

按压【开车】键后，列车运行至下一车站的进站分区电话闭塞行车模式自动终止，恢复到正常限速和控制状态；按该进站信号机的显示要求监控列车运行。

2. 临时改电话闭塞行车

司机接到停止"基本闭塞法"改按"电话闭塞法"行车的调度命令，列车在站内停车，确认行车凭证正确后，手动按压【↑】键2 s钟以上，调出"非正常行车确认"窗口，选择路票（项目3）进入路票确认窗口，输入"调度命令号"和"电话记录号"。

输入"调度命令号"和"电话记录号"后，无论此时动车组信号为何种显示状态监控模式，立即按关闭信号进行控制。

5 s内顺序按压【解锁】、【确认】键，监控装置解除出站关闭控制和下一区间所有分区信号机的停车控制模式。

办理"临时电话闭塞行车"后的控制方式与有计划的"改用电话闭塞行车"相同。

6.6.3　绿色许可证模式行车

1. 有计划绿色许可证行车

有计划绿色许可证行车控制前提条件：

（1）乘务员出乘时IC卡内已写入某区间改用电话闭塞的调度命令；

（2）IC卡内调度命令内容（改电话闭塞行车的车站TMIS站号、调度命令号、有效时段等）已正确输入监控装置。

（1）列车运行越过使用绿色许可证行车的车站第一接近信号机后，显示器以与普通揭示相同的方式在揭示窗口进行显示，如图6-37所示。

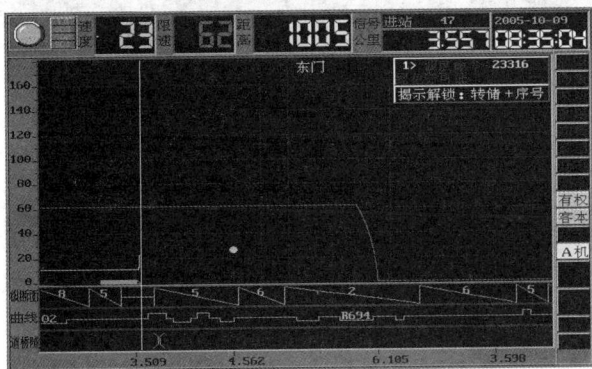

图6-37　绿色许可证提示

（2）列车越过预告信号机后，在预告信号机至出站信号机之间，当运行速度低于45 km/h，显示器自动弹出确认改"绿色许可证行车"窗口，如图6-38所示。

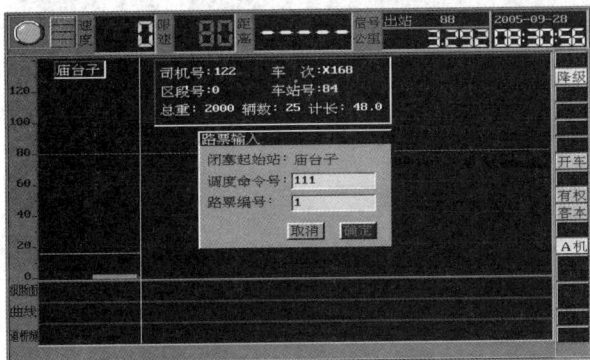

图6-38　绿色许可证输入

（3）司机需确认调度命令号，输入车机联控通知的绿色许可证号（输入的许可证号在揭示提示窗口显示），5 s内顺序按压【解锁】、【确认】键，解除本出站信号机或发车进路信号机的停车控制功能，允许列车以低于45 km/h的速度通过出站道岔，如图6-39所示。

（4）弹出确认改"绿色许可证行车"的窗口保持15 s延时显示，若15 s内未做任何操作，则输入窗口自动消失。

窗口自动关闭后，可手动按压【↑】键2 s以上，调出"非正常行车确认"窗口，选择绿色许可证（项目2），进入绿色许可证输入窗口。

2. 临时使用绿色许可证

（1）临时使用绿色许可证发车时，须在站内或出站（发车进路）50 m内停车状态下，手动按压【↑】键两秒钟以上，调出"非正常行车确认"窗口，选择绿色许可证（项目 2）如图6-38所示，输入正确的调度命令号和绿色许可证编号。

（2）输入完成后，将按揭示信息显示方式，在揭示显示窗口中显示输入的"调度命令号"和"绿色许可证编号"。

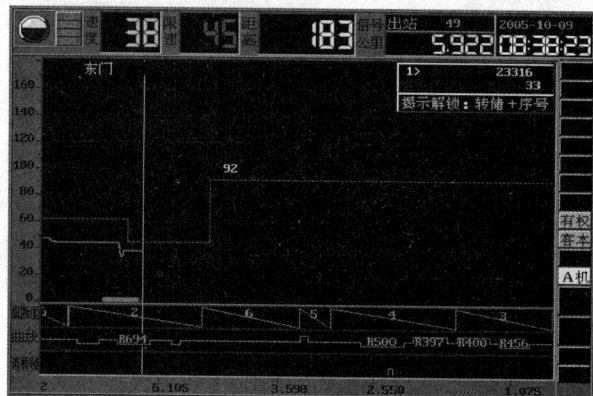

图 6-39   办理绿色许可证后的行车模式

（3）检查确认输入正确后，5 s 内顺序按压【解锁】、【确认】键解除监控模式对该出站或发车进路信号机的停车控制，监控列车以低于 45 km/h 的速度通过出站（发车进路）道岔如图 6-40 所示。

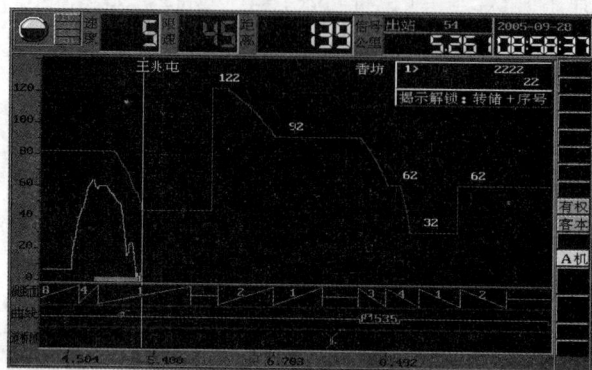

图 6-40   办理绿色许可证后

6.6.4   引导信号行车

1. 自动引导

在标准移频或标准 UM71 区段的进站（接车进路）信号机前，动车组信号机显示半黄半红闪灯信号时，如监控装置信号显示为半黄半红灯，同时 SD1、SD3 指示灯闪烁，则司机不需按压【解锁】键，监控模式在进站（接车进路）信号机处自动开口 20 km/h，并且监控列车以不超过 20 km/h 的速度越过该信号机。列车进站后，按出站（进路）信号机的显示要求监控列车运行。

2. 普通引导

在进站（接车进路）信号机或四显示区段的分割信号机前，动车组信号显示半黄半红灯、白灯、单红灯，列车运行速度低于 20 km/h 时，司机确认引导信号开放后，按压【解锁】键解除停车控制模式，监控装置监控列车以不超过 20 km/h 的速度越过该信号机。列车进站后，按出站（进路）信号机的显示要求监控列车运行。

3. 特定手信号引导

特定手信号引导控制前提条件：

➢ 乘务员出乘时 IC 卡内已写入特定手信号引导的调度命令；

➢ IC 卡内调度命令内容（改特定手信号引导的车站 TMIS 站号、调度命令号、有效时段等）已正确输入监控装置。

（1）列车运行至特定引导的进站（接车进路）信号机或四显示区段的分割信号机前，监控装置调出特定引导行车模式，在揭示提示窗口显示特定引导的内容揭示，如图 6–41 所示。

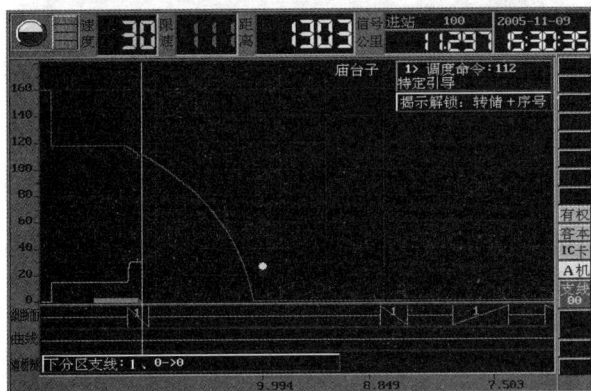

图 6–41　特定手信号引导

（2）列车运行速度低于 60 km/h 运行至办理特定引导的信号机前，司机确认特定引导手信号开放后，5 s 内顺序按压【开车】、【解锁】键解除监控模式对该信号机的停车控制，监控列车以不超过 60 km/h 的速度越过该信号机，如图 6–42 所示。列车越过特定引导的信号机后，按前方信号机的显示要求监控列车运行。

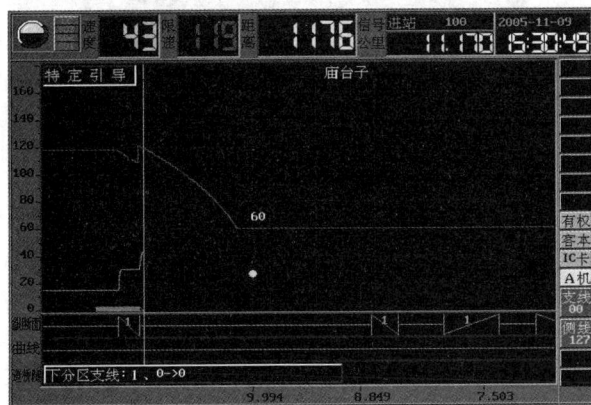

图 6–42　特定引导模式

6.6.5　进出站运行

1. 出站绿灯确认

在出站（发车进路）信号机前，动车组信号显示双半黄色灯光，列车距信号机 400 m 内时，显示器自动弹出地面信号确认窗口如图 6–43 所示。

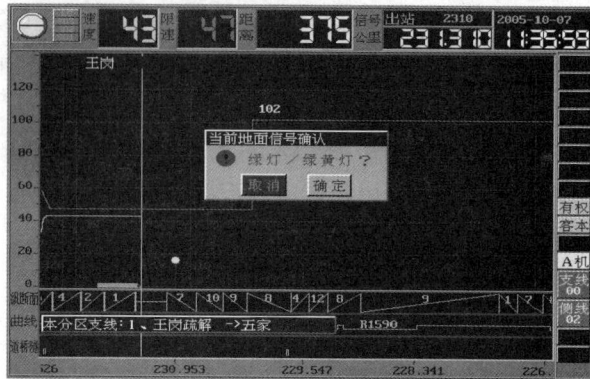

图 6–43　出站绿灯确认

司机确认地面信号机显示为绿灯、绿黄灯后，选择"确定"项，监控模式解除本架及次一信号机动车组信号显示白灯时的停车控制，如图 6–44 所示。

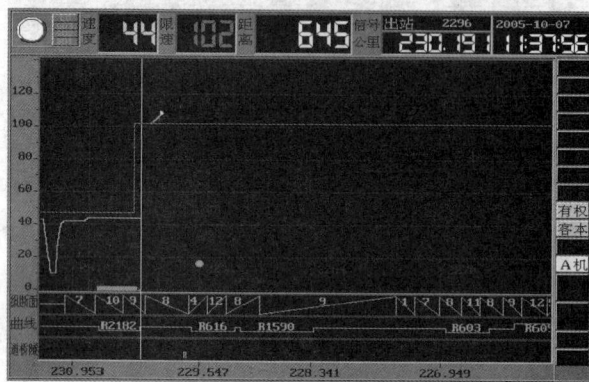

图 6–44　绿灯确认出站以后的白灯控制

绿灯确认窗口弹出后，如无操作，15 s 后自动关闭；如需调出窗口时，可手动按压【↑】键 2 s 以上，调出"非正常行车确认"菜单选择地面信号确认（项目 1），进行确认操作。

2. 股道无码车站通过

列车运行至进站（接车进路）信号机前，动车组信号显示双半黄色灯光（或交流计数区段的黄色灯光），越过进站（接车进路）信号机后，运行进入固定无码的股道后动车组信号转白灯，对于监控数据中设置为无码线路的股道，当列车运行距出站（发车进路）信号机小于400 m 时，监控模式提供解除白灯停车的条件。此时司机确认地面信号开放后，5 s 内顺序按压【解锁】、【确认】键，监控装置解除站内白灯停车控制，监控列车以不超过侧向道岔规定速度越过出站（发车进路）信号机；动车组信号接收到次一信号机的显示时，按其显示要求监控列车运行。

3. 股道无码车站发车

列车在站内处于停车状态，动车组信号显示白灯（单红灯）时，司机确认地面信号开放后，5 s 内顺序按压【解锁】、【确认】键，监控装置解除停车控制，监控列车以本股道限速值越过出站（发车进路）信号机，动车组信号接收到次一信号机的显示时，按其显示要求监控列车运行。

6.6.6 监控数据误差控制

1. 自动闭塞

列车运行中出现距离误差，如动车组信号仅由黄灯突变为半黄半红灯、白灯或由双黄灯突变为白灯，当监控装置计算距前方信号机距离≤50 m 时，监控模式自动解除对前方信号机的停车控制。并将计算的剩余里程消除，按距次一信号机的距离监控列车运行；当监控装置计算距前方信号机距离＞50 m 时，监控模式计算满足制动条件，立即实施卸载、常用制动、紧急制动。

2. 半自动闭塞

列车运行中出现距离误差，如动车组信号仅由黄灯突变为半黄半红灯、白灯或由双黄灯突变为白灯，当监控装置计算距前方信号机距离≤100 m 时，监控装置持续发出"信号突变"语音报警，司机确认地面信号机显示，如为进行信号时，在 7 s 内按压【警惕】键解除信号突变报警和关闭信号的防冒模式；在 7 s 报警时间内如未按压【警惕】键应答，则监控装置按关闭信号进行控制。

当监控装置计算距前方信号机距离＞100 m 时，监控模式计算满足制动条件，立即实施卸载、常用制动、紧急制动。

6.6.7 机车信号故障行车

1. 机车信号故障

当动车组正方向运行在有码区段，选择开关（动车组信号制式选择开关，上、下行选择开关，Ⅰ、Ⅱ端选择开关）位置正确，且地面信号机显示允许信号时，动车组信号设备出现如下现象，视为动车组信号故障：

（1）动车组信号机持续灭灯或频繁闪灭；

（2）连续两个闭塞分区，动车组信号机显示白灯或频繁出现"掉白灯"现象；

（3）动车组信号连续显示与地面显示不符的"半红半黄"、"红"灯显示；

（4）动车组信号出现升级显示。

2. 动车组信号故障模式进入

列车运行中动车组信号故障影响行车时，司机应操纵列车停车，使用列车无线调度电话通知车站和列车调度员后，操作监控装置进入"动车组信号故障"行车模式。方法为：

（1）停车状态下按【↑】2 s 以上，弹出'非正常行车确认'窗口，选择动车组信号故障（项目 4），按压【确认】键后弹出调度命令号输入窗口如图 6-45 所示。

（2）如收到调度命令时，输入该调度命令号码，选择"确定"项后，按压【确认】键，监控装置进入动车组信号故障控制状态，显示屏有明显区别于正常运行的显示，如图 6-46 所示。

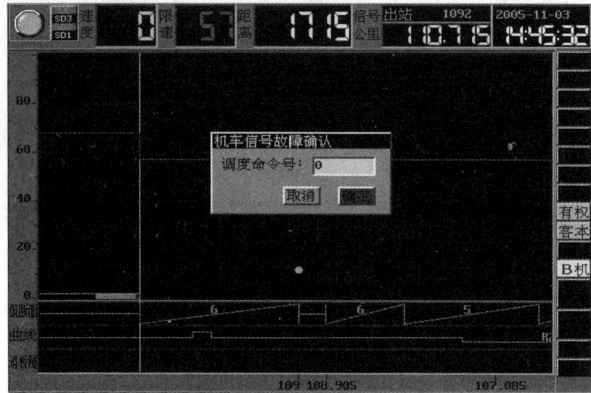

图 6–45　动车组信号故障确认

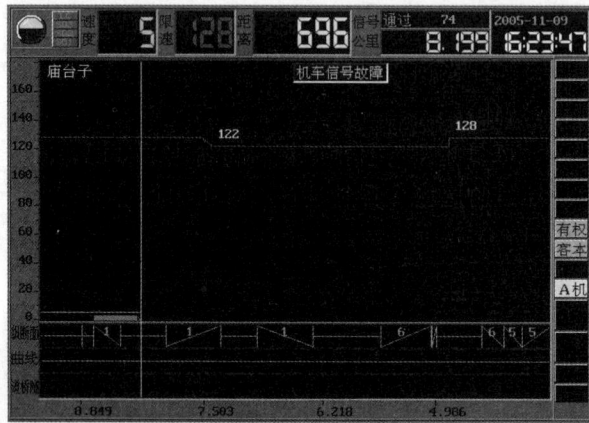

图 6–46　动车组信号故障运行

（3）在"动车组信号故障"模式下运行时，监控装置不再按动车组信号显示监控列车运行。

3. 动车组信号故障模式退出

在"动车组信号故障模式"运行时，如果司机确认动车组信号故障消除恢复正常时，使用列车无线调度电话通知车站和列车调度员后，操作监控装置退出"动车组信号故障模式"。

6.6.8　发码特殊信号机

对于场间固定不发码的信号机，监控数据中按"发码特殊信号机"处理。

对于监控数据中设置为"发码特殊信号机"的出站（发车进路）信号机前，当动车组信号显示白灯、距离信号机 400 m 内、列车运行速度低于 45 km/h 时，监控装置允许司机确认地面信号为开放信号后，5 s 内顺序按压【开车】、【解锁】键解除监控模式对该信号机的停车控制，监控列车以不超过 45 km/h 的速度越过该信号机。

6.7　TAX2 型机车安全信息综合监测装置

6.7.1　主要功能

TAX2 型机车安全信息综合监测装置以电源单元和通信记录单元作为基本配置，该基本配置主要有以下功能。

1. 串行通信功能

装置内通信记录单元能通过 RS485 串行通信方式从监控装置获取年月日、时分秒、公里标、运行速度、机车号、车次、车种、区段号、车站号、司机号、副司机号、列车编组等信息，并能将这些信息通过另一个 RS485 接口周期地传送到装置内各功能单元。各功能单元将经过分析判断且要求记录的信息返回给通讯记录单元进行记录。

2. 记录功能

装置内通信记录单元能以统一时间、公里标作为坐标基准，实时记录各检测单元反馈的信息，数据记录格式与 LKJ-93A 型监控装置的数据记录格式相同。

3. 数据转储功能

通信记录单元记录的信息可以利用监控装置转储器通过 RS232 串行通信方式进行数据转储。预留有与可能应用的大容量 IC 卡设备通信的 RS485 接口。

4. 数据分析处理功能

装置记录的信息通过转储器传送到地面微机后，可以利用 LKJ-93 监控装置地面分析处理软件（增加对各功能单元的事件记录项目，但与原软件兼容）进行地面分析和数据管理。

6.7.2　主要特点

（1）装置采用 4U 标准机箱及插件单元式结构，既符合开放式工作平台结构的要求，也便于装置的标准化、模块化，有利于装置的检测、维护、功能扩充和规范管理。

（2）装置电源单元采用与 LKJ-93A 监控装置电源一致的方式，技术成熟、性能稳定、通用性强、互换性好。

（3）通信记录单元采用较先进的 Flash 存储器，不用电池，记录数据可长久保存（10 年以上），提高了数据存储的可靠性。记录容量高达 1 MB。

（4）数据记录格式与 LKJ-93A 完全兼容，能用原有监控装置的转储器和地面分析处理系统对装置记录数据进行转储、分析和管理，不需另外增加地面设备及地面软件的投入和开发，充分利用既有监控装置地面系统软、硬件资源。

（5）装置各功能单元充分采用电源隔离、通信接口隔离及对外输入/出信号隔离技术，提高了装置的可靠性、安全性和抗干扰性。

（6）装置各功能单元采用以专用引脚，并通过后背板独立插座对外引线的方式，方便用户维护和管理。

（7）装置为开放式平台结构，各功能单元采用统一的硬件规范和软件通信协议，易于对功能单元的合作开发和功能扩充。

复习参考题

1. LKJ2000 型监控装置的功能和特点？
2. LKJ2000 型监控装置的基本组成？
3. LKJ2000 型监控装置的运行参数记录项目和记录的条件有哪些？
4. LKJ2000 型监控装置的各插件的功能？
5. LKJ2000 型监控装置的控制模式有哪些？
6. LKJ2000 型监控装置的操作有哪些？
7. 简述 TAX2 型机车安全信息综合监测装置的基本功能。

附录 A

模 拟 试 题

A1　模拟试题一

姓名：　　　　　　学号：　　　　　　总分：

本试卷满分 100 分，考试时间 120 分钟。

一、填空题（本大题共 9 小题，每空 2 分，共 30 分）

请在每小题的空格中填上正确答案。错填、不填均无分。

1. 列控系统中的地—车信息传输采用的传输媒介主要包括_____、_____、_____及无线信息传输。

2. GSM-R 信息传输系统由车载通信单元、_____及_____三部分组成。

3. 根据测量物理量的不同，通过测量列车走行速度进行列车定位是采用了_____技术。

4. 列车的速度控制方式主要包括_____和_____。

5. 列车速度监控装置工作过程的核心环节是_____。

6. 应答器地面设备主要包括_____、_____及应答器读写工具。

7. 应答器车载设备向地面发送激活地面应答器的功率载波频率是_____。

8. 根据应答器报文编制规则，每个临时限速区可用三个参数进行唯一表示，这三个参数是_____、_____及限制速度。

9. 列控中心的系统结构主要包括系统电源，_____、通信接口单元或接口板，以及维修终端。

二、简答题（本大题共 4 小题，每题 10 分，共 40 分）

1. 简述 CTCS 的基本功能。

2. 简述 CTCS-2 级列控系统的地面子系统的基本组成及各部分的功能。

3. 简述列控中心的主要功能。

4. 简述 DMI 基础界面显示区域的显示内容。

三、论述（20 分）

根据下图，论述列车自动过分相系统的工作过程。

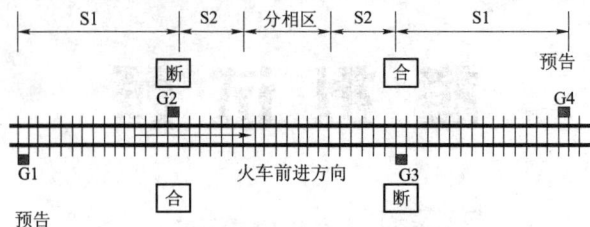

四、计算题（10 分）

根据临时限速命令归档，对于下列调度命令要求的限速区范围，则实际应答器报文设置的限速区范围是多少？

假定临时限速调度命令为 K10＋700～K10＋1100，限速区长度为 400 m，

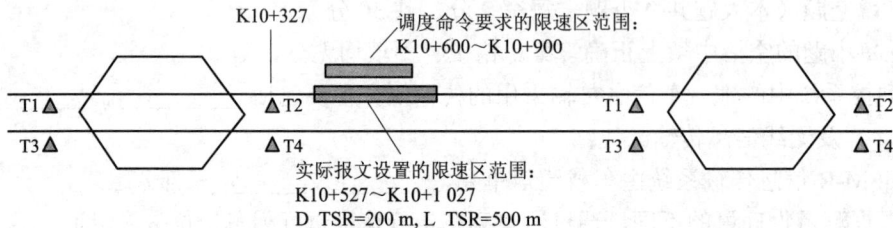

A2　模拟试题二

姓名：　　　　　　　学号：　　　　　　　总分：

本试卷满分 100 分，考试时间 120 分钟。

一、单项选择题（本大题共 10 小题，每小题 2 分，共 20 分）

在每小题列出的三个备选项中只有一个是符合题目要求的，请将其选出并将相应代码填写在空格上。

1. 设置在自动闭塞区段的闭塞分区分界处或非自动闭塞区段的所间区间的分界处的信号机一定是_____。

A. 预告信号机　　　　B. 通过信号机　　　　C. 遮断信号机

2. 为防护道口、桥梁、隧道以及塌方落石等危险地点而设置的信号机是_____。

A. 预告信号机　　　　B. 通过信号机　　　　C. 遮断信号机

3. 日本 ATC 采用有_____阶梯分级速度控制方式。

A. 超前式　　　　　　B. 滞后式　　　　　　C. 曲线分级速度控制方式

4. CTCS 按功能共划分为_____个等级。

A. 3　　　　　　　　B. 4　　　　　　　　C. 5

5. 列控中心、计算机联锁、CTC/TDCS 三者之间，当主机与主机通信通道发生故障后，进行双机切换的优先顺序是_____。

A. 计算机联锁-CTC/TDCS-列控中心　　　　B. CTC/TDCS-计算机联锁-列控中心

C. CTC/TDCS-列控中心-计算机联锁

6. 地面应答器循环发送的报文的位数是_____。

A. 772　　　　　　　B. 830　　　　　　　C. 1023

7. 下列不属于 CTCS-2 级列控系统地面设备的是_____。

A. RBC　　　　　　　B. 列控中心　　　　　C. 轨道电路

8. $CTCS_2$-200H 工作模式中，将_____归入到部分监控模式中。

A. 反向运行模式　　　B. 应答器故障模式　　C. 待机模式

9. 列车速度监控装置工作过程的核心环节是_____。

A. 获取行车指令　　　B. 获取线路数据　　　C. 计算取得当前限速值

10. $CTCS_2$-200H 设备中，为了保证系统安全性和可靠性，VC 采用_____结构。

A. 3 取 2　　　　　　B. 2×2 取 2　　　　　C. 2 取 2

二、填空题（本大题共 14 小题，每空 1 分，共 30 分）

请在每小题的空格中填上正确答案。错填、不填均无分。

1. 轨道交通系统按信号设备可分为_____和_____两大类。

2. 自动闭塞按方向可分为_____和_____。

3. 列车自动防护系统的基本功能是_____。

4. 无绝缘多信息轨道电路由_____，_____和_____等三部分共同组成。

5. 轨道电路按工作方式可分为_____和_____。

6. 铁路信号中，按发出信号的机具能否移动可分为固定信号、_____、_____及手信号。

7. 列控系统中速度控制方式有_____和_____。

8. 信号显示制度中，速差制的速度级可概括为禁止通行、_____和_____。

9. CTCS 是_____（Chinese Train Control System）的缩写。

10. CTCS2 的地面子系统由列控中心、_____及_____组成；车载子系统由安全计算机、_____、_____、记录单元、测速模块等组成。

11. 列控系统中车-地信息传输媒介有_____、_____、_____及无线传输。

12. 联锁控制系统是以室外的_____、_____和轨道电路作为被控制对象，以电气设备或电子设备实现联锁控制功能。

13. 计算机联锁系统的室内设备由_____、_____及 I/O 接口设备层所构成。

14. 目标距离-速度控制模式是根据_____、_____及列车本身的性能，确定列车制动曲线，采取连续式一次制动模式控制列车运行。

三、简答题（本大题共 4 小题，共 50 分）

1. 简述 CTCS$_2$-200H 车载设备组成及各部分的功能。（10 分）

2. CTCS-2 级列控系统中，应答器设备向列控车载设备传送哪些信息？（10 分）

3. 简述 LKJ2000 的组成和基本功能。（15 分）

4. 简述 CTCS-3 级列控系统的组成和基本功能。（15 分）

附录 B

法国、德国和日本主要高速铁路列车控制系统分析表

设备名称	法国 TVM300	法国 TVM430	德国 LZB	日本 ATC
运行速度 /(km/h)	最高运营速度：270	最高运营速度：320	最高运营速度：270	最高运营速度：270
运营里程 /(km)	850	150	432	183.5
闭塞方式	固定闭塞	固定闭塞	固定闭塞	固定闭塞
制动模式	分段阶梯式滞后速度控制	分段连续式速度控制	连续速度控制	分段阶梯式速度控制
控制方式	人控为主，设备为辅	人控为主，设备为辅	可由设备实行自动控制	设备控制为主，人为辅
安全信息	媒介：无绝缘模拟轨道电路 方向：地对车单方向 载频：1 700 Hz、2 000 Hz、2 300 Hz、2 600 Hz 信息量：18 个	媒介：无绝缘数字轨道电路方向：地对车单方向 载频：1 700 Hz、2 000 Hz、2 300 Hz、2 600 Hz 信息量：27 bit	媒介：连续数字轨道电缆方向：地—车间双方向 载频：36±0.4kH z 56±0.2 kHz 信息量：83.5 bit	媒介：有绝缘模拟轨道电路方向：地对车单方向 载频：750 Hz、850 Hz、900 Hz、1000 Hz 信息量：10 个
其他信息传输	媒介：短环线、查询应答器 方向：地对车或车对地单向	媒介：应答器、无线数传 方向：地对车间双方向	媒介：应答器、无线数传 方向：地对车间双方向	媒介：应答器、无线数传 方向：地对车间双方向
列车定位	轨道电路、车载测距设备	轨道电路、车载测距设备	轨道电缆交叉环、车载测距设备	轨道电路、车载测距设备
完整性检查	无绝缘模拟轨道电路	无绝缘数字编码轨道电路	无绝缘数字编码轨道电路	有绝缘模拟轨道电路
设备组成	轨道电路发送单元；电缆补偿匹配单元；电绝缘节，补偿电容	地面控制中心；轨道电路发送单元；电缆补偿匹配单元；电绝缘节，补偿电容	地面控制中心，轨道电缆发送单元；轨道电缆接收单元；电缆补偿匹配单元；轨道电缆	轨道电路发送单元
设备器件	晶体管分立元件小规模集成电路	大规模集成电路超大规模集成电路	晶体管分立元件小规模集成电路	晶体管分立元件小规模集成电路
设备布置	电子设备集中放在室内，室外仅有无源匹配单元	电子设备集中放在室内，室外仅有无源匹配单元	室外每 600 m 设轨道电缆接收/发送设备 1 套	电子设备集中放在室内，室外仅有无源匹配单元
设备维护	与我国现有自闭系统相同	与我国现有自闭系统相同	室外轨道电缆维护复杂	与我国现有自闭系统相同
设备造价		与 TVM300 相当	比 TMV430 造价要高	比 TVM300 造价要低
系统评价	系统结构简单，造价低廉，与我国现有移频自闭系统有较好的兼容，由于其采用分段阶梯式滞后速度监督模式，需有保护区段，对线路通过能力有一定的限制	由于制动采用分段连续式速度监督模式，不需保护区段，对线路通过能力较 TVM300 有一定的提高，设备采用大规模集成电路，生产、调试、安装、维护比较容易	由于制动采用连续速度控制曲线模式，列车根据其性能好坏自动调整追踪间隔，线路通过能力有较大提高，由于采用轨道电缆作为地车信息传输的媒介，区间有源设备较多，系统造价高，生产、调试、安装、维护比较困难	制动采用分段阶梯式速度监督模式，设备制动优先，不需保护区段，线路通过能力有一定提高。采用电源同步抗干扰手段提高设备抗干扰能力，不适合我国电网情况。同时日本采用的绝缘节与我国也不相同，不能在我国采用

附录C

应答器信息包数据

应答器链接信息【ETCS-5】

序号	变量名	位数	说　明
1	NID_PACKET	8	信息包标识码=0000 0101
	Q_DIR	2	验证方向 （00=反向，01=正向，10=双向，11=备用）
	L_PACKET	13	信息包位数
	Q_SCALE	2	距离/长度的分辨率 （00=10 cm，01=1 m，10=10 m）
2	D_LINK	15	到下一个链接应答器（组）的距离
	Q_NEWCOUNTRY	1	下一个链接应答器（组）与前一个的地区关系 （0=相同，1=不同）
	NID_C	10	地区编号（Q_NEWCOUNTRY=1）
	NID_BG	14	应答器（组）编号（下一个应答器）
	Q_LINKORIENTATION	1	列车通过被链接应答器（组）时的运行方向 （0=反向，1=正向）
	Q_LINKREACTION	2	当链接失败时，ATP采取的措施 （00=紧急制动，01=常用制动，10=没有反应，11=备用）
	Q_LINKACC	6	链接应答器允许的安装偏差（0～±63 m，分辨率=1 m）
3	N_ITER	5	包含链接应答器（组）的数量
	D_LINK（k）	15	到下一个链接应答器（组）的距离增量
	Q_NEWCOUNTRY（k）	1	下一个链接应答器（组）与前一个的关系 （0=相同，1=不同）
	NID_C（k）	10	地区编号（Q_NEWCOUNTRY=1）
	NID_BG（k）	14	应答器（组）编号（下一个应答器组）
	Q_LINKORIENTATION（k）	1	列车通过被链接应答器（组）时的运行方向 （0=反向，1=正向）
	Q_LINKREACTION（k）	2	当链接失败时，ATP采取的措施 （00=紧急制动，01=常用制动，10=没有反应，11=备用）
	Q_LINKACC（k）	6	链接应答器允许的安装偏差（0～±63 m，分辨率=1 m）

重定位信息【ETCS-16】

序号	变 量 名	位数	说 明
1	NID_PACKET	8	信息包标识码＝0001 0000
	Q_DIR	2	验证方向（00＝反向有效，01＝正向有效，10＝双向有效，11＝备用）
	L_PACKET	13	信息包位数
	Q_SCALE	2	距离/长度的分辨率 （00＝10 cm，01＝1 m，10＝10 m）
2	L_SECTION	2	重定位区段长度

线路坡度【ETCS-21】

序号	变 量 名	位数	说 明
1	NID_PACKET	8	信息包标识码＝0001 0101
	Q_DIR	2	验证方向 （00＝反向，01＝正向，10＝双向，11＝备用）
	L_PACKET	13	信息包位数
	Q_SCALE	2	距离/长度的分辨率 （00＝10 cm，01＝1 m，10＝10 m）
2	D_GRADIENT	15	到下一个坡度变化点的距离
	Q_GDIR	1	坡度识别（0＝下坡或平坡，1＝上坡）
	G_A	8	安全坡度（分辨率＝1‰，最大＝254‰） （255＝非数字值，告知当前坡道的描述在 D_GRADIENT（n）结束）
3	N_ITER	5	包含坡度变化点的数量
	D_GRADIENT（k）	15	到下一个坡度变化点的距离增量
	Q_GDIR（k）	1	坡度识别（0＝下坡或平坡，1＝上坡）
	G_A（k）	8	安全坡度（分辨率＝1‰，最大＝254‰）

线路速度【ETCS-27】

序号	变 量 名	位数	说 明
1	NID_PACKET	8	信息包标识码＝0001 1011
	Q_DIR	2	验证方向 （00＝反向，01＝正向，10＝双向，11＝备用）
	L_PACKET	13	信息包位数
	Q_SCALE	2	距离/长度的分辨率 （00＝10 cm，01＝1 m，10＝10 m）
2	D_STATIC	15	到下一个速度变化点的距离
	V_STATIC	7	线路最大允许列车运行速度（分辨率＝5 km/h）
	Q_FRONT	1	允许运行速度对车头、车尾的有效性 （0＝尾有效，如：进入升速区段；1＝头有效，如：进入降速区段）
	N_ITER	5	包含列车类型的数量

序号	变量名	位数	说　明
2	NC_DIFF（n）	4	列车类型 （0000＝主动摆式，0001＝被动摆式，0010＝对交叉风敏感的）
	V_DIFF（n）	7	列车最大允许运行速度（分辨率＝5 km/h） （127＝非数字值，当前线路速度的描述在 D_STATIC（k）结束）
3	N_ITER	5	包含速度变化点的数量
	D_STATIC（k）	15	到下一个速度变化点的距离增量
	V_STATIC（k）	7	线路最大允许列车运行速度（分辨率＝5 km/h） （127＝非数字值，当前线路速度的描述在 D_STATIC（k）结束）
	Q_FRONT（k）	1	允许运行速度对车头尾的有效性 （0＝尾有效，如：进入升速区段；1＝头有效，如：进入降速区段）
	N_ITER（k）	5	包含列车类型的数量
	NC_DIFF（k，m）	4	列车类型 （0000＝主动摆式，0001＝被动摆式，0010＝对交叉风敏感的）
	V_DIFF（k，m）	7	列车最大允许运行速度（分辨率＝5 km/h）

等级转换【ETCS-41】

序号	变量名	位数	说　明
1	NID_PACKET	8	信息包标识码＝0010 1001
	Q_DIR	2	验证方向 （00＝反向，01＝正向，10＝双向，11＝备用）
	L_PACKET	13	信息包位数
	Q_SCALE	2	距离/长度的分辨率 （00＝10 cm，01＝1 m，10＝10 m）
2	D_LEVELTR	15	到等级转换点的距离
	M_LEVELTR	3	转换的 CTCS 等级 （000＝0 级，001＝001＝1 级，010＝2 级，011＝3 级，100＝4，101＝TVM430）
	NID_STM	8	CTCS-0/1/2 轨道电路信息码序定义 0000 0001＝L5–L5–L4–L3–L2–L–LU–U–HU 0000 0010＝L5–L5–L4–L3–L2–L–LU–LU2–U–HU
	L_ACKLEVELTR	15	等级转换预告区段的长度
3	N_ITER	5	包含等级转换点的数量
	M_LEVELTR（k）	3	转换的 CTCS 等级 （000＝0 级，001＝001＝1 级，010＝2 级，011＝3 级，100＝4，101＝TVM430）
	NID_STM（k）	8	CTCS-0/1/2 轨道电路信息码序定义 0000 0001＝L5–L5–L4–L3–L2–L–LU–U–HU 0000 0010＝L5–L5–L4–L3–L2–L–LU–LU2–U–HU
	L_ACKLEVELTR（k）	15	等级转换预告区段的长度

CTCS 数据【ETCS-44】

序号	变量名	位数	说明
1	NID_PACKET	8	信息包标识码＝0010 1100
	Q_DIR	2	验证方向 （00＝反向，01＝正向，10＝双向，11＝备用）
	L_PACKET	13	信息包位数
2	NID_XUSER	9	CTCS 用户数据标识码
	XXXXXX		由 NID_XUSER 确定的信息包

特殊区段【ETCS-68】

序号	变量名	位数	说明
1	NID_PACKET	8	信息包标识码＝0100 0100
	Q_DIR	2	验证方向 （00＝反向，01＝正向，10＝双向，11＝备用）
	L_PACKET	13	信息包位数
	Q_SCALE	2	距离/长度的分辨率 （00＝10 cm，01＝1 m，10＝10 m）
2	Q_TRACKINIT	1	恢复初始状态（进入特殊区段）的要求 （0＝没要求，1＝有要求）
	D_TRACKINIT	15	到恢复初始状态开始点的距离（Q_TRACKINIT＝1）
	D_TRACKCOND	15	到特殊轨道区段的距离（Q_TRACKINIT＝0）
	L_TRACKCOND	15	特殊轨道区段的长度（Q_TRACKINIT＝0）
	M_TRACKCOND	4	特殊轨道区段定义（Q_TRACKINIT＝0） 0000＝禁停：隧道 初始状态：允许停车（无隧道） 0001＝禁停：桥梁 初始状态：允许停车（无桥梁） 0010＝禁停：其他 初始状态：允许停车 0011＝无电区间：落下受电弓 初始状态：有电区间 0100＝无线盲区 初始状态：有无线通信 0101＝全气密区间 初始状态：无气密要求 0110＝关闭再生制动 初始状态：再生制动打开 0111＝关闭涡流制动 初始状态：涡流制动打开 1000＝关闭磁铁制动 初始状态：磁铁制动打开 1001＝无电区间：关闭主电源 初始状态：有电区间 1010～1111＝备用
3	N_ITER	5	包含特殊轨道区段的数量
	D_TRACKCOND（k）	15	到特殊轨道区段的距离（Q_TRACKINIT＝0）
	L_TRACKCOND（k）	15	特殊轨道区段的长度（Q_TRACKINIT＝0）
	M_TRACKCOND（k）	4	特殊轨道区段定义（Q_TRACKINIT＝0） 0000＝禁停：隧道 初始状态：允许停车（无隧道） 0001＝禁停：桥梁 初始状态：允许停车（无桥梁） 0010＝禁停：其他 初始状态：允许停车 0011＝无电区间：落下受电弓 初始状态：有电区间 0100＝无线盲区 初始状态：有无线通信 0101＝全气密区间 初始状态：无气密要求 0110＝关闭再生制动 初始状态：再生制动打开 0111＝关闭涡流制动 初始状态：涡流制动打开 1000＝关闭磁铁制动 初始状态：磁铁制动打开 1001＝无电区间：关闭主电源 初始状态：有电区间 1010～1111＝备用

文本信息【ETCS-72】

序号	变量名	位数	说　明
1	NID_PACKET	8	信息包标识码=0100 1000
	Q_DIR	2	验证方向（00=反向有效，01=正向有效，10=双向有效，11=备用）
	L_PACKET	13	信息包位数
	Q_SCALE	2	距离/长度的分辨率 （00=10 cm，01=1 m，10=10 m）
2	Q_TEXTCLASS	2	显示消息的种类 （00=辅助信息，01=重要信息，10~11=未使用）
	Q_TEXTDISPLAY	1	文本信息显示条件组合要求 （0=不组合只要/直到一个条件满足就显示，1=组合只要/直到所有条件满足才显示）
	D_TEXTDISPLAY	15	至应显示文本信息的距离
	M_MODETEXTDISPLAY	4	文本显示对车载设备运行模式要求 （0=完全监督模式（FS），1=目视行车模式（OS），2=人工驾驶模式（SR），3=调车模式（SH），4=未装备模式（UN），5=休眠模式（SL），6=备用模式（SB），7=冒进模式（TRIP），8=冒进后模式（POSTTRIP），9=系统故障模式（SF），10=隔离模式（IS），11=非本务模式（NL），12=STM 欧洲模式（STM（E）），13=STM 国家模式（STM（N）），14=退行模式（RV），15=文本显示不受模式的限制）
	M_LEVELTEXTDISPLAY	3	文本显示对车载设备操作等级的要求（0=ETCS-0 级，1=STM（由 NID_STM 指定），2=ETCS-1 级，3=ETCS-2 级，4=ETCS-3 级，5=文本显示不应受等级限制，6-7=备用。）
	NID_STM	8	非 ETCS 等级（M_LEVELTR=1） （0000 0001=CTCS-0 级，0000 0010=CTCS-1 级，0000 0011=CTCS-2 级，0000 0100=CTCS-3 级，0000 0101=CTCS-4 级，0001 0000=TVM430）
	L_TEXTDISPLAY	15	应显示文本的区域长度 （32767=文本显示不应受距离限制）
	T_TEXTDISPLAY	10	文本显示的时间，1023=文本显示不受时间限制
3	M_MODETEXTDISPLAY	4	取消文本显示对车载设备运行模式要求 （0=完全监督模式（FS），1=目视行车模式（OS），2=人工驾驶模式（SR），3=调车模式（SH），4=未装备模式（UN），5=休眠模式（SL），6=备用模式（SB），7=冒进模式（TRIP），8=冒进后模式（POSTTRIP），9=系统故障模式（SF），10=隔离模式（IS），11=非本务模式（NL），12=STM 欧洲模式（STM（E）），13=STM 国家模式（STM（N）），14=退行模式（RV），15=文本显示不受模式的限制）
	M_LEVELTEXTDISPLAY	3	取消文本显示对车载设备操作等级的要求（0=ETCS-0 级，1=STM（由 NID_STM 指定），2=ETCS-1 级，3=ETCS-2 级，4=ETCS-3 级，5=文本显示不应受等级限制，6-7=备用。）
	NID_STM	8	非 ETCS 等级（M_LEVELTR=1） （0000 0001=CTCS-0 级，0000 0010=CTCS-1 级，0000 0011=CTCS-2 级，0000 0100=CTCS-3 级，0000 0101=CTCS-4 级，0001 0000=TVM430）
	Q_TEXTCONFIRM	2	取消文本显示确认的要求或反应（00=无确认需要，01=继续显示直到确认，10=当结束条件满足时还未确认，则实施常用制动，11=未使用）
	NID_BG（k）	14	应答器（组）编号（下一个应答器组）

序号	变量名	位数	说明
3	Q_LINKORIENTATION (k)	1	列车通过被链接应答器（组）时的运行方向 （0＝反向，1＝正向）
	Q_LINKREACTION (k)	2	当链接失败时，ATP 采取的措施 （00＝紧急制动，01＝常用制动，10＝没有反应，11＝备用）
	Q_LINKACC (k)	6	链接应答器允许的安装偏差（0～±63 m，分辨率＝1 m）
4	L_TEXT	8	文本字符串字节长度
	X_TEXT (L_TEXT)	8	文本字节值

里程信息【ETCS-79】

序号	变量名	位数	说明
1	NID_PACKET	8	信息包标识码＝0100 1111
	Q_DIR	2	验证方向（00＝反向有效，01＝正向有效，10＝双向有效，11＝备用）
	L_PACKET	13	信息包位数
	Q_SCALE	2	距离/长度的分辨率 （00＝10 cm，01＝1 m，10＝10 m）
2	Q_NEWCOUNTRY	1	参考应答器组与本应答器组的地区关系 （0＝相同，1＝不同）
	NID_C	10	地区编号（Q_NEWCOUNTRY＝1）
	NID_BG	14	应答器组编号
	D_POSOFF	15	线路公里标距离参考应答器的偏移量
	Q_MPOSITION	1	线路公里标计数方向 （0＝相反（正向通过时倒计数，反向通过时正计数），1＝相同）
	M_POSITION	20	线路公里标参考点
3	N_ITER	5	包含公里标的数量
4	Q_NEWCOUNTRY (k)	1	参考应答器组与本应答器组的地区关系 （0＝相同，1＝不同）
	NID_C (k)	10	地区编号（Q_NEWCOUNTRY＝1）
	NID_BG (k)	14	应答器组编号
	D_POSOFF (k)	15	线路公里标距离参考应答器的偏移量
	Q_MPOSITION (k)	1	线路公里标计数方向 （0＝相反（正向通过时倒计数，反向通过时正计数），1＝相同）
	M_POSITION (k)	20	线路公里标参考点

调车危险【ETCS-132】

序号	变量名	位数	说明
1	NID_PACKET	8	信息包标识码＝1000 0100
	Q_DIR	2	验证方向 （00＝反向，01＝正向，10＝双向，11＝备用）
	L_PACKET	13	信息包位数
2	Q_ASPECT	1	0＝若为调车模式，则停车

轨道区段【CTCS-1】

序号	变 量 名	位数	说 明
1	NID_XUSER	9	信息包标识码（ETCS 以外用户数据）＝0 0000 0001
	Q_DIR	2	验证方向 （00＝反向，01＝正向，10＝双向，11＝备用）
	L_PACKET	13	信息包位数
	Q_SCALE	2	长度分辨率 （00＝10 cm，01＝1 m，10＝10 m）
2	D_SIGNAL	15	到前方第一架信号机或信号点的距离
3	NID_SIGNAL	4	信号机或信号点类型 （0000＝没有信号机，0001＝进站信号机，0010＝出站信号机，0011＝通过信号机，0100＝进路信号机，0101＝调车信号机，0110＝出站口）
	NID_FREQUENCY	5	轨道区段载频 （00000＝无载频，00001＝1700，00010＝2000，00011＝2300，00100＝2600，00101＝1700-1，00110＝1700-2，00111＝2000-1，01000＝2000-2，01001＝2300-1，01010＝2300-2，01011＝2600-1，01100＝2600-2）
	L_SECTION	15	轨道区段长度
4	N_ITER	5	包含轨道区段数
	NID_SIGNAL（k）	4	信号机或信号点类型 （0000＝没有信号机，0001＝进站信号机，0010＝出站信号机，0011＝通过信号机，0100＝进路信号机，0101＝调车信号机，0110＝出站口）
	NID_FREQUENCY（k）	5	轨道区段载频 （00000＝无载频，00001＝1700，00010＝2000，00011＝2300，00100＝2600，00101＝1700-1，00110＝1700-2，00111＝2000-1，01000＝2000-2，01001＝2300-1，01010＝2300-2，01011＝2600-1，01100＝2600-2）
	L_SECTION（k）	15	轨道区段长度

临时限速【CTCS-2】

序号	变 量 名	位数	说 明
1	NID_XUSER	9	信息包标识码＝0 0000 0010
	Q_DIR	2	验证方向 （00＝反向，01＝正向，10＝双向，11＝备用）
	L_PACKET	13	信息包位数
	Q_SCALE	2	距离/长度的分辨率 （00＝10 cm，01＝1 m，10＝10 m）
2	L_TSRarea	15	临时限速信息有效区段长度
3	D_TSR	15	到临时限速区段的距离
	L_TSR	15	临时限速区段的长度
	Q_FRONT	1	限速对列车头、车尾的有效性 （0＝尾有效，如：进入升速区段；1＝头有效，如：进入降速区段）
	V_TSR	7	临时限速的限制速度（分辨率＝5 km/h）
4	N_ITER	5	包含临时限速区段数

续表

序号	变　量　名	位数	说　　明
4	D_TSR（n）	15	到临时限速区段的距离
	L_TSR（n）	15	临时限速区段的长度
	Q_FRONT（n）	1	限速对列车头、车尾的有效性 （0=尾有效，如：进入升速区段；1=头有效，如：进入降速区段）
	V_TSR（n）	7	临时限速的限制速度（分辨率＝5 km/h）

区间反向运行【CTCS-3】

序号	变　量　名	位数	说　　明
1	NID_XUSER	9	信息包标识码＝0 0000 0011
	Q_DIR	2	验证方向 （00＝反向，01＝正向，10＝双向，11＝备用）
	L_PACKET	13	信息包位数
	Q_SCALE	2	距离/长度的分辨率 （00＝10 cm，01＝1 m，10＝10 m）
2	D_STARTREVERSE	15	到反向运行区间开始点的距离
	L_REVERSEAREA	15	反向运行区间的长度

大号码道岔【CTCS-4】

序号	变　量　名	位数	说　　明
1	NID_XUSER	9	信息包标识码＝0 0000 0100
	Q_DIR	2	验证方向（00＝反向，01＝正向，10＝双向，11＝备用）
	L_PACKET	13	信息包位数
	Q_SCALE	2	距离/长度的分辨率 （00＝10 cm，01＝1 m，10＝10 m）
2	D_TURNOUT	15	到大号码道岔距离
	V_TURNOUT	7	道岔侧向列车最大允许通过速度（分辨率 5 km/h）

绝对停车【CTCS-5】

序号	变　量　名	位数	说　　明
1	NID_XUSER	9	信息包标识码＝0 0000 0101
	Q_DIR	2	验证方向（00＝反向，01＝正向，10＝双向，11＝备用）
	L_PACKET	13	信息包位数
2	Q_STOP	1	0＝立即停车，1＝备用

参 考 文 献

[1] 傅世善. 闭塞与列控概论. 北京：中国铁道出版社，2006.

[2] 钱仲侯. 高速铁路概论. 北京：中国铁道出版社，2004.

[3] 铁道部科学技术司，铁道部运输局. 科技运〔2008〕143 号 CTCS-2 级列控系统应答器应用原则（V1.0）. 北京：中国铁道出版社，2008.

[4] 铁道部科学技术司，铁道部运输局. 科技运〔2008〕127 号 中国列车运行控制系统 CTCS 名词术语（V1.0）. 北京：中国铁道出版社，2008.

[5] 铁道部运输局基础部. 运基信号〔2007〕105 号 CTCS-2 级列车运行控制系统维护管理规则（暂行）〔S〕. 北京：中国铁道出版社，2007.

[6] 铁道部运输局基础部. 运基信号〔2007〕159 号 CTCS-2 级列控系统车载设备维护办法（暂行），2007.

[7] 铁道部. 铁科技〔2007〕45 号 既有线 CTCS-2 级列控系统车载设备技术规范（暂行）〔S〕，2007.

[8] 铁道部运输局基础部. 运基信号〔2005〕224 号 既有线 CTCS-2 级区段应答器报文定义及应用原则（暂行）〔S〕，2005.

[9] 铁道部运输局基础部. 运基信号〔2006〕27 号 应答器编号规则（暂行），2006.

[10] 铁道部运输局. 铁运〔2005〕21 号 既有线 200 km/h 动车组列控系统车载和地面设备及运用技术原则（暂行）〔S〕，2005.

[11] 铁道部运输局. 铁运〔2005〕118 号 既有线 200 km/h 动车组列控系统车载和地面设备配置及运用技术原则（暂行）补充规定〔S〕，2005.

[12] 铁道部. 铁科技〔2007〕61 号 铁路 200～250 km/h 既有线技术管理暂行办法〔S〕. 北京：中国铁道出版社，2007.

[13] 铁道部. 科技运函〔2004〕14 号 CTCS 技术规范总则（暂行）CTCS-2 级技术条件（暂行），2005.

[14] 铁道部. 运基信号〔2005〕316 号 既有线 200 km/h 车站列控中心运用技术原则（暂行）.

[15] 铁道部. 铁建设〔2007〕205 号 铁路列车调度指挥及调度集中系统设计暂行规定. 北京：中国铁道出版社，2007.

[16] 铁道部. 铁建设〔2007〕123 号 铁路 CTCS-2 级列车运行控制系统应答器工程技术暂行规定.

[17] 铁道部科学技术司，铁道部运输局. 运基信号〔2008〕670 号 CTCS-3 级列控车载设备人机界面（DMI）显示规范（V1.0），2009.

[18] 铁道部科学技术司，铁道部运输局. 科技运〔2008〕127 号 CTCS-3 级列控系统系统需求规范（SRS）（V1.0），2008.

[19] 铁道部科学技术司，铁道部运输局. 科技运〔2008〕160 号 CTCS-3 级列控系统系统评估实施办法（V1.0），2008.

[20] 铁道部科学技术司，铁道部运输局. 科技运［2008］168 号　CTCS-3 级列控系统 GSM-R 网络需求规范（V1.0），2008.

[21] 铁道部科学技术司，铁道部运输局.. 科技运［2008］113 号　CTCS-3 级列控系统功能需求规范（FRS）（V1.0），2008.

[22] 铁道部科学技术司，铁道部运输局. 运基信号［2008］499 号　列控系统工程数据表编制规定（V1.0），2008.

[23] 铁道部. 列车运行监控装置（LKJ）技术规范（V1.0）北京：中国铁道出版社，2008.

[24] 铁道部. 列车运行监控记录装置（LKJ）运行维护规则. 北京：中国铁道出版社，2009.

[25] 北京铁路局.CTCS-2 级列车控制系统应用与维护. 北京：中国铁道出版社，2007.

[26] 李开成，卜长堃，毛俊杰，等. 国外铁路通信信号新技术纵览. 北京：中国铁道出版社，2005.

[27] 林瑜筠，李鹏，李岱峰，等. 铁路信号新技术概论. 北京：中国铁道出版社，2007.

[28] 林瑜筠，张秉涛，熊五利. 电气化铁路信号设备. 北京：中国铁道出版社，2006.

[29] 蒋笑冰，卢燕飞，吴昊等. 现代铁路通信新技术. 北京：中国铁道出版社，2006.

[30] 朗宗椂，郜成缙. 现代铁路信号技术. 成都：西南交通大学出版社，1998.

[31] 李映红. 高速铁路信号系统. 成都：西南交通大学出版社，2009.

[32] 郭进. 铁路信号基础. 北京：中国铁道出版社，2011.

[33] 信号工铁路职工岗位培训教材编审委员会. 铁路职工岗位培训教材. 北京：中国铁道出版社，2009.

[34] 徐啸明. 列控车载设备（CTCS$_2$-200H 型）. 北京：中国铁道出版社，2009.

[35] 徐啸明. 列控地面设备（CTCS$_2$-200H 型）. 北京：中国铁道出版社，2009.

[36] 张宝林. 高速铁路 CRH1 型动车组操作技术. 成都：西南交通大学出版社，2008.

[37] 董昱. 区间信号与列车运行控制系统. 北京：中国铁道出版社，2008.

[38] 徐洪泽，岳强. 车站信号计算机联锁控制系统：原理及应用. 北京：中国铁道出版社，2008.

[39] 王瑞峰. 铁路信号运营基础. 北京：中国铁道出版社，2008.

[40] 杨志刚.LKJ2000 型列车运行监控记录装置. 北京：中国铁道出版社，2003.

[41] 吴汶麒. 国外铁路信号新技术. 北京：中国铁道出版社，2000.

[42] 刘瑞扬，杨京. 铁路客车运行安全监控系统（TCDS）原理及应用. 北京：中国铁道出版社，2005.

[43] 董锡明. 现代高速列车技术. 北京：中国铁道出版社，2006.

[44] 董锡明. 高速动车组工作原理与结构特点董锡明. 北京：中国铁道出版社，2007.

[45] 韩宝明，李学伟. 高速铁路概论. 北京：北京交通大学出版社，2008.

[46] 张曙光.CTCS-3 级列控系统总体技术方案. 北京：中国铁道出版社，2009.

[47] 张铁增. 列车运行控制系统. 北京：中国铁道出版社，2011.